CLAIRE CONSTANT

300 JOURS EN AFGHANISTAN

INFIRMIÈRE DE LA DERNIÈRE CHANCE

Avec la collaboration de
Jean-Pierre Spilmont

16 photographies
de l'auteur

Albin Michel

22, rue Huyghens, 75014 Paris
ISBN 2-226-02308-9

À Nick, à qui j'avais fait la promesse d'écrire,
À Djuma, pour son amitié merveilleuse...

Routes macadamisées construites par les Américains
Routes macadamisées construites par les Russes
Routes en terre - Pistes
Frontières de l'Afghanistan
Plus de 3000 m d'altitude
De 2000 à 3000 m
0
100
200 km
U.
R.
Amou
Daria
Andkhui
Aq Chah
Pata Kesnr
Shiberghan
Balkh
Mazar-
i-Sharif
Maimana
Bala Murghab
Qala-i-Nao
Islam
Qala
Herat
3594
Bamyan
4526
Panjao
Lal
Behsu
Hari
Roud
Chagcharan
4400
Koh-i-Baba
Hilmand
Nawur
3923
Shindand
4148
Jaghori
Sarai
3788
Argandab
Qalat
Dilaram
Girishk
Kandahar
IRAN
Désert
du
Registan
Hilmand
Quetta

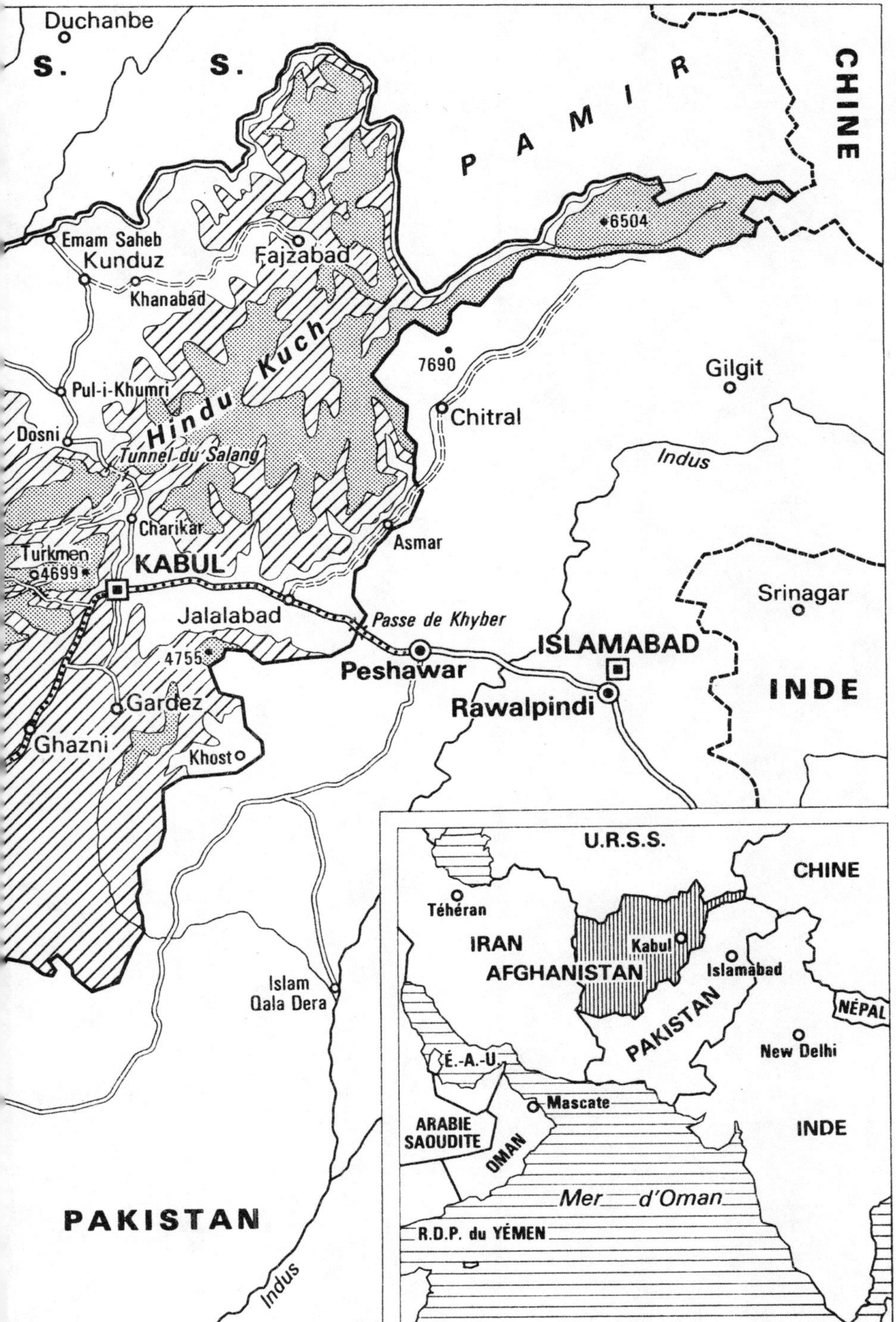

Duchanbe
S.
S.
PAMIR
CHINE
Emam Saheb
Kunduz
Fajzabad
Khanabad
6504
Hindu Kuch
7690
Gilgit
Pul-i-Khumri
Chitral
Dosni
Tunnel du Salang
Indus
Charikar
Asmar
Turkmen
4699
KABUL
Srinagar
Jalalabad
Passe de Khyber
ISLAMABAD
4755
Peshawar
Rawalpindi
INDE
Gardez
Ghazni
Khost
Islam
Qala Dera
PAKISTAN
Indus
U.R.S.S.
CHINE
Téhéran
IRAN
Kabul
AFGHANISTAN
Islamabad
PAKISTAN
NÉPAL
New Delhi
É.-A.-U.
Mascate
ARABIE
SAOUDITE
OMAN
INDE
Mer d'Oman
R.D.P. du YÉMEN

PREMIÈRE PARTIE

I

22 décembre 1980...

Trois jours pour se faire à l'idée que Paris reste à Paris, le métro sous le bitume et nous en instance de départ.

Ce soir, dans l'entrepôt glacial de Médecins sans frontières, nous sommes venus choisir et déconditionner les médicaments que nous estimons nécessaires pour notre mission : deux mois dans la province du Paktia, en Afghanistan.

Trois jours ! Soixante-douze heures avant de nous envoler pour le Pakistan : Karachi... Peshawar... Puis le passage en terre afghane. Ma première mission. Médecins sans frontières n'a encore jamais envoyé de femme dans cette région et pour une durée aussi longue.

Nous avons dû nous frayer un chemin entre les caisses et les cartons qui encombrent l'entrée. Les piles montent jusqu'aux poutres. Les marches de l'escalier de bois qui conduisent à l'étage sont jonchées de colis à inventorier et à trier. Jacques Pinel, qui règne en maître sur cette caverne d'Ali Baba de médicaments en tout genre, nous a fait les honneurs des lieux. A nous de décider ce que nous allons emporter. Nous choisirons nos drogues en fonction de ce que nous savons du pays, de son climat, de l'acheminement du matériel, qui se fera vraisemblablement à dos de chameau, mais aussi en fonction de nos habitudes personnelles, du crédit que nous faisons à telle ou telle spécialité.

Pour l'heure, nous voici face à face, assis sur des caisses, dégageant un à un chaque comprimé, chaque dragée, chaque gélule, de son étui de cellophane ou de papier d'argent... Travail pas vraiment exaltant, mais ô combien nécessaire, pour réduire au minimum la masse et le poids de notre chargement... 4 000 comprimés d'aspirine, 3 000 de Tétracycline, 3 000 de Clamoxyl... On appelle ça le déconditionnement !

J'ai les doigts gelés et je ne suis pas la seule. En face de moi, Philippe tente de redresser sa longue silhouette. Sa tignasse brune oscille de droite à gauche, puis il se penche à nouveau au-dessus des sacs en plastique, les coudes écartés, en appui sur les genoux. Il pourrait tout aussi bien casser des noix ou trier des lentilles, l'effet serait le même. Dans le genre veillée des chaumières, nous devons former un charmant tableau. Bernard s'arrête un instant, souffle dans ses doigts.

— Il va falloir mettre le paquet question anti-inflammatoires et antalgiques, non ?

Son accent du Sud-Ouest est inimitable.

Jacques se lève, à la fois hilare et cérémonieux.

— Qu'est-ce que je vous sers ? La maison possède de nombreuses spécialités ! Indocid ? Voltarène ? Nifluril ?

— O.K. ! On va se préparer un cocktail de tout ça. Tu pourras ajouter du Paracétémol Di-antalvic, de la Baralgine... Ça te va, Philippe ? Et toi, Claire ?

Ça me va. Malgré le froid, je me sens bien. Une sorte d'excitation joyeuse m'envahit à mesure que nous approchons du départ. Assise sur ma caisse, je suis en train de rêver au voyage d'une gélule... Chacune d'elles, en venant rejoindre le sac, commence, ici, une aventure bien particulière. Dans quels replis d'une robe afghane sera-t-elle serrée avant d'être pilée au caillou et mélangée au lait d'une écuelle ? Sera-t-elle un cadeau magique, capable de transformer celui qui la prescrira en sorcier tout-puissant ?... Eh oui, je rêve, à moitié bercée par le bruit régulier des comprimés libérés de leur capsule de plastique. Pour accélérer la besogne, nous avons entrepris un concours de vitesse. Les clic-clac se succèdent sur un tempo rapide. Si ça ne réchauffe pas les doigts, ça réchauffe encore un peu plus l'ambiance. C'est déjà ça.

« Inquiète-toi d'abord d'un compagnon. Tu t'inquiéteras de la route ensuite », dit un proverbe afghan. Un jour, je saurai reconnaître toute la valeur de cette vieille sagesse. Un jour. Beaucoup plus tard. Aujourd'hui, je m'abandonne à la joie d'être ici. Le hasard, le destin, a choisi pour moi mes compagnons. Je lui fais confiance. Jusqu'ici j'aurais mauvaise grâce à me plaindre de mon sort.

Il y a quelques semaines seulement que j'ai pris contact avec Médecins sans frontières, sans trop y croire pour ne pas être déçue. C'est maman qui avait abordé le sujet, un soir, à mon retour de l'hôpital.

— Tu devrais présenter ta candidature...

Elle avait raison. Mais je savais, par ouï-dire, qu'il fallait une solide expérience pour voir cette fameuse candidature prise en considération. Et même si les trois lettres M.S.F. exacerbaient en moi le rêve du métier exercé avec foi, avec fougue et intensité, l'exigence de l'expérience — que ne l'ai-je entendu, ce mot ! — avait dressé entre cet organisme et moi une distance, sinon infranchissable, du moins suffisamment difficile à traverser pour que je ne m'y hasarde pas à la légère.

À vrai dire, la phrase de maman eut raison de mes dernières réticences. M.S.F. ? Pourquoi pas ?

Trois jours plus tard, je m'arrête devant le 19 de la rue Daviel, dans le XIIIe arrondissement. À la fois décidée et attentive à la petite voix, en moi, qui me souffle de temps à autre : « Attention... tu risques bien de ressortir déçue et de raser les murs... »

La petite voix a beau dire, je passe le porche, traverse la cour et grimpe un escalier extérieur. L'endroit est un peu triste, pas vraiment propice aux grands rêves lyriques. Les miens, heureusement, ne le sont pas trop. Autour de deux tables couvertes de dossiers et de revues, s'empilent des caisses de médicaments. Au feutre, en grosses lettres, on a inscrit la destination : *Pour l'entrepôt... Ouganda... Cambodge...*

Je me prends à espérer. Sans raison. Mais y a-t-il besoin de raison pour cela ?

— Vous désirez ?

C'est à moi que s'adresse la secrétaire. Je m'approche.

— M'inscrire...

Regard rapide qui me dévisage. Je fais face.

— Asseyez-vous quelques instants.

Je choisis un siège, presque soulagée, rassurée que l'on me fasse attendre, comme si cela me permettait de prendre la mesure des gens et des choses qui m'entourent, de prendre mon temps. Je tends la main vers les revues ouvertes sur la table basse. *M.S.F...* Des numéros du bulletin de l'association donnent en quelques pages la mesure du travail déjà effectué : Mauritanie, Angola, Tchad... Pourtant j'interromps ma lecture un instant, attirée par les voix, le va-et-vient continuel. Les phrases qui s'échangent de l'autre côté du bureau me fascinent. Je n'entends bientôt plus qu'elles.

— Est-ce qu'on a appelé Air France pour les billets du Tchad ? Il faut qu'ils aient 40 kilos de bagages...

— C'est fait ! Il faut récupérer les passeports à l'ambassade thaïe. Ils ont été déposés hier matin pour les visas.

Peut-être un jour mon tour viendra-t-il de préparer mes 40 kilos de bagages, d'aller chercher mon visa. Pour l'instant, j'ai l'impression un peu bizarre, presque désagréable, d'être une étrangère qui entend un langage qui n'est pas le sien, un langage d'initiés, un langage qui l'exclut.

— Est-ce qu'on a pu déconditionner les médicaments pour le Kurdistan ?

— Oui, mais l'équipe doit aller choisir son matériel à l'entrepôt.

Que peut bien vouloir dire « déconditionner » ?

— Si vous voulez bien approcher...

Je m'assieds. Timidement. Les fesses sur le bord de la chaise. La secrétaire ne lève pas la tête de ses papiers. Je n'ai pas droit au regard d'encouragement.

— Médecin ou infirmière ?
— Infirmière.
— Date d'obtention du diplôme ?
— Janvier de cette année.

Les ennuis vont commencer. La phrase que je redoutais va tomber. La petite voix intérieure va me souffler quelque chose de stupide... La secrétaire, elle, lève enfin les yeux de ses dossiers.

— Ah ! Vous savez qu'il faut un minimum de trois ans d'expérience pour partir en mission ?

Rien. Plus rien à perdre. Je plonge.

— Même si l'on a fait d'autres choses avant son diplôme d'infirmière ?
— C'est-à-dire ?

Ce n'est pas très agréable d'être obligée de vendre sa salade. Mais si cela doit contribuer à me mettre sur la liste des « bons pour le départ », je vendrai ! Je vends.

— ... Depuis cinq ans, j'ai suivi la formation des I.P.S.A... Les infirmières-pilotes-parachutistes, Secours aérien, de la Croix-Rouge.
— Quelle est votre spécialité dans ce cadre-là ?
— Maintenant... ? Les trois.

Il y a un léger flottement. J'explique que, chez les I.P.S.A., la formation est très complète. C'est un choix délibéré d'efficacité. Le spécialiste est souvent indispensable. Ici, au contraire, la spécialité consiste à savoir tout faire : piloter, sauter en parachute, soigner... Mon interlocutrice acquiesce.

— Que savez-vous faire encore ?
— J'ai également suivi l'instruction de conductrice ambulancière du Service de santé.
— Mais alors, vous êtes militaire ?
— Non, bien sûr. J'ai seulement signé un engagement pour six mois en cas de conflit armé...

Comment expliquer que tout cela va dans le droit fil de ma passion de soignante, en temps de paix comme en temps de guerre ? C'est pour cette raison que j'ai également suivi les stages de conductrice ambulancière... La formation, là aussi, est complète : apprendre à manier des poids lourds, en tout terrain, de jour comme de nuit, savoir dépanner nos véhicules, acquérir un minimum de réflexes pour se protéger et protéger les blessés, et, bien évidemment, connaître les premiers soins à leur prodiguer, un éclat de mortier, une mine ou une balle de 9 mm ne font pas les mêmes dégâts... Je donne quelques informations supplémentaires. Mon interlocutrice est plutôt souriante.

— Vous avez encore d'autres formations comme celle-là ?

Je vendrai ma salade jusqu'au bout.

— Sauveteur en mer et maître nageur. Avant d'être infirmière, j'étais secrétaire médicale... À vrai dire, je n'étais pas très attirée par le secrétariat...

— Je vais vous donner une fiche de renseignements. Remplissez-la. Je transmettrai votre dossier. J'ai aussi besoin de photos d'identité. Tenez...

— Merci.

Je m'applique à remplir le questionnaire. Je le tends quelques minutes plus tard. J'aimerais bien que l'on me donne une réponse rapide... Mon impatience doit crever les yeux ! La secrétaire esquisse un geste vague.

— Je ne peux rien vous dire ! Venez à la prochaine réunion d'information, vous aurez un entretien avec un des médecins du Bureau... Les dates de ces réunions sont inscrites sur la feuille que je vous ai donnée.

— Merci, j'y serai.

— Prenez la nouvelle adresse... Nous déménageons après-demain. Nous allons boulevard Lefebvre. N'oubliez pas de venir à la réunion.

Aucun risque. Je n'oublierai pas. Me voilà dehors. Je dévale l'escalier extérieur. Rien n'est encore gagné, mais je ne rase pas les murs et la petite voix reste tout à fait muette.

Il fait toujours aussi froid dans l'entrepôt. Avec Bernard, nous avons momentanément abandonné nos gélules pour rejoindre le bâtiment réservé au matériel. Nous composons deux ou trois boîtes de petite chirurgie, un peu de dentisterie et de gynéco. Bernard court d'une étagère à une autre.

— Claire, tu préfères quoi comme instrument de torture, les métalliques ou les jetables ?

— Je crois qu'on peut stériliser à froid les spéculums en plastique, ne serait-ce qu'une fois ou deux... Ils sont tout de même moins lourds que les autres. De toute façon, j'espère ne pas avoir à m'en servir trop souvent.

— Je te mets ça de côté !

— Il faut prévoir des gants et des champs stériles. Tu chausses du combien ?

— Du 8.

— Je pense que Philippe a la même taille...

— Sûrement.

Philippe, stoïque, est resté soudé à sa caisse. Je l'entends crier :

— Eh ! On parle de moi au premier ! Dites, j'ai une proposition à vous faire. Si on pouvait finir ce travail chez nous, ce serait mieux, non ?

Jacques n'y voit aucun inconvénient, Bernard et moi que des avantages. Mieux vaut déconditionner au chaud que de se voir transformer en glaçons. D'autant plus qu'il est tard et qu'il y a encore des heures de travail. Reste à se partager les tâches. Je choisis l'Immodium, l'Ercefluril, l'Innophylline sédative et quelques injectables : Ketalar, Valium, Atropine... Bernard s'en tiendra au Totapen, au Pipram, et à la cardio. Il s'inquiète :

— Au fait, Jacques, pour les ampoules, il n'y a pas de problème de température ?

— Je ne pense pas. Vous serez entre 1 500 et 2 000 mètres d'altitude. Le froid ne devrait pas être suffisant pour les faire claquer... Bon, si vous êtes d'accord on lève le camp, puisque vous emmenez vos devoirs chez vous.

Je souris. Mes devoirs, pour une fois, ce sont mes parents qui s'en occuperont. Je les imagine déjà, installés au milieu de mes boîtes, délogeant les comprimés un à un devant le journal télévisé. Ce sera leur manière à eux de participer à mon travail. Comme s'ils voulaient m'aider, une fois encore, à réaliser mes rêves.

Jacques nous dépose tous les trois. Nous avons rendez-vous à 9 heures demain matin. Au programme : excursion à l'ambassade du Pakistan où nous devons demander nos visas.

II

25 décembre 1980.

Le vol Paris-Karachi-Manille est prévu pour la fin de la matinée. Nous nous retrouvons dans les locaux de M.S.F., boulevard Lefebvre pour y récupérer nos billets d'avion, nos ordres de mission et les dollars, sortis hier de la banque, destinés à couvrir nos frais de séjour à Peshawar, mais, surtout, à négocier notre passage clandestin du Pakistan en Afghanistan.

Vers 10 heures, nous roulons en direction de Roissy. Claude Malhuret, un des responsables de M.S.F., a tenu à nous accompagner à l'aéroport. Mes parents et ceux de Philippe sont aussi du voyage.

Devant la porte du vol Paris-Karachi-Manille, une faune hétéroclite se serre et se bouscule le long du comptoir. Si les bagages des passagers à destination de Manille gardent un style « homme d'affaires-bon-chic-bon-genre », quelques chariots de voyageurs se rendant à Karachi offrent un hallucinant spectacle de ballots et de caisses, de couvertures et de valises, le tout enchevêtré, serré, arrimé tant bien que mal par des courroies fatiguées et des mètres de cordage. Sur l'un d'eux, couronnant l'ensemble, trônent une radio-cassette géante, une essoreuse à salade et un complet-veston dont la boutonnière s'orne d'un œillet rouge fané. Un petit garçon, les bras serrés autour d'une Thermos gigantesque, trottine derrière ses frères...

Nous prenons la file pour la sacro-sainte pesée des bagages. Cent vingt kilos pour quatre. En principe, l'arrivée à Karachi est prévue pour 0 h 15. À 7 heures, nous prendrons le vol intérieur pour Rawalpindi puis

Peshawar. En principe ! Nous aurons donc droit à quelques heures de repos dans un hôtel de Karachi.

Dernières recommandations. Derniers regards échangés. Dernières accolades. Nous sommes quatre à partir. Philippe Chabasse, Bernard Cau, Michel et moi. Michel, qui a déjà accompli plusieurs missions, nous accompagne au Pakistan et rentrera dans quelques jours.

Nos parents et nos amis, déjà complices et unis pour affronter l'attente, échangent leur téléphone avec des airs de conspirateurs.

— Je vous appelle...

— Entendu... Le premier qui a des nouvelles prévient l'autre !

— Naturellement.

Orkan, mon merveilleux berger allemand, me regarde la tête penchée, les yeux interrogateurs : où va-t-elle encore ? C'est moi qui fuis son regard.

Derniers adieux. J'ai la gorge un peu serrée... Oui, maman, je ferai l'impossible pour vous faire passer des lettres, même si cela prend des jours, je trouverai un moyen... Ne vous inquiétez pas, deux mois c'est vite passé... Oui, papa, je serai prudente... Non, je ne prendrai pas de risques inutiles... Oui, nous ferons demi-tour si cela devient nécessaire... Bien sûr que j'ai mon passeport... Allez, au revoir, prenez soin de vous !

Le tapis roulant nous happe. De l'autre côté des bulles de plexiglas, un univers flou s'éloigne lentement. Nous entrons déjà dans un autre monde. Notre avenir immédiat, ce sont les trente minutes de retard au décollage.

S'envoler un jour de Noël offre bien des avantages. pour nous, c'est l'euphorie, l'allégresse après l'attente de ces derniers jours. Nous voilà enfin embarqués. Nous donnons libre cours à notre joie, les éclats de rire se font écho. Nous voici déjà complices. Ce que nous avons à vivre ensemble nous rapproche et nous lie. Pourquoi ne pas laisser rayonner ce bonheur-là ?

Entre deux verres de champagne offert par la compagnie, Michel nous donne quelques conseils et dresse le portrait du parfait touriste au Pakistan... Image à laquelle nous tenterons de ressembler pour passer le plus inaperçus possible. Inutile d'attirer l'attention, même au Pakistan. Bernard s'inquiète tout de même un peu à l'idée d'avoir à se mettre dans la tête tous les noms des partis de la résistance, ceux des « contacts » et des passeurs. Michel le rassure.

Les huit heures de vol s'écoulent relativement vite. Plus le temps passe et nous rapproche du but, plus nous devenons avares de mots. Non que notre joie se soit éteinte, mais tout se passe comme si chacun de nous, en ce moment, avait besoin de silence.

Le compte à rebours est bien fini. Notre aventure commence vraiment. Tout a été si vite...

Quelques semaines après avoir déposé ma candidature, tremblant qu'elle ne soit refusée, j'avais reçu un coup de fil, un soir, assez tard.

— Claire Constant ?

— Oui ?

— Juliette Fourneau, Médecins sans frontières... On a une mission pour vous...

En un éclair, j'ai refait le chemin parcouru. Le rêve se réalisait. La voix a repris :

— Une mission de deux mois en Afghanistan.

J'étais prête. Comme prévu, j'avais participé à une ou deux réunions d'informations dans les bureaux de M.S.F., discuté avec les responsables de l'équipe, en particulier avec Rony Brauman. Ma formation leur avait paru acceptable : une infirmière-ambulancière-pilote-et-parachutable... Ça devait pouvoir marcher, m'avait-on laissé entendre. La veille même de notre départ en mission, nous avions eu une longue discussion avec Claude Malhuret et Francis Charon. Cela faisait tout juste un an que la guerre en Afghanistan s'était déclenchée, que les

Mujahedin des différents partis de la résistance s'étaient formés en maquis et avaient porté la guérilla sur une grande partie du territoire. Depuis trois mois, à leur demande, Médecins sans frontières avait envoyé sur place quelques équipes exclusivement masculines : un chirurgien et un anesthésiste. Chacun d'eux faisant coïncider sa mission avec son mois de vacances, cela n'allait pas sans poser quelques problèmes. Pénétrer en Afghanistan n'est pas une mince affaire. En ressortir non plus. Compte tenu de la durée du voyage, du passage des frontières, des impératifs de retour, les équipes ne pouvaient rester, au mieux, qu'une quinzaine de jours sur place.

Notre mission à nous constituait en quelque sorte une première. Nous partions à trois, pour deux mois, et, surtout, M.S.F. prenait l'initiative d'envoyer une femme. Celle-ci aurait, espérait-on, quelque chance de pouvoir soigner les femmes et les enfants afghans inapprochables jusque-là par les médecins hommes. Pourtant, Claude et Francis n'avaient guère été optimistes quant à l'accueil qui risquait de m'être réservé. Nous allions en pays musulman. Pour moi, justement en tant que femme, ce ne serait guère facile.

— Tu seras peut-être rejetée, méprisée ; au mieux complètement ignorée... Il faut t'y attendre... Que faire ? Être à la fois ferme et patiente, à cette seule condition tu seras acceptée.

Francis avait ajouté :

— Si c'est vraiment trop dur, n'hésite pas à rentrer.

À chacun ses difficultés. Je n'allais pas reculer maintenant alors que j'avais tout fait pour être recrutée. Je verrais bien. J'espérais qu'on me laisserait exercer mon métier aussi passionnément que j'avais envie de le faire ! Pour le reste, je savais, dès ma première démarche à M.S.F., que rien, quelle que soit la mission, ne serait facile. Physiquement, psychiquement peut-être, humainement. Au choix de la facilité, j'ai toujours préféré le visage de l'aventure, du risque, de l'inconnu, de la joie et de l'amour de la découverte.

J'ai dû m'assoupir. Mes trois compères semblent se remettre du mauvais film qu'ils ont eu le courage de regarder. Une dernière collation et c'est la descente sur Karachi. Les haut-parleurs grésillent :

« Les passagers du vol Air France à destination de Manille sont invités à ne pas quitter la cabine pendant toute la durée de l'escale. Aux passagers descendant à Karachi, nous rappelons que l'importation d'alcool est formellement interdite sur l'ensemble du territoire pakistanais... Le commandant et son équipage vous souhaitent un agréable séjour... »

Il est 20 h 15 à Paris. 0 h 15, ici, à Karachi. La température extérieure est de 17 degrés... Nous prenons notre tour dans la file de sortie. Un petit signe de tête, un sourire à l'hôtesse, quelques marches à descendre. Karachi Airport est devant nous. Le plus dur reste à faire.

Le premier des innombrables parcours d'obstacles de notre mission commence ici : service d'immigration, puis poste de douane.

— Passeport ?

Je tends mes papiers, l'air vaguement distrait, détaché... Je regarde l'homme qui tourne les pages, vérifie les visas. Uniforme en bataille et cheveux hirsutes. À coup sûr, nous venons d'interrompre un premier sommeil ou une partie de cartes nocturne. Espérons qu'il ne nous le fera pas payer trop cher. Je m'en tire relativement bien. Michel n'a pas la même chance. Il faut dire que ses deux ou trois aller-retour depuis septembre en font un suspect de choix. On refuse de le laisser passer. On doit le soupçonner d'être un passeur de drogue. Michel improvise. Il invente une extraordinaire histoire d'amour malheureux que l'on croirait tirée d'un feuilleton pour midinettes... Celle qu'il aime est ici, au Pakistan, et il ne peut vivre loin d'elle. Pathétique et efficace. L'officier semble à peu près convaincu et le laisse entrer en maugréant quelques mots d'un *urdu* * incompréhensible. Bernard et Philippe sont expédiés plus rapidement.

Reste la douane. Comment passer discrètement notre chargement de médicaments ? L'importation sur le territoire pakistanais de plus de vingt comprimés d'aspirine est passible d'amende, de saisie et de prison, nous ne l'ignorons pas. Or, chacun d'entre nous est à lui seul une pharmacie ambulante. Je nous vois vraiment très mal plaider « l'usage personnel » en cas de fouille ! Nous mettons rapidement au point notre stratégie en retirant notre bon de logement au stand de la compagnie aérienne, puisque nos sept heures de transit nous donnent droit à quelque repos au Métropole, un hôtel du centre : nous attendrons, pour passer, que les douaniers aient le nez plongé dans les valises de leurs compatriotes. Ils ont de toute évidence de quoi s'occuper. Bernard et Michel tentent leur chance les premiers. Ils poussent leur chariot respectif en échangeant les injures les plus raffinées. Opération réussie. Philippe et moi, plus hébétés et paumés que nature, les rejoignons de l'autre côté. Gagné. Nous nous dirigeons vers la sortie. Je slalome au milieu d'un amas bigarré de corps emmitouflés dans des couvertures multicolores, de caisses, de paquets, de sacs. À voir les valises solidement serrées par des mètres de corde en nylon jaune ou vert pomme, nous devons être dans une région du monde où l'espérance de vie des serrures est particulièrement courte. Je réussis à n'écraser personne. La foule nous entoure au sortir de l'aéroport.

— Hello, sir...

— Yes Mââââm, taxi ?

Quelques mots d'anglais et ils sont tous là, agglutinés. Ici, les touristes sont un mets de choix. Nous nous entassons, médecins et bagages dans un véhicule qui ne nous contient qu'avec peine. Direction : le Métropole Hôtel. Serrés comme nous le sommes, nous ne verrons rien du trajet.

* Langue parlée au Pakistan.

Le Métropole est un immense bâtiment de six cents chambres. La façade, plutôt triste, n'attire guère le regard. D'interminables couloirs déserts encadrent une cour carrelée de mosaïque où jaillissent quelques jets d'eau. Les seuls clients que nous rencontrons, des habitués selon toute apparence, sont des cafards d'une douzaine de centimètres de long qui trottinent, très à l'aise, sur la moquette des chambres.

Aucun de nous n'a envie de dormir et nous décidons de faire le partage de nos liasses de dollars devant un jus d'orange monté par un des garçons d'étage. Celui-ci couche sur une paillasse jetée au beau milieu du couloir.

Le sommeil sera très long à venir. J'ai l'impression d'être à peine assoupie lorsque la sonnerie du téléphone me réveille.

— *Good morning,* madame, *five o'clock...*

Le breakfast est servi dans les chambres : œufs sur le plat, toasts, beurre et marmelade d'oranges... Le passage des Anglais a parfois du bon ! Moi qui n'avale pas même un verre d'eau le matin à Paris, je dévore avec bonheur ce petit déjeuner. La journée s'annonce belle. Même la brutalité du réveil ne m'empêchera pas d'être d'humeur joyeuse. Un taxi nous attend déjà devant l'entrée. Notre chauffeur dort debout, la tête secouée par de grands hochements verticaux ; il roule vers l'aéroport, brûlant consciencieusement tous les feux rouges que ses yeux mi-clos ne voient pas. Débarquement devant Airport number two. Inventaire rapide des bagages ; il manque un sac, un des bagages de Philippe. Distraction ou main basse des garçons d'étage de l'hôtel ? Nous ne le saurons jamais.

Les voyageurs à destination de Rawalpindi, dont nous sommes, embarquent sur un appareil de la Pakistan International Airways, également surnommée, par quelques mauvais esprits, l'Inch'Allah Airline. J'écoute avec délice les annonces et les instructions de l'hôtesse, dont chaque intervention est ponctuée d'un vigoureux et sonore « Inch'Allah », ce qui donne, à peu près, la traduction suivante :

— Mesdames et messieurs, bonjour. Le commandant et son équipage sont heureux de vous accueillir sur leur ligne... Nous volerons à une altitude de 11 000 mètres et atteindrons Rawalpindi à 9 h 10, si Dieu le veut...

Ou encore :

— Nous vous prions d'attacher vos ceintures et d'éteindre vos cigarettes car notre atterrissage est prévu dans dix minutes, à la grâce de Dieu.

Je me prends à regretter sincèrement l'absence d'une démonstration de gilets de sauvetage ou de masques à oxygène. Cela ne doit pas manquer d'un certain piquant ! En attendant, j'avale mon second petit déjeuner : poisson frit et omelette aux poivrons. Ça ne manque pas de piquant non plus !

Nous atterrissons à Rawalpindi. Nos places n'ont pas été confirmées sur le vol à destination de Peshawar. C'est donc en taxi que nous ferons nos derniers kilomètres. Trois heures de route.

Peshawar. Carrefour de civilisations. Verrou de l'Afghanistan par la Khyber Pass... Les touristes y sont, paraît-il, moins nombreux que les agents du K.G.B. ou de la C.I.A., et presque tous les partis de la résistance y ont leurs représentants.

Telle est la ville qui nous apparaît dans la lumière de cet après-midi de décembre. Peshawar sera une étape sur notre chemin. Lieu de passage et lieu d'attente. La première véritable rencontre avec un monde inconnu. La première confrontation.

Un long nuage de poussière enveloppe la cité tout entière. Un concert de klaxons monte de la rue : ceux des voitures, ceux des rickshaw, ces curieux taxis-scooters, décorés, comme d'ailleurs la plupart des camions, d'arabesques ou de dessins multicolores :

avions, trains, visages d'actrices célèbres... merveilleux art populaire toléré par l'Islam. La vie déferle autour de nous : l'Asie respire, avec ses couleurs, son rythme, ses odeurs, ses cris, ses voix et ses visages, ceux du rire et de l'insouciance, ceux de la fatigue, de l'usure, de la vieillesse. Il semble qu'ici, il n'y ait place que pour les riches, les escrocs ou les rusés. L'Asie a ses hontes aussi. On les découvre vite, le long des rues grouillantes, dans le regard de ces mendiants infirmes condamnés à vivre de la charité des leurs, dans les yeux de ces gosses humiliés, battus, parfois amputés pour faire « plus vrai », et qui traînent au ras du sol les moignons de leurs cuisses entourés de vieux cartons, les mains ou les avant-bras protégés par une sorte de patin de chiffon ficelé sur un morceau de pneu... Ils évoluent ainsi, entre les ordures et les crachats visqueux du *nashwar* *. Ce que je regarde, à travers les vitres du taxi qui roule maintenant vers le centre de la ville, ce n'est pas le spectacle de la vie, c'est la vie elle-même. Une vie autre, simplement. Différente. Un visage nouveau dont je ne connaissais pas encore les traits il y a vingt-quatre heures, et que je découvre, silencieuse.

Le chauffeur remonte la rue Shahrah-E-Pehlavi et stoppe à quelques mètres de la Fakhr-I-Alam Road. Nous sommes devant le New Green's Hotel, premier gîte de notre étape pakistanaise. Façade au style plutôt chic. Passé l'entrée, c'est une autre histoire. Derrière son comptoir, le gérant sursaute à notre arrivée. Il nous tend les fiches de police, et, tandis que Bernard commence à remplir l'habituel questionnaire, je jette un coup d'œil autour de moi. J'ai l'impression d'un lieu en état de léthargie. Le silence et le calme semblent presque anormaux. Une sorte de malaise émane de tout cela. Le hall de la réception s'ouvre sur un jardin intérieur. Les chambres donnent toutes sur ce patio où poussent quelques plantes fatiguées. Notre arrivée n'est pas passée

* Mélange de tabac et de chaux pour chiquer.

inaperçue. De toute évidence, on nous observe de derrière les rideaux. Quelques portes s'ouvrent et se referment. Curieuse ambiance. À mon tour, je remplis une fiche. Les formalités de police se terminent. Le maître d'hôtel nous tend nos clés.

— Chambres 211 et 212...

Il fait quelques pas avec nous. Sa « livrée » est réduite à sa plus simple expression : un *shalwar kamiz,* large pantalon plissé à la taille, recouvert d'une chemise à l'indéfinissable couleur gris sable qui lui descend jusqu'à mi-cuisse. Nous montons tous au second étage. Les rats d'hôtel marchent en canard, un petit balai de paille à la main et déplacent la poussière d'un coin de moquette à un autre. Des portes se referment doucement à notre passage. Sauf une, qui s'ouvre en grand sur un visage souriant.

— Des Français !

L'occupant de la 205 a l'air pour le moins satisfait de nous voir. Il ajoute à voix basse :

— Entrez vite !

Michel rend son sourire à l'inconnu.

— Nous posons nos bagages... Nous vous rejoindrons après. Nos chambres sont en face de la vôtre.

Les pièces sont propres. Cousin cafard est toujours là, mais, cette fois, il a établi ses appartements dans la salle de bains. Je m'approche de la fenêtre. Décidément, « on » nous observe toujours. De l'autre côté du patio, des rideaux frémissent... Chacun est à son poste. Qui sommes-nous, d'où venons-nous, où allons-nous ? Telles doivent être leurs questions. Journalistes ? Agents secrets ? Trafiquants de drogues dures ou amateurs de haschisch ? Un peu de patience, messieurs, tout se saura très vite : la rubrique « profession » sur nos passeports y sera pour quelque chose.

Philippe et moi retraversons le couloir pour frapper à la 205. Bernard, de sa porte, nous fait un signe de la main.

— Michel essaie d'appeler un contact par téléphone...

Nous vous rejoignons dans cinq minutes.

L'autre devait nous attendre. La porte s'ouvre avant même que nous ayons frappé.

— Bonjour...

Le personnage, qui dit s'appeler Guillaume, est grand, blond. Dans son visage mince, deux yeux perçants pétillent de gaieté. Le nez, pourtant fin, ne tiendrait pas dans un verre à cognac... ce qui n'a guère d'importance en terre musulmane ! Il nous serre la main, me dévisage avec une certaine insistance.

— Vous, je vous connais...

Pas nouveau. On me l'a déjà fait, le coup du « Mademoiselle, ne vous ai-je pas déjà vue quelque part ? » Je le lui dis. Aimablement. Il n'insiste pas et nous offre des sièges. Les présentations sont rapides, nous n'avons guère envie, Philippe et moi, d'entrer dans les détails. Guillaume est en revanche plus disert. Curieux personnage. Il nous apprend qu'il est venu ici, envoyé comme reporter-photographe d'un journal parisien, mais qu'il prépare son passage à « l'intérieur » avec un groupe de résistants, prêts à l'accueillir comme instructeur militaire. Nous sommes en 1980 et les Mujahedin ne savent pas toujours se servir des armes qui leur parviennent. Drôle de paroissien, ce tantôt Guillaume, tantôt William, mi-aventurier, mi-journaliste, avec sans doute d'autres casquettes ou d'autres lapins à sortir de son chapeau, au cas où... Qu'importe après tout ! Sa présence ici, depuis quelques mois, doit lui avoir permis de connaître mieux que nous la réalité du conflit. Malgré les heures passées à M.S.F. où Claude et Francis nous ont préparés à ce qui nous attendait, nous éprouvons le besoin d'entendre Guillaume nous confirmer les réalités qui nous attendent de l'autre côté. Philippe se cale sur un des lits de la pièce, je le sens, tout comme moi, avide de savoir.

— Où en sont exactement les combats ?

— La guerre reprend... Les Soviétiques ont, paraît-il, décidé de rayer de la carte la région où vous devez aller...

Guillaume se prête de bonne grâce à nos questions. Il en paraît même flatté. Philippe enchaîne :

— Comment ?

— Il s'agit d'affamer la population par un siège de longue durée... De toute façon, ce n'est qu'un moyen parmi d'autres, évidemment.

Je me redresse.

— C'est-à-dire ?

— C'est-à-dire isoler quelques vallées, l'une après l'autre, puis investir les massifs montagneux... Ils finissent ainsi par quadriller toute une région.

— Et ça bloque toutes les voies d'accès !

— Exactement. Le principe est simple : à l'ouest, ils tiennent les grands axes Kandahar-Herat-Mazar-i-Charif ; ici, à l'est, les voies de pénétration sont toutes tournées vers le Pakistan. Ils veulent refermer l'étau.

Nous comprenons, plus que jamais, que c'est notre mission qui est en jeu s'il nous est impossible de pénétrer en terre afghane. Combien de temps devrons-nous attendre ? Où ? Comment passer ? Philippe rompt les quelques secondes de silence qui se sont installées, lourdes de questions non formulées.

— À part la voie de la Khyber Pass, qui doit être évidemment surveillée, il existe bien d'autres chemins d'accès ?

— Oui... des pistes... des sentiers muletiers, ceux qu'empruntent les caravanes de chameaux... Les Russes mettent tout en œuvre pour rendre ces passages difficilement praticables.

On frappe. Michel et Bernard font leur entrée. Pas vraiment enthousiastes. Bernard vient s'asseoir près de moi. Je l'interroge du regard. Il murmure :

— Le message sera transmis. Mais impossible de joindre notre contact.

— C'est donc lui qui devra nous faire signe le premier ?

— Oui. Mais quand ?

Guillaume, pendant ce court dialogue, est allé commander du thé aux garçons d'étage. En deux mots, Philippe résume pour nos amis la discussion que nous venons d'avoir en leur absence. Puis la conversation reprend. Nous sommes quatre maintenant, face à Guillaume, à l'écoute des moindres informations qu'il peut nous donner. Unis par la même attention, par le même besoin de savoir. C'est Philippe qui renoue le fil interrompu :

— Ils s'y prennent comment pour couper les pistes des caravanes ?

— Vous n'avez jamais entendu parler des mines antipersonnelles qu'ils balancent depuis leurs hélicos ?

— Enfin, il doit bien y avoir une défense anti-aérienne chez les Mujahedin ?

— Non. Ils sont très mal armés... Et, quand ils héritent d'un matériel un peu sophistiqué, ils ne savent pas s'en servir... Qui pourrait le leur reprocher ?

— Elles ressemblent à quoi, ces mines antipersonnelles ?

— Il y en a de multiples sortes... J'allais dire de toutes les couleurs : des vert prairie, qui sont jetées au-dessus des pâturages et provoquent des dégâts parmi les troupeaux, d'autres, qui sont balancées sur les pistes ou le long des chemins des cols, là où le passage est souvent réduit à la largeur d'un chameau...

— Donc, rien de plus facile que de mettre le pied dessus ?

— Absolument.

Rassurante perspective, et qui peut devenir bientôt notre réalité, notre danger quotidien. L'angoisse devrait nous serrer la gorge. Heureusement, comme souvent dans les moments de tension, c'est l'humour qui l'emporte. Une défense comme une autre. Je promets à l'instant même d'entamer un régime draconien pour être la plus légère possible dans les passages dangereux. Philippe suggère pour sa part que je marche à dix mètres devant tout le monde, histoire de déminer le terrain... Ben voyons !

L'intermède terminé, je m'adresse à nouveau à Guillaume :

— Et ces bombes-jouets dont parle la presse ?

— Elles sont bien réelles ! Elles peuvent avoir l'aspect rassurant d'un radio-réveil, d'un stylo, d'une poupée d'enfant... Elles ont déjà fait pas mal de victimes... des gosses, bien sûr.

— Et l'utilisation des gaz ?

— Ils se servent des neurotoxiques. En fait, la tactique du moment, c'est le système de la roue, c'est-à-dire harcèlements quotidiens, avec, chaque fois, usage de gaz différents ou de techniques nouvelles. Autrement dit, l'effet de surprise permanent. C'est plus efficace car la parade est moins évidente.

Il s'interrompt pour ouvrir au garçon qui entre, les bras chargés d'un plateau.

— *As salaam wa aleikum.*

— *Wa aleikum essalaam...*, répondent en chœur Michel et Guillaume plus familiers que nous des coutumes et des usages. Notre tour viendra.

Le serveur ne comprend sûrement pas le français. Qui sait pourtant ? Instinctivement nous gardons le silence... Il nous a fallu peu de temps pour comprendre que, comme presque tous les établissements de Peshawar, le New Green's Hotel est fréquenté par les agents de divers services. Moins nous en dirons, mieux cela vaudra. Y compris devant Guillaume. Le personnage est sympathique, mais tellement bavard et si peu discret ! Une sorte d'exubérance en contradiction avec le rôle qu'il s'est assigné. Passer inaperçu avec lui doit relever de l'exploit. Nous n'en acceptons pas moins de dîner ce soir en sa compagnie.

De nuit, une ville différente s'offre à nous. Tout ce qui, dans la journée, éclairait le visage de la pauvreté, de la laideur, de la misère, semble provisoirement happé, gommé par l'ombre, comme s'il existait, ici, une trêve de la nuit, malgré la lumière émanant des lampes à pression qui éclairent les étalages des marchands. À quelques mètres de nous, un vieil homme souffle sur un brasero où grésillent des brochettes et des sheshkebabs. Plus loin, un adolescent accroupi sur les talons découpe une tige de canne à sucre à petits coups précis de sécateur. Nous lui en achetons un sac, pour goûter. Si l'on en croit l'usage, il faut mâcher jusqu'à ce que les fibres ne rendent plus de jus, puis les recracher bruyamment. Le goût en est vite écœurant.

Nous dînons de quelques morceaux de poulet grillé avant de rejoindre l'hôtel. Les dernières quarante-huit heures ont été fatigantes. J'ai hâte de me reposer un peu.

Juste avant de nous quitter pour rejoindre sa chambre, Guillaume se retourne vers moi.

— Vous ne savez pas où je vous ai vue ?

Décidément, il y tient. Un peu sèchement, je réponds :

— Absolument pas.

Il sourit, fier de son effet :

— ... En 1977, à Coëtquidan... Vous étiez instructrice de secourisme pour les stagiaires de la Préparation militaire ! C'est bien ça ?

C'est bien ça.

Curieuse rencontre ! Qui a dit que le monde est minuscule ? Ce soir, allongée sur mon lit, les deux mains croisées sous la tête, dans ma chambre du New Green's Hotel, à Peshawar, au Pakistan, un flot de souvenirs remonte en moi, à cause de ces « retrouvailles » avec Guillaume...

J'exerçais alors comme conductrice-ambulancière de réserve dans le Service de santé. À l'époque, suite à l'engagement que j'avais signé, avec beaucoup d'autres, de donner six mois de mon temps en cas de conflit, nous étions régulièrement convoquées pour participer aux manœuvres des compagnies médicales. À partir d'un hôpital chirurgical de campagne, il s'agissait d'effectuer des exercices d'évacuation ou de rotation de blessés, heureusement fictifs, de la zone des combats aux postes de secours ou de triage. Ces manœuvres étaient parfaitement organisées... Nous circulions en « tous-terrains » au volant de nos ambulances-poids-lourds, traversant parfois des villages sous les yeux admiratifs des enfants, le regard étonné des adultes, la mine inquiète ou méfiante des vieillards, qui, derrière leurs volets ou sur le pas de leur porte, semblaient parfois se dire :

— C'est-y qu'ils auraient remis ça ?

Anne-Marie Giraud... Martine Lochouarn... Véronique de Ribeau..., je revois, ce soir, certaines de nos aventures. J'aimerais que vous soyez ici, auprès de moi, pour que nous puissions en rire, une fois encore. Souvenez-vous de ces virées nocturnes... Nos ambulances n'étaient plus de première jeunesse et connaissaient mieux le repos des hangars que l'épreuve des ornières ou du bitume ! Souviens-toi, Martine, de cette nuit (il devait être une ou deux heures du matin) où tu cassas ton embrayage. Stoppée en plein virage, au milieu d'une côte, sur une route fréquentée. Je roulais juste derrière, avec Anne-Marie. Déplacer un quatre-tonnes, en côte, à trois filles, ça n'est pas franchement facile... Nos ambulances transportaient, pour l'occasion, des « grands brûlés », en l'occurrence une demi-douzaine de gaillards, acteurs et figurants nécessaires de nos opérations de sauvetage... Souvenez-vous des fous rires de cette nuit-là, devant le regard éberlué des conducteurs qui nous doublaient ou nous croisaient, contemplant le spectacle surréaliste d'un camion sanitaire poussé par six momies et trois filles en treillis...

Guillaume, je m'en souviens maintenant, je l'avais rencontré dans d'autres circonstances. En tant qu'ambulancières, nous étions parfois amenées à enseigner les gestes de survie aux élèves de Préparation militaire. À cette époque-là, si je n'avais pas encore commencé réellement mes études d'infirmière, j'étais, comme on dit, déjà amplement motivée. Je savais, ou plutôt, je sentais que, sous certaines conditions, le rapport entre le soignant et le soigné met en jeu des valeurs essentielles, une relation née de l'urgence et au sein de laquelle ni l'un ni l'autre n'a le temps, ni le goût, encore moins les moyens de se composer un personnage, un rôle... Un moment où tout rapport de pouvoir peut être aboli, pour laisser à l'être, nu, désarmé, la responsabilité de ses actes et de ses choix. Ces conditions primordiales qui exigent la nudité, le sans-masque, le sans-rôle, ce sont elles, justement que je venais chercher, ici, en Afghanistan, à Médecins sans frontières.

Instructrice au stage de Préparation militaire, j'avais connu la difficulté de préparer un cours pour un amphi de deux cents jeunes gens de mon âge. L'inquiétude et l'enthousiasme de faire partager une connaissance et une passion.

Guillaume, lui, s'était fait remarquer lors d'une consultation à l'infirmerie, au cours de ce fameux stage à Coëtquidan où nous prenions aussi en charge les soins dispensés aux stagiaires. Sa visite me revenait en mémoire... Après sa consultation, le médecin me l'avait envoyé, prescrivant une injection intramusculaire. Horrifié, Guillaume. Et intouchable. Il s'était éclipsé pour échapper à l'épreuve. Je ne l'avais pas revu.

Aujourd'hui, lui et moi nous nous retrouvons au seuil d'un enfer bien étrange. Bien réel, celui-là. Oui, le monde est minuscule...

Le sommeil vient endiguer le flot des souvenirs. Demain, une longue journée nous attend. L'attente ! Il va peut-être falloir l'apprendre, ici, à Peshawar.

III

Le bazar de la vieille ville se trouve à une dizaine de minutes de l'hôtel. Un rickshaw vous y conduit pour cinq roupies, soit deux francs cinquante. C'est là que nous irons ce premier matin de notre séjour à Peshawar. Tourisme et emplettes. L'utile et l'agréable. L'itinéraire emprunte l'avenue Shahrah-E-Pelhavi. Nous passons devant le Dean's Hotel, réputé pour être le repaire presque officiel des agents secrets de tous bords. Nous passons aussi devant le musée, que nous n'aurons pas le temps de visiter. Police Road, le Rail Bridge. Notre rickshaw roule maintenant dans le Khyber Bazar. Ici, la chaussée est encore assez large, mais au fur et à mesure que nous approchons du cœur de la vieille ville, les boutiques mordent sur la rue jusqu'à la rendre extrêmement étroite. Nous prenons vers la droite la Qissa Khavani, avant de stopper sur la place Chowk Yaadgar. À l'instant même où je descends de notre rickshaw, un second véhicule freine juste derrière moi. Notre brusque arrêt a dû le surprendre. J'ai le temps d'apercevoir le passager : un curieux personnage à turban noir. Ni sourire ni mot d'excuse. L'homme n'a pas l'air d'apprécier les touristes.

J'apprendrai vite à connaître chacune de ces minuscules rues où les boutiques étalent leurs spécialités. Les cuivres d'Hisgaran Bazar, les bijoux de Sarafa Bazar, les vestes brodées de Chitrali, les tissus de Mochi Lara Bazar. Je n'oublierai pas non plus les deux petits vieux qui, au premier étage d'une maison de Qissa Khavani, vendent des vestes, des manteaux et des toques de fourrure pour quinze roupies.

La place Chowk Yaadgar est bondée. Les couleurs, les cris, les odeurs m'emplissent à nouveau d'une sorte de bonheur sensible, palpable. J'aime cette fébrilité autour de nous, ces bruits, ces appels, cette vie.

Il nous faut composer la base de notre garde-robe. L'ensemble *shalwar Ramiz,* (chemise-pantalon) sera notre tenue de rigueur. Le pantalon constitue, en fait, une sorte de culotte bouffante : vingt centimètres au niveau de la cheville, deux mètres à la taille. Il s'agit de ramener l'ensemble du tissu autour de soi en le faisant coulisser sur une ceinture en cotonnade blanche. Ajoutons un gilet à six poches et la chemise sans manches. Enfilé directement sur la peau, il permet de ranger en toute sécurité argent, passeports ou papiers importants. Ces achats sont indispensables : nous aurons bientôt à affronter le plus redoutable des jurys : les postes de contrôle militaires — interdits aux étrangers — à l'entrée des zones tribales. Il sera alors nécessaire de nous fondre dans le paysage humain... Pour cela, Bernard et Philippe se laissent pousser la barbe. Dans quelques jours, ils feront déjà beaucoup plus couleur locale !

Reste à faire l'acquisition du chèche, le grand turban, et, pour moi, d'un *chadri,* ce voile afghan, seulement ajouré au niveau des yeux par une sorte de petit grillage de coton, et qui drape la femme de la tête aux pieds. Enfin, pour chacun d'entre nous, une paire de sandales : dessus de peau retournée et semelles composées d'une épaisseur de cuir et d'une lamelle de pneu. Nous voilà parés.

Ici, la correction veut que l'on se déchausse à l'entrée de chaque boutique. Avertie de cette coutume, je suis venue dans Mochi Lara Bazar, chaussée d'une paire de tongs que je laisse consciencieusement sur le pas des échoppes... pour les retrouver à la sortie, enfouies sous quelques centimètres de terre boueuse. J'en comprends très vite la raison : le passage d'une femme blonde, même revêtue de la tenue locale, provoque un tel attroupement, que mes pauvres flip-flap sont régulièrement piétinés. Récupération délicate. A l'aveuglette. Entre le pouce et l'index. Périlleuse aussi, car le plancher des boutiques surplombe d'un bon demi-mètre le niveau de la rue. Vendeurs et badauds échangent des sourires amusés. Je dois avoir l'air ridicule. À la sortie de la dernière échoppe, je remarque un homme qui, lui, ne rit pas et me regarde fixement. Grand. Turban noir. Il ressemble au passager du rickshaw de ce matin. Coïncidence ?

Dix minutes plus tard, nos paquets sous le bras, nous rejoignons l'hôtel. Un visiteur nous y rejoint bientôt : Ali Jan, notre interprète. L'homme que nous attendions avec déjà un peu d'impatience.

— J'espère que personne ne m'a vu rentrer chez vous... Vous savez, il faut rester le plus discret possible... surtout dans cet hôtel... *Very... Very dangerous !*

Voilà donc celui qui doit être notre lien, notre porte-parole, notre avocat, peut-être, auprès des Afghans. Je suis plutôt déçue par ce premier contact. Ali Jan a ramené sur le bas de son visage son *patou*, ce grand châle de laine dans lequel il se drape. Ses yeux, soulignés de khôl, trahissent une certaine inquiétude. Visage rasé, à l'exception d'une moustache noire qui descend jusqu'à la commissure des lèvres. Son anglais est très médiocre. Quand je pense que nous le paierons trois mille roupies pakistanaises par mois. Le salaire d'un ministre !

Bernard s'impatiente.

— Où est notre passeur ? Il devait arriver aujourd'hui et nous trouver un taxi sûr...

Philippe, tout à coup, se fait philosophe.

— Peut-on vraiment être sûr de quelque chose ?

Ali Jan esquisse un sourire résigné, fataliste.

— Il n'est toujours pas ici... Il faut attendre. Surtout, ne restez pas à l'hôtel. Cela éveillerait la curiosité. Vous êtes certainement surveillés depuis votre arrivée... Sortez... Promenez-vous. Faites comme si vous étiez des touristes.

Bien sûr que nous jouerons les touristes ! Mais combien de temps cela va-t-il durer ? Quand saurons-nous le jour et l'heure de notre départ ? Les responsables du parti de la résistance qui doivent en principe couvrir notre passage en ont-ils fixé les modalités ? Rien n'est simple ici. Le danger est permanent. À vol d'oiseau, nous ne sommes qu'à quelques dizaines de kilomètres des zones de combat. Ce retard peut se comprendre, et cette incertitude, même si elle est dure à vivre... Nous savons aussi que les groupes de Mujahedin sont loin d'avoir réussi l'union sacrée. Les vieilles querelles entre ethnies ne sont pas éteintes. La guérilla afghane ne ressemble à aucune autre.

— Soyez prêts à tout moment. Nous pouvons partir demain... ou dans trois jours. De toute façon, pas après dix-huit heures. Il faut plusieurs heures de route pour rejoindre la zone tribale et certains postes de contrôle sont fermés après vingt et une heures... Je vous ferai signe.

Ali Jan se lève et sort comme il était entré, ombre parmi les ombres. Michel a-t-il senti que le moral des troupes était en baisse ? Les quelques voyages qu'il a déjà effectués ici lui donnent, sur nous, un léger avantage psychologique.

— Il faut jouer les touristes ? Jouons les touristes ! Je vous propose une fiesta ce soir au restaurant de l'Inter-Continental. D'accord ?

Et comment ! En attendant, nous décidons, Bernard et moi, d'aller changer nos dollars au marché noir. Direction la place Chowk Yaadgar où les changeurs entretiennent leur petit commerce jusque sur les marchés de la Habib Bank. Avec un peu de savoir-faire, on peut acheter pour cinquante centimes une roupie que la banque nous changerait officiellement pour soixante-dix.

Avant de sortir, face au miroir, Bernard tente désespérément d'enrouler son turban à la manière afghane. L'opération n'est guère convaincante, et nous éclatons de rire : vu la curieuse façon dont il enroule son chèche, il passerait beaucoup plus discrètement tête nue qu'avec le turban. Nous quittons l'hôtel. Instinctivement, je jette un regard autour de nous. Accroupi sur le trottoir d'en face, un homme au turban noir détourne nonchalamment la tête.

— Bernard !

— Oui ?

— Regarde discrètement... là, à droite... Le type à côté du marchand de dattes... Tu as déjà vu cette tête ?

— Je crois... ce matin, en sortant d'une boutique du bazar... Si on prenait un rickshaw ?

Compris, Bernard. Bien reçu. C'est la meilleure manière de tester les intentions de notre bonhomme ! En arrivant près de Khyber Bazar, Bernard me donne un coup de coude.

— Regarde, il est derrière nous.

Quatre coïncidences, cela commence à faire beaucoup. En quelques secondes nous mettons au point un petit plan de bataille. Nous entrerons dans une boutique à deux issues, comme il en existe quelques-unes dans le bazar, et j'essaierai de balader notre homme tandis que Bernard ira changer nos dollars. Rendez-vous à l'hôtel.

Ça marche à merveille. Mon compagnon disparaît bientôt derrière des étalages. Je souris. De vrais acteurs à la James Bond, à la différence près qu'ici ce ne sont pas toujours les gentils qui gagnent. À présent, les rôles sont inversés : c'est à moi qu'il incombe de ne pas perdre mon suiveur. Mouchard ? Police politique ? Police tout court ? Je ne le saurai jamais. Quoi qu'il en soit, Ali Jan avait raison, nous sommes bel et bien surveillés. Je fais quelques emplettes, talonnée par mon mentor. Je ne regrette qu'une chose : qu'il ne porte pas mes paquets.

Retour au New Green's. Mes trois compères sont là... Quel monde ! Leur chambre est plus fréquentée que le salon de l'hôtel. Dans la fumée des cigarettes, les visiteurs se succèdent, Afghans, Nouristaniens, agents américains, reporters, mercenaires anglais et américains... Tous viennent rendre une petite visite aux médecins français. Pour la discrétion, c'est gagné. Notre renommée est faite, il nous faut partir avant qu'elle ne s'étende aux autres hôtels. Quelques langues se délient devant la bouteille de whisky offerte par Guillaume... Les clients du New Green's Hotel sont décidément de bizarres paroissiens. L'un d'eux, dans sa chambre qui doit ressembler à une sorte d'atelier de l'Aéropostale, construit des avions télécommandés capables de prendre des photos ou de transporter des bombes miniatures de l'autre côté de la frontière afghane. Le plus grand atteint deux mètres d'envergure. Ses affaires semblent assez bien marcher, la clientèle des partis de la résistance s'intéresse beaucoup à ses travaux.

À se demander si nous sommes bien là pour effectuer une mission pour Médecins sans frontières ou si nous ne sommes pas plutôt devenus les héros malgré eux d'un roman d'espionnage... *Wait and see,* disent les Américains. À cet instant précis, alors que nous n'avons pas même encore passé la frontière, j'ai l'impression de ne plus être du bon côté de la barrière, celui où l'on décide soi-même de ses actes. Nous voilà pions sur un échiquier dont je ne vois plus les dimensions, et dont la règle du jeu nous est, en partie, inconnue.

IV

Lundi 29 décembre 1980.

Derniers préparatifs. Ce matin, Ali Jan est arrivé avec notre passeur, Sayed Habaï Khan. Je ne suis guère rassurée, l'individu ne m'inspire aucune confiance. Sourire cauteleux, regard constamment fuyant. Le type même de personnage que j'aurais peur de croiser, de nuit, dans une ruelle de Peshawar. C'est entre les mains de cet homme qu'il va nous falloir, à partir d'aujourd'hui, remettre notre destin, notre liberté, peut-être notre vie. Je ne peux retenir un frisson en montant dans le taxi. Heureusement, je sens en mes compagnons des amis de longue date qui se seraient retrouvés.

Tous ces médecins et infirmières ont entendu un cri, un appel pour chacun d'eux semblable, venant de la salle d'attente du monde. Chacun retrouve dans les bases mêmes de M.S.F. le goût de sa propre vocation. Pour quelques-uns, cette recherche des exigences de leur métier se fait sitôt passé la thèse ou le D.E. ; pour d'autres, elle sera un retour sur eux-mêmes, comme un bilan que l'on ferait après des années d'exercice. Où en est l'amour de l'homme qui nous avait poussés dans cette voie ? Cet amour du prochain pour qui on peut lutter sans avoir de comptes à rendre, un cadeau à l'autre qui ne serait facturé qu'en relations humaines. Puissent toutes les larmes de la terre être, un jour, séchées par des êtres attentifs ! C'est à nous de bouger, tant que leurs yeux peuvent encore se remplir de lumière, tant que les enfants sauront s'endormir en souriant... Cette force est bien là. C'est elle qui pousse les médecins et les infirmières de Paris, Marseille, Bruxelles, Lausanne, du Chili et du Portugal, à se trouver réunis, un jour, au hasard d'une mission, prêts à passer ensemble des heures merveilleuses mais souvent épuisantes. Comment ne pas se reconnaître alors que les raisons de nos cœurs sont les mêmes ?... Bernard Cau laisse sa femme, leurs enfants de douze ans et son cabinet. Philippe et moi sommes sur la case « départ ». Maintenant, Paris et Toulouse se retrouvent réunis dans un taxi sordide, assis côte à côte sans besoin de parler. Nous nous sommes déjà appris ; notre présence ce soir en est la meilleure preuve.

Les heures passent, chargées d'inquiétude et d'angoisse contenues. Cette situation, à notre insu, doit accélérer le déroulement de notre apprivoisement. Un lien se tresse vite, invisible, nous rendant attentifs et complices. En fait, cette amitié n'est-elle pas vieille de plusieurs années ?...

J'essaie tant bien que mal de chasser mes idées noires en regardant mes compagnons, habillés comme moi à l'afghane. Ils me font sourire ! *Inch'Allah,* l'attente a pris fin tardivement ; nous avons fait un dernier signe à Michel, attardé devant l'entrée du New Green's. Au revoir, Michel, tu nous manqueras... Dans quelques jours tu seras de retour à Paris. Et nous ? Où serons-nous ?

Nous roulons maintenant dans un taxi chargé jusqu'au toit. Ali Jan est devant, avec Sayed Habaï Khan et le chauffeur. A l'arrière, je suis prise en sandwich entre Bernard et Philippe. Pour tous, les genoux remontés à la hauteur des clavicules. Les coccyx douloureux sur des armatures à fleur de skaï. L'âge avancé des amortisseurs n'arrange rien : à chaque dos-d'âne, au moindre nid-de-poule, des râles caverneux s'échappent des turbans voisins... Les routes se réduisent parfois à un chemin caillouteux sur lequel les véhicules ne circulent plus que sur une voie. Curieusement, les bus et autres poids lourds n'en changent pas pour autant leur allure. Appels de phares ou klaxons tentent de forcer l'adversaire le plus faible à grimper sur le talus ou à rejoindre le fossé par une embardée de la dernière seconde. Un jeu comme un autre !...

Les camps de réfugiés afghans s'étendent sur des kilomètres depuis la sortie de Peshawar. En cette fin de l'année 1980, ils sont déjà près d'un million et demi à avoir ainsi franchi la frontière. Exode des populations civiles chassées par les bombardements ou poussées par la faim, terrible visage de la guerre.

Nous nous arrêtons à Darra. Curieux village. Ici, les bazars n'offrent ni soieries, ni bijoux, ni cuivre ou toque de fourrure, mais des armes de production locale. Reproduction parfaite de modèles de tous les calibres et de tous les pays ; Thompson, fusil M 16, Uzi, le Mauser allemand et l'anglais Lie and Field, sans oublier l'omniprésente Kalashnikov. Tout y est, même le stylo 6.35. Il n'y a qu'à sortir son portefeuille pour être servi. Sur le pas de sa porte, un artisan passe avec amour une couche de vernis sur une crosse toute neuve. Grande barbe grise, lunettes, il a l'air d'un vieux sage. À côté de lui, un oiseau de combat tourne dans sa cage. Nous ne restons qu'une heure à Darra, le temps pour nous de détendre un peu nos membres endoloris.

La route à nouveau. Premier arrêt devant une *tchaï-khana*, maison de thé, où l'on peut aussi passer la nuit et prendre les repas. Le thé, noir ou vert, est servi dans de minuscules théières émaillées de couleur verte, beige ou bleu. Les plus belles, en porcelaine chinoise, sont cerclées de métal. Notre chauffeur, Ali Jan et Habaï Khan sont restés au dehors, prosternés sur la terre de Dieu. *Allah Akbar*... C'est l'heure de la prière.

Bernard, à sa fenêtre, se suspend à la poignée du toit pour amortir les chocs. De son côté, Philippe, la tête au dehors, scrute les ténèbres.

— Comme il fait bon à l'extérieur !

Je me tourne vers lui.

— Discernes-tu quelque chose du paysage ?

— Pas grand-chose à vrai dire, mais on y respire déjà...

Il s'interrompt brusquement en faisant un bond en

arrière, une giclée de bétel rouge, dégoulinant sur ses lunettes. Évidemment, s'il avait remonté sa glace en temps voulu, il aurait évité de recevoir les crachats du passeur en pleine figure...

Nous atteignons la zone tribale. Secteur frontalier entre le Pakistan et l'Afghanistan. No man's land régi par des lois particulières, en marge de la législation officielle pakistanaise. Ici, le hors-la-loi ou le criminel peuvent se sentir à l'abri de la police. Nous, étrangers, sommes maintenant en réel danger. Notre présence constitue une violation pure et simple de territoire.

En cas d'arrestation — et les *check-posts,* sont nombreux —, le gouvernement militaire de la région ne serait en aucun cas tenu de rendre compte à l'ambassade de France de notre détention. Ali Jan et sa famille prennent, eux aussi, des risques énormes en acceptant de nous héberger chez eux. Il suffirait d'un voisin un peu bavard... Et que peuvent valoir les liens de bon voisinage en regard des fortes primes promises par l'officier de région ? La roue est bien lancée, nous ne sommes pourtant qu'à l'entrée du tunnel !

Le premier accueil, ce soir, sera au diapason de cette peur qui nous entoure. A peine sommes-nous arrivés devant la maison d'hôtes, qu'une multitude de gamins agiles nous aident à extraire nos bagages de la voiture. En quelques minutes, nous voilà proprement enfermés dans une pièce dont toutes les ouvertures sont verrouillées de l'extérieur et de l'intérieur par des doubles volets. Un homme armé monte la garde devant la porte. Sécurité oblige, pour eux comme pour nous. Il n'empêche : une prison est une prison !

Nous serons vite installés. Quelques-uns des douze frères d'Ali nous apportent table, édredons et oreillers. Nous dormirons sur des *charpoï,* une sorte de lit de bois constitué d'un cadre tendu de cordage. Le repas est servi tard, et la faim nous tenaille. Nous mangeons sans sourciller malgré l'insistance que met Philippe à nous persuader que le civet de lièvre que nous croyons manger n'est tout au plus qu'un civet de chien ! On nous laisse enfin récupérer de notre journée de fatigue.

Cette première nuit chez Ali Jan préfigure, d'une certaine manière, les débuts de notre vie à trois, sur une terre qui n'est pas la nôtre, dans un réseau d'habitudes qui nous sont inconnues. Nous éprouvons ce soir comme un soulagement de nous retrouver, pour quelques heures, entre nous, sans étrangers.

Des bruits de tasses sur un plateau me tirent du sommeil. La nuit a été courte. Il fait plutôt froid ce matin. Le décor qui m'entoure n'a pas changé, aucun rai de lumière ne filtre sous la porte, ni derrière les doubles volets. L'ampoule électrique est restée éclairée, l'attente recommence.

La bonne humeur part au quart de tour avec les boutades de Bernard, ou plutôt de la tête qui fait irruption du tas d'édredon. Avant même de me présenter ses hommages du petit matin, il vocifère entre ses dents :

— Madame, votre vie privée ne m'intéressant nullement, je serais désireux que vous vous taisiez en dormant !

— Tout de même, monsieur, vous avez perdu en quelques jours toute civilité, je crains qu'une sérieuse reprise en main ne soit nécessaire avant notre arrivée à l'hôpital.

— Madame inverse les rôles. Nous sommes en pays musulman, c'est nous qui devons te dresser !

Puis se tournant vers le second tas d'édredon :

— Qu'en pensez-vous, mon cher confrère ?

Notre Philippe offre ce matin une silhouette hirsute assez revêche. Bernard me regarde et nous éclatons de rire.

Ali Jan est parti tôt, pour discuter de certaines formalités avec le passeur. Il tarde à revenir. Philippe se rendort sitôt après le petit déjeuner, nous laissant seuls pour alimenter la conversation de nos hôtes, ou plutôt combler leur silence. Ici, en effet, la correction veut qu'on ne laisse jamais des invités sans compagnie. Nous voici face à face avec quelques-uns des membres de la famille, assis sur leurs talons, tels des bouddhas impassibles, suivant du regard chacun de nos mouvements.

Philippe, surpris en ouvrant un œil, murmure :

— *Stoleïmache !*

Ce qui veut dire : « Bonjour, ne te fatigue pas, n'aie pas faim, n'aie pas soif... », tout cela en un mot. Sur ce, il se rendort.

L'après-midi, un des frères vient me chercher pour me conduire dans la maison principale. Chance inespérée de découvrir ces lieux, où aucun homme étranger n'est jamais admis à pénétrer. Bernard et Philippe me regardent partir avec envie : eux restent à se morfondre dans les vingt mètres carrés de notre prison provisoire. On me drape dans une couverture d'homme pour traverser la rue et me voilà dans un monde nouveau : celui des femmes, des enfants et des vieillards, offerte à la curiosité générale. Les femmes tournent autour de moi, me palpent de la tête aux pieds, des cheveux aux sous-vêtements. L'inspection est complète. Amusées tout autant qu'intriguées, elles entreprennent de m'habiller et de me maquiller à leur manière. Pour gagner leur confiance, je me prête de bonne grâce à leur jeu et me retrouve très vite les cheveux luisants d'une graisse odorante, revêtue de parures de fête : soierie brodée à l'or fin et brocarts. Magnifique. Les rires, les sourires et les gestes nous permettent très vite de nous comprendre. À leur tour, elles vont revêtir leurs plus belles toilettes et me laissent prendre toutes les photos que je désire. Privilège extrêmement rare de pouvoir photographier des femmes dévoilées, ici, au Pakistan, à fortiori en zone tribale. Un peu plus tard, les grands-mères me glissent des aiguilles à tricoter dans les mains. Sans doute veulent-elles que je leur montre ce que je sais faire. Difficile ! Petite, la broderie me passionnait, mais le tricot n'a jamais été mon sport favori ! Me voici pourtant obligée de faire une démonstration devant ces femmes, qui attendent sûrement autre chose que le point mousse ou le point jersey. Assise au milieu des pelotes, je pense qu'il doit bien exister une variante de l'expression « être dans de beaux draps » !

De retour à la maison d'hôtes, je retrouve mes compagnons. L'attente leur pèse et leur humeur s'en ressent. Ali Jan nous rejoindra tard dans la soirée : le départ est fixé pour demain à l'aube. Sûr ? Sûr ! Au point où nous en sommes, nous en doutons encore.

Cinq heures. Notre interprète est bien là, il a tenu parole. Nous sommes prêts.

— Le taxi nous attend. Ne prenez pas vos sacs. Emportez le minimum de choses. Sayed fera suivre vos bagages plus tard, par chameaux... Venez, nous allons remonter la ruelle... pas de bruit, surtout pas de bruit.

Je lance un dernier regard sur cette masse sombre qui fut notre première cache. Et maintenant ? Où partons-nous ? Quand allons-nous passer la frontière ? L'incertitude est devenue notre lot quotidien. Ombres pressées, nous remontons le sentier qui conduit à la route. Nul ne dit mot. Combien de temps encore devrons-nous jouer les fuyards, rasant les murs dans l'obscurité de la nuit pakistanaise ?

Le taxi est là. Ali palabre un instant avec le passeur et nous annonce qu'il y a changement de programme.

— Il va falloir ressortir de la zone tribale en direction de Peshawar, puis faire un détour.

— Pourquoi ?

— Nous n'avons pas le choix. Il paraît que les contrôles aux check-posts à proximité de la frontière sont très sévères depuis quelques jours. Ceux que nous allons passer sont moins surveillés... Ce qui ne veut pas dire qu'il n'y a pas de danger...

La chance sera avec nous. Aux cinq contrôles militaires qui suivront, nous n'attirerons pas l'attention. Bernard et Philippe semblent plus afghans que jamais, et moi, coincée entre eux, le *chadri* recouvrant mon visage, je préfère étouffer plutôt que de laisser voir le bout d'une mèche blonde.

À mi-chemin, nous faisons escale chez le passeur. C'était prévu. Ce qui l'était moins, ce sont les tractations de dernière minute auxquelles il nous oblige. Assis devant un minuscule brasero entre Bernard et Philippe, Sayed me semble plus cauteleux, plus inquiétant, plus fourbe que jamais. Tandis qu'il négocie avec Ali Jan, il nous observe l'un après l'autre, guettant nos réactions.

Notre interprète se décide à traduire.

— Il demande six mille roupies pour votre passage...

Philippe se tourne vers moi.

— C'est la somme dont nous avait parlé Michel ?

— Oui, c'est ça... j'ai l'impression que ça ne va pourtant pas lui suffire.

Effectivement, Ali Jan reprend, visiblement mal à l'aise :

— Ce n'est pas tout... Il veut deux mille roupies pour les chameaux qui doivent transporter vos bagages et trois mille pour acheter de la farine, du sucre, du riz... Vous savez, il n'y a rien à manger, là où vous allez...

Bernard explose.

— Il n'a jamais été question de payer le transport des vivres. C'est quand même bien votre parti qui a demandé des médecins ? À ce moment-là il n'était pas question non plus de payer notre nourriture !

— Bien sûr, mais...

— Et qu'est-ce qui nous prouve que Sayed achètera pour mille ou pour trois mille roupies de vivres ?

Ali Jan ne traduit même pas à Sayed. Il connaît parfaitement la réponse.

— Je crois que, de toute façon, c'est à prendre ou à laisser... Sans lui, il vous serait impossible de franchir la frontière... Et si jamais vous refusez ce qu'il demande et que vous faites demi-tour, il s'arrangera pour vous dénoncer au prochain check-post...

Joli chantage ! Nous voilà condamnés à accepter les conditions d'un passeur sans scrupules. Sayed Habaï détourne la misère des siens à son seul profit. Il la négocie sans vergogne, avec le pitoyable cynisme des faibles qui se savent provisoirement les plus forts. Ali Jan a raison. Nous n'avons pas le choix, nous paierons. Le passeur nous assure que, dans trois ou quatre jours, les chameaux suivront avec les bagages. Mais que peut valoir la promesse de cet homme ? Le taxi nous attend. Nous reprenons la route, seuls.

Après quelques kilomètres, la voiture stoppe au milieu d'un virage. Deux hommes nous intiment l'ordre de descendre. Qui sont-ils ? Que veulent-ils ? Ils font partie d'un groupe de Mujahedin qui doit nous prendre en charge de l'autre côté de la frontière, nous ne le saurons que plus tard. Pour l'heure, il s'agit d'éviter le dernier check-post, trop dangereux. Nous devons marcher vite, très vite. Devant nous, s'étale une longue vallée où s'entremêlent des lits de torrents ravinés. Caillasse. Sable. Gravier. Galets. Caillasse. Sable... Le terrain idéal pour courir en tongs ! Ali Jan ne nous a pas prévenus de ce nouveau changement de programme. Il est resté dans le taxi qui poursuit sa route sans nous. Voilée comme je le suis, il m'est impossible de voir où je mets les pieds. Mon champ visuel se réduit aux talons de mon prédécesseur... Le soleil m'aveugle à travers le grillage du chadri. Après cinq ou six kilomètres de marche forcée avec cette cagoule sur la tête, je suis à la limite de l'asphyxie. Nous voici enfin arrivés. Une Toyota nous attend. Le taxi a disparu, mais Ali Jan est là, avec les sacs de couchage, seuls bagages autorisés en plus de quelques affaires de toilette. Plusieurs Mujahedin sont installés sur une sorte de plateau à l'arrière du véhicule. Mes pieds sont en sang. Je monte avec Philippe à l'avant de la Toyota. Nous ne ferons même pas cinq cents mètres. Bientôt, deux Land-Rover nous barrent le chemin.

Draïch ! Stop ! Des hommes en armes s'avancent vers nous. Décidément la fête continue. Regards venimeux. Gestes brusques. Bruits de culasses. Ali Jan s'efforce de répondre aux questions lancées comme des injures. Je veux savoir.

— Que se passe-t-il ?

— Ils refusent de croire que vous êtes des médecins français...

— Nous sommes sous la protection du mollah Mouktada... C'est son parti qui nous a demandé de venir au Paktia. Il faut le leur dire...

— C'est fait. Mais ils ne sont pas obligés de nous croire.

Nouveaux cris. Nouvelles menaces. La haine se lit sur les visages. On me montre du doigt. Ali se retourne vers moi.

— Ils ne veulent même pas croire que vous êtes une femme. Il faut soulever votre voile.

Si cette preuve-là leur suffit ! Qu'à cela ne tienne ! Je lève un coin de mon chadri. Un bruit de moteur nous fait tourner la tête. Nouveau suspens. Une quatrième voiture vient de surgir de derrière les crêtes et roule vers nous à vive allure. Qu'est-ce qu'on nous prépare encore ? Le chauffeur stoppe son engin dans un grand crissement de pneus à quelques mètres de notre groupe. C'est le mollah Mouktada lui-même qui saute le premier du véhicule. Je ne me pose même pas la question de savoir par quel miracle il vient d'arriver ici pour nous tirer de ce vilain guêpier. Qu'importe ! Il est là et tout est bien. Bernard et Philippe eux aussi ont retrouvé leur sourire. En face de nous, les ennemis de tout à l'heure manifestent leur fraternité par de grandes accolades...

Nous repartons à trois voitures. Les autres, à présent, tiennent absolument à nous protéger.

Le ciel s'est assombri. Nous roulons au cœur d'un paysage irréel. Les crêtes se découpent avec une extraordinaire netteté sous les derniers rayons du couchant. Les véhicules semblent suivre une route imaginaire au milieu d'un labyrinthe de pistes, puis s'enfoncent dans d'étroits canyons aux ombres fantastiques. Nos bodyguards nous quitteront à la tombée du jour. Nous continuons seuls avec les Mujahedin.

Le conducteur s'est retourné vers moi.

— Maintenant tu peux retirer ton voile.

Nous sommes en Afghanistan.

Le silence qui suit est aussi beau, aussi impressionnant que la nuit qui maintenant nous entoure. Je sens auprès de moi la présence de Philippe. Sans doute est-il tout à la fois aussi émerveillé et angoissé que je le suis. Je sais que nos regards cherchent à cerner, bien au-delà des ténèbres, le visage de notre vie future, comme celui de notre vie présente... Il n'y a plus aucun chemin, si ce n'est dans les yeux de notre chauffeur. Les pentes sont si raides que nous basculons au sommet de chaque crête, comme aspirés par le vide, retenant notre souffle, maîtrisant notre peur.

Enfin la terre que nous attendions. Voici quelques lumières, celles des premières maisons d'un village. Des hommes se sont réunis dans l'une d'elles pour nous accueillir. À l'intérieur, un maigre feu dégage plus de fumée que de chaleur. Qu'importe. Je me dépouille complètement de ce voile-prison que je n'ai pas quitté depuis quatorze heures. En un éclair le film de cette journée repasse devant mes yeux. Comment avons-nous pu arriver jusqu'ici ? Jusqu'où nous faudra-t-il encore marcher pour soigner ? J'ai hâte que notre mission commence vraiment. Pourtant, ce soir, j'aurais envie d'un peu de solitude avec mes compagnons. Ce soir, oui, un flot de tendresse m'envahit, malgré la fatigue, malgré l'inquiétude qui demeure tapie au fond de moi : nous sommes à quelques heures du Nouvel An. Tout à l'heure, avant de m'endormir, j'inscrirai, sur le petit carnet où je note au jour le jour les événements de notre mission :

* *
*

Mercredi 31 décembre. *Le trajet se termine. Nous sommes accueillis dans une maison où s'est rassemblée une partie du village. Après le thé traditionnel, plat du pays, représentant la pauvreté d'ici : pain de farine et d'eau trempé dans de la graisse chaude, où flottent des petits dés de mouton grillé... On s'y fait, surtout après une journée fatigante. Un peu lourd peut-être.*

Nous dormons dans nos duvets pour éviter la gale et les morpions. Nous voulions passer l'année tous les trois avec un paquet de biscuits, une tablette de chocolat et le peu de bourbon mis dans ma bouteille d'alcool à 90. Mais rien n'y fait. Ils ne nous lâcheront pas d'une semelle ce soir.

* *
*

Six heures quinze. À peine réveillée, je me dresse sur un coude. Le vieil homme qui nous héberge, levé bien avant l'aube, a déjà rallumé son feu. Quel beau visage ! Quelle sérénité dans ce regard éclairé par les flammes ! Des ombres se lèvent, se tournent vers La Mecque, paumes offertes pour rendre grâce à Dieu de ce nouveau jour qu'il donne à ses fils... *Allah Akbar...* Première prière de la journée. Quatre autres suivront, rythmant le temps des hommes, rythmant la vie. Le vieillard s'affaire en silence, c'est le rite du thé qui commence. Chacun de nous reçoit une théière émaillée et quelques bonbons acidulés... Bernard en laisse tomber un au fond de son verre... Je le regarde, un peu perplexe.

— Ça ne fondra jamais...

— Je n'en sais rien. Que veux-tu faire ? Le croquer pour te casser une autre dent ?

Il a raison. Hier soir, je me suis brisé une molaire en

mordant sur un os qui nageait dans la graisse. Le mieux est d'attendre et de regarder.

— Tiens, Claire, ils le posent sur la langue et boivent le thé ensuite !

C'est ainsi qu'on apprend, au jour le jour, les coutumes.

À huit heures et demie, notre petite colonne prend le départ : dix personnes et un âne, en file indienne, sur l'étroit sentier qui serpente entre les tons verts des cultures en terrasses.

— Regardez bien ces champs... Dans moins d'une heure, la montagne ne rendra plus que du caillou...

La marche reprend. Longue. Très longue. Dès le départ, Ali Jan et les Mujahedin m'ont fait signe de marcher à l'arrière du groupe : une femme ne doit pas marcher plus vite qu'un homme. Je fais semblant de ne pas comprendre, de ne rien entendre. J'avancerai à mon rythme quoi qu'en pensent nos gardes du corps. Pas très redoutables d'ailleurs, nos gardes ! Ils sont armés en tout et pour tout d'une vieille carabine anglaise et arborent de superbes cartouchières bourrées de chevrotines inutilisables ! C'est plutôt maigre comme protection.

Montagne pelée, aride, sol desséché par les vents. Paysage grandiose dans son austérité... Derrière chaque crête, au passage de chaque col, on espère que « l'autre côté » sera plus vert, plus riant et c'est à nouveau une terre égale à elle-même dans sa nudité qui s'offre à nous. Je fais ici l'expérience du désert.

Parfois, lancinante, l'angoisse s'insinue en moi, et la peur. La vraie. Celle qui monte du plus profond de soi... Mes yeux sont rivés au sol, guettant les fameuses mines anti-personnelles dont nous parlait Guillaume. Rétrospectivement, je refais le chemin de ce passage de frontière. Certains de ces personnages sordides entre les mains de qui nous nous sommes confiés me laissent une impression de malaise... Le chantage de Sayed... tous les intermédiaires, témoins et acteurs de notre passage et sans qui il nous serait vraisemblablement impossible de revenir... Devant nous ? Un avenir inconnu. Imprévisible. Chaque pas nous éloigne un peu plus de la sécurité et nous rapproche du doute, de l'incertain, du précaire. Nous n'avons pas d'autre garantie que celle de savoir que, quelque part, des gens ont besoin de nous, de nos soins... Depuis le début du périple, j'ai commencé à noter les caps et les temps de marche sur un carnet. Sait-on jamais ? L'inquiétude me ronge en ce moment. Coup de cafard ? Oui ! Nous ne sommes pas en acier ! Soudain, la voix de Bernard résonne très fort à mes oreilles.

— « *Je veux revoir ma Normandie, c'est le pays qui m'a donné le jour...* »

Bernard chante, ça me fait du bien, comme me détendent les plaisanteries qu'il lance de temps en temps, me faisant parfois perdre le peu de souffle qui me reste. Bernard chante, et doit sans doute lui aussi penser à la difficulté du chemin, à l'incertitude de l'avenir... Seulement, chacun se défoule à sa façon.

Premier col. En tant que représentante du sexe faible, et devant le regard plein de reproches des Afghans, je ne me sens pas le droit de traîner la jambe. Mon orgueil me soutient. Je rouspète, je bougonne, mais je marche.

Sommet du col, Ali Jan nous tend un morceau de sucre noir, boule brune assez écœurante qui me donne encore plus soif. La sueur coule dans mon dos, déjà froide, plaquant ma chemise. On amorce la descente. La pente est raide, verglacée par endroits. Chaque canyon s'ouvre sur un autre canyon. Les ascensions et les descentes se succèdent. Si les heures de montées sont pénibles, les heures de descentes sont un calvaire. En atteignant une nouvelle vallée, nous nous arrêtons dans une maison de thé. Bonheur de ces haltes trop rares. Nous avalons chacun deux ou trois théières d'affilée, assis au soleil, sur la natte de la maison basse à l'avant-toit de chaume. À quelques mètres, des chameaux de bât sont allongés... Dieu, que la lumière est belle !

Harakat ko — allons-y. Ali Jan et les Mujahedin se concertent un instant. L'interprète se tourne vers nous.

— C'est une zone dangereuse... Cinq kilomètres à traverser... Les Russes bombardent souvent, il faut faire vite.

Nous ferons vite, entendant par instants le bruit du canon, mais ce n'est pas pour nous. En fait de danger, les Mujahedin s'arrêtent en plein milieu : c'est l'heure de la prière.

Notre marche reprend. Ali Jan s'approche de moi.

— Il faut baisser vos manches.

— Il fait chaud, Ali. On ne voit même pas mes coudes.

Autant parler à un mur.

— Il va falloir mettre votre chadri. Nous arriverons bientôt à une autre tchaïkhana, il ne faut pas qu'on vous voie avec ce foulard mais avec le grand voile !

La coupe est pleine.

— Pas question. Vous avez déjà monté un col, vous, avec un voile sur la tête ?

— Moi, je suis un homme.

Philippe s'est approché de nous. Il essaie de se faire persuasif.

— Chez nous, les hommes et les femmes sont égaux en toutes choses...

— Nous ne sommes pas chez vous. Nous sommes ici en pays musulman et vous devez suivre les lois du Coran.

Bernard s'en mêle, je le sens irrité.

— Enfin, c'est bien vous qui avez demandé un médecin femme pour s'occuper des vôtres et de vos enfants, non ? Il serait bon de faire des efforts pour l'accueillir ?

Ali Jan baisse la tête. Visiblement, il n'a pas envie de continuer, les arguments pourraient le toucher. Il préfère s'esquiver.

— Nous verrons au village... Moi je ne suis pas afghan, mais pakistanais... Je suis l'interprète, le reste, c'est votre problème.

Un à un, les Mujahedin se sont rapprochés. Ils écoutent sans comprendre, tout vient de se passer en anglais... Je tiendrai bon et garderai mon foulard. Il n'est pas question que je continue de marcher avec le chadri. Pour eux, je dois représenter la femme terrible. Alors, de même qu'ils ont surnommé Bernard *Madjan*, ils me baptisent *Jaimy*. Il paraît que je ressemble à la super-woman qui passe dans les cinémas pakistanais. Va pour Jaimy ! Je n'ai d'ailleurs pas le choix, le nom de Claire est beaucoup trop difficile à prononcer.

Nous quittons la vallée pour grimper le long du chemin schisteux qui mène au second col, il est près de dix-huit heures. Quelques névés s'accrochent aux parois. La première maison de thé ne nous reçoit pas : « complet ». Encore une heure de montée. Ali Jan et les body-guards nous doublent juste avant l'arrivée à la tchaïkhana, orgueil de mâle oblige... Il n'y a que nous sept dans ce petit refuge tenu par un beau vieillard. A la carte : œufs frits dans la proportion d'un tiers d'œuf et deux tiers de graisse. Pour nous trois, en dessert, un tiers de Mars chacun...

Nous mettons longtemps à trouver le sommeil, les bavadarges bruyants d'Ali Jan se poursuivant très tard dans la nuit.

Le lendemain matin, nous qui pensions nous lever tôt pour partir avant que le soleil soit trop haut, nous traînons tellement que j'en suis irritée. Ce n'est qu'un peu plus tard que j'en comprends la raison : habituellement, les musulmans font la première prière de la journée, au lever du soleil. S'ils se lèvent avant lui, ils sont tout de même obligés de faire une prière correspondante à leur propre éveil et doivent recommencer peu après, pour le soleil ; par ailleurs, ils ne peuvent manger avant que celui-ci soit levé. Ce n'est qu'à sept heures que nous franchissons la porte. Le grésil nous attend, glacial. Nous mettons trois heures à passer le second col, neuf heures pour le troisième. Une heure de marche nous sépare encore de Noorbuir, notre village. Le ciel s'est brusquement couvert, et c'est sous une pluie battante que nous arrivons devant la bâtisse qui doit nous servir d'hôpital.

Une partie du village est là, les hommes tournent autour d'Ali Jan, des Mujahedin et de mes camarades... Je n'ai pas droit au regard. Aucun mot de bienvenue. On n'accueille pas une femme, on ne lui dit rien, elle n'existe pas.

Je suis là, debout, encore dehors. Le foulard et les cheveux plaqués par la pluie, les épaules basses, harassée de fatigue. J'attends qu'on me fasse signe d'entrer. Non, ils ne veulent pas me voir et me laissent là, pataugeant dans les flaques. Après ces jours de voyage et de marche pour venir les soigner, pas un mot, pas un sourire.

J'entends la voix de Claude Malhuret : « Tu seras peut-être rejetée, méprisée, au mieux complètement ignorée... Sois ferme et patiente, et à cette seule condition tu seras acceptée... »

La pluie redouble de violence. Bernard s'approche de moi, avec un clin d'œil réconfortant.

— Entre, Claire, tu vas te faire mouiller !

Puis il me prend par l'épaule.

— Ils nous offrent le thé.

V

Ce thé est le bienvenu. Nous en buvons jusqu'à plus soif. Lentement, nos muscles endoloris se détendent, la chaleur nous envahit, vivifiante. N'était l'accueil qui vient de m'être fait, je serais parfaitement heureuse. On nous sert un énorme plat de riz en signe de bienvenue. Nous en avions besoin. Pour ce premier soir, nous coucherons dans la maison d'hôtes. Demain, il fera jour et nous nous installerons dans notre « chambre », une pièce unique, toute en poutres, aux fenêtres béantes et au sol de terre battue qu'il nous faudra aménager. Pour le moment, nous savourons simplement le bonheur d'être enfin là, dans ce provisoire « chez-nous », où il va nous falloir apprendre ce pour quoi nous sommes venus. Écouter, comprendre, soigner. Où il va nous falloir apprendre à vivre une part de ce destin que nous avons choisi et qui, pourtant, est encore devant nous, indéchiffrable.

Notre « hôpital » est une maison basse, construite de pierres et de boue séchée, semblable aux autres demeures du village accrochées autour des points d'eau d'un haut vallon. Murs épais. Toit en terrasse fait de terre et de branchages, d'une étanchéité plus que discutable, il recouvre les deux pièces principales séparées l'une de l'autre par une sorte de sas assez large muré sur trois côtés. Cet espace doit servir de grenier à vivres. Quelques jerricans de graisse, un peu de farine y sont entreposés auprès des cantines du matériel sanitaire. Sans doute pour protéger ce lieu des intempéries et de la poussière, on a dressé entre les pièces de grandes nattes et des pans de toile de jute qui ne sont plus aujourd'hui que des lambeaux à moitié déchirés qui claquent sous le vent violent de l'hiver.

L'entrée de notre salle de soins est à peine assez haute pour mes camarades. C'est une pièce sombre d'environ douze mètres carrés. Au fond, le long du mur, quelques étagères supportent encore les réserves de médicaments de l'équipe précédente, certains emballages sont à moitié rongés par l'humidité. Il faudra faire le tri de ce qui peut encore nous servir. À droite, en entrant, un charpoï est posé à même le sol en terre battue. Devant la fenêtre dont le plastique laisse filtrer une lumière diffuse, on a placé une sorte de table haute devant laquelle on ne peut travailler que debout. Sur la toile cirée qui la recouvre encore, quelques objets laissés par nos prédécesseurs : des flacons, plusieurs stylos, du papier et un registre. C'est le répertoire des consultants venus ici durant trois mois. Tout y est inscrit : nom, âge, village d'origine, signes cliniques, diagnostic et traitement. Nous feuilletons ce livre avec émotion. Des « frères », venus jusqu'ici avant nous, ont vécu ce que nous allons vivre. Le dernier jour, la dernière consultation donnée, ils ont griffonné quelques mots à notre intention : paroles de bienvenue, conseils, encouragements, sans compter une liste de phrases types en langue pachto, pour mener à bien nos premières consultations... Nous remontons le temps, page après page. Trois équipes de deux médecins nous ont précédés, déjà, à Noorbuir. « Tenez bon et bon courage », telles sont les dernières recommandations de chacune d'elles à la suivante. Bernard sourit.

— Ça doit être gai ici, si on a besoin d'être encouragés de la sorte !

Je ne réponds rien. Je suis encore sous le choc de l'accueil. Ce qui a été dur pour des hommes, je sais que cela risque de l'être encore beaucoup plus pour moi, femme, en pays musulman. Les premiers contacts l'ont suffisamment prouvé.

Je relis une fois encore le « bon courage » et je referme le registre.

Nous passons dans la seconde pièce, de l'autre côté du sas. Ici, la porte est remplacée par une tenture en toile de jute et une sorte d'édredon. Un gros poêle dégage une douce chaleur. Quelques hommes se lèvent pour serrer la main de Bernard et de Philippe. Je reste en retrait pour ne pas affronter à nouveau les regards de dédain en réponse à mes salutations. Nouveau rite du thé. N'ayant pas droit à la parole, j'inspecte minutieusement cette pièce qui devrait servir, d'après les instructions de l'équipe précédente, de salle d'opération. Compte tenu de l'absence d'équipe chirurgicale, elle a été réquisitionnée par le chef du village pour servir de pièce de réception, de salle de conseil et de chambre à coucher pour notre interprète et notre cuisinier. Ici, le sol est recouvert d'une natte. Le poêle repose sur un plateau de zinc. Une seule fenêtre, percée à vingt centimètres du sol, laisse passer une faible lumière. Sur le rebord, une lampe à huile éclaire la couverture d'un cahier d'écolier. Deux charpoï, une étagère rudimentaire... Au mur, face à la porte, on a accroché quelques Kalashnikov et des cartouchières. Aménagement parfait pour un bloc chirurgical.

Nous regagnons la maison d'hôtes. Ce soir, nous n'aspirons plus qu'à une chose, une seule : dormir. Longtemps, quelques-uns des hommes du village resteront autour du feu, un verre de thé à la main, bavardant sans se préoccuper de notre fatigue, de notre besoin d'être seuls. S'ils semblaient, durant la marche, outrés de me voir manches retroussées jusqu'aux coudes, ce soir, ils le paraissent beaucoup moins. Ils observent mes tentatives de déshabillage sans la moindre gêne, même si, découvrant l'avant-bras alors qu'après une savante gymnastique je parviens à me glisser dans mon duvet, j'entends Ali Jan me dire d'une voix presque suppliante :

— Oh ! Jaimy, *don't stay like that !* (Ne restez pas ainsi.)

Samedi 3 janvier. *Nous trions et rangeons la pharmacie. Beaucoup de poussière et de souris. Il y a 7° dans notre chambre et dans l'infirmerie. Nous avons quelques consultants cette première journée. La roue est lancée. Cet après-midi, nous voyons arriver deux solides guerriers montés sur des chevaux. Il s'agit de Gérard Kowut et de son interprète, débarquant de l'Hazaradjat, de retour vers le Pakistan. C'est un médecin M.S.F., parti il y a huit mois pour une mission exploratoire.*

Dimanche 4 janvier. *Il a neigé toute la nuit et cela dure toujours. Le village est transformé. Peu de consultations avec ce temps, du pain et quelques grains de dâl seront le repas du jour. Ce dâl ressemble à s'y méprendre à des pois cassés, mais jaunes. Il baigne toujours dans une graisse indigeste. Cet après-midi, Bernard et moi sortons un peu pour nous aérer. La neige tombe toujours, drue, silencieuse, cotonneuse. Pas un souffle d'air ne modifie sa trajectoire. Quel calme ! Contrairement aux autres jours, pas de coups de feu, pas de bruit de mitrailleuse ou autres armes automatiques. Rien que le silence. Hier soir, à cause de l'arrivée de Gérard, nous étions invités chez Djin, un des Mujahedin du village. Dans toute l'histoire du pays, je suis la première femme à être invitée à un dîner d'hommes. Je serai, bien entendu, installée à part de la table des hommes. Un des plats typiques du Paktia nous est servi : une couronne de riz avec, au centre, un mélange de miel et de graisse chaude. En regagnant notre chambre, je me demande lequel de Djin ou de moi aura le plus de mal à digérer, lui, pour avoir été « obligé » de recevoir une femme dans sa demeure, moi pour avoir trouvé sa cuisine indigeste.*

Ce soir une surprise nous attend avec le retour de Gérard parti faire une course : arrivée de trois garçons de la Transatlantique vidéo : deux Français et un Américain. Eux espéraient que notre « frigidaire » serait bien garni ! Hélas ! nous espérions la même chose de leur part.

* *
*

Premiers travaux d'aménagement. Premières consultations. Premiers visiteurs inattendus qui repartiront vite. Ces journées qui ouvrent notre séjour seront riches en événements. D'abord faire place nette. Pour le moment, il est encore possible d'assurer un certain nombre de consultations grâce aux réserves que nous avons trouvées. Ali Jan nous assure que nos bagages arriveront d'ici trois ou quatre jours. *Inch Allah,* bien sûr. Nous attendons la petite caravane avec beaucoup d'impatience. À cause de nos affaires personnelles, évidemment, mais aussi, surtout, des médicaments préparés à Paris. Ce matin, en rangeant les flacons sur les étagères, je repensais avec tendresse aux soirées familiales devant des centaines de comprimés et de gélules. Papa plus perfectionniste que jamais préparant les sacs et les étiquettes.

— Claire, je t'ai glissé cinq notices avec ces gélules, et l'étiquetage sera collé sur deux faces à l'intérieur du sachet...

Maman et son sens pratique ! Elle avait réussi à me dénicher des sacs transparents à glissière et des capsules de sel de potasse contre la déshydratation.

— Je te les avais pris chez le confiseur pour les mettre avec tes pellicules photos... ça ne fait rien, utilisons-les pour les médicaments... j'irai t'en chercher d'autres demain.

Que dire ? Avons-nous tellement besoin des mots ? Comme vous êtes loin aujourd'hui ! Comme vous êtes proches aussi !

Il y aura rapidement de longues files d'attente devant notre dispensaire. Des hommes, d'abord, les uns vraiment malades, les autres simplement curieux de voir la tête des médecins français. Les nouvelles vont vite. Les familles ont appris la présence du « docteur femme ». Bientôt, jour après jour, je verrai se présenter des dizaines et des dizaines de consultantes.

Elles arrivent par petits groupes, gravissant les sentiers qui mènent à l'hôpital. Sans hâte. Les mouvements amples de leur jupe font danser leur silhouette tandis qu'une partie de leur long voile flotte et claque sous la bise. Elles portent leurs plus jeunes enfants dans leurs bras, serrés dans les replis du chadri, certains tellement protégés que l'on distingue à peine leur présence. À chaque pas, ces ombres fragiles soulèvent de minuscules volutes de neige poudreuse. Je les regarde venir. Je les attends, ces femmes et leurs petits, venus de loin parfois. Les longs trajets sont leur lot quotidien. Aujourd'hui elles viennent consulter la *doctora* française ; demain, ce sera une visite à l'oncle, la vente d'une bête ou d'une pièce de tissu.

Pour arriver jusqu'à nous, certains n'hésitent pas à entreprendre quatre ou cinq jours de marche. Il est vrai qu'ici marcher des heures, des jours, fait partie des habitudes, la géographie l'exige. Les médecins afghans ne parcourent pas ces vallées, ou, plutôt, ne les parcourent plus. Quelques-uns sont restés à Kaboul ; la plupart ont fui au Pakistan avec leur famille.

Arrivées près du bâtiment, les femmes s'arrêtent, à l'écart, s'adossent contre un mur, ou conversent, accroupies. La plus âgée s'approche du porche. Le chef du village nous a proposé l'aide de deux « secrétaires », en l'occurrence des Mujahedin chargés de noter le nom des arrivants et d'empêcher les éventuels resquilleurs de passer avant les autres. La plus vieille se plante devant l'un des soldats :

— *Doctora cuja hast ?* Où est la femme docteur ?

— *Khon, inja bia...* Ici, viens...

Alors la grand-mère se tourne vers ses compagnes et leur fait signe d'avancer avec de grands gestes de la main. La « salle » ou plutôt l'aire d'attente est vite remplie. Les silhouettes frileuses se serrent dans une anfractuosité du rocher ou le long d'un pan de mur. Chacune est prête à endurer les longues heures d'attente qui la séparent du moment où elle franchira le seuil de notre porte. Lorsque leur tour arrive enfin, c'est à plusieurs, le plus souvent de la même famille, qu'elles se pressent pour nous affronter. Curieux rapport de forces ! Fascination pour ces « docteurs » qui peuvent guérir, mais inquiétude tout de même. Nous devons faire nos preuves !

Non sans mal, parfois, nous parvenons à contenir l'invasion de nos patientes, limitant les entrées à deux femmes accompagnées d'enfants et à trois sans enfants ni mari ! L'aide de ces derniers peut parfois se révéler précieuse, ils sont le plus souvent tellement envahissants qu'on doit leur demander de se taire plutôt que de répondre à la place de leur femme ou de leur sœur. Chacune prend place dans la salle de soins. Les voiles encore poudrés de neige s'écartent alors sur des frimousses d'enfants. Les têtes coiffées d'un bonnet brodé sont les seules parties libres de ces petits corps, emmaillotés des chevilles jusqu'au cou dans une sorte de grand lange. Ici, la vie du nouveau-né commence par des mois d'emprisonnement, un morceau de bois glissé entre ses jambes pour l'écoulement de l'urine.

À peine entrées, les femmes vont s'accroupir, le dos au mur. Poste idéal pour observer nos faits et gestes. On pousse un jeune enfant vers nous : il servira de cobaye pour le reste de la famille. La confiance gagnée, nous aurons droit aux sourires, puis aux confidences, et, enfin, au privilège de pouvoir les examiner. Le dialogue peut commencer. La médecine est une longue patience.

— *Tchi marysi dari ?* quelle maladie as-tu ?

— J'ai mal partout...

La femme prend ma main, la pose sur les endroits douloureux de son corps.

— J'ai mal ici, ici, ici...

Pas une qui n'échappe à cet envahissement de la douleur. Des douleurs. Je l'apprendrai très vite : la réalité est dure, les travaux quotidiens ingrats. Ces femmes vivent une partie de la journée accroupies devant le foyer pour cuire le pain, laver le linge... Elles se déplacent ainsi en canard, d'un coin à l'autre de la maison. Sans compter les corvées d'eau ou de bois. La maladie devient l'inévitable conséquence d'une vie particulièrement difficile.

Plus tard, vient l'expression des angoisses, des drames personnels.

— Cela fait cinq ans que je suis mariée et je n'ai pas d'enfant...

— N'en as-tu jamais attendu ?

— Si, une fois, mais il est mort après trois mois.

Elles sont nombreuses dans ce cas. Les curetages après la fausse couche n'existant pas, les risques d'infection puis de stérilité sont fréquents.

C'est le tour d'une très vieille femme.

— J'ai mal à la tête... tout le temps mal à la tête...

Je prends la tension : 21/9.

— Tes jambes ne sont-elles jamais enflées ?

— Si, toujours... grosses et lourdes.

Elle retrousse péniblement le bas de ses jupes puis de son pantalon. Œdème aux deux jambes. Je décèle un souffle à l'auscultation cardiaque. Ici, le mal évolue sans problèmes sur des corps malmenés par le froid, la pauvreté de l'alimentation, la dureté des travaux journaliers. Ce ne sont pas les quelques comprimés d'aspirine Bayer, vendus à la pièce dans les maisons de thé, qui pourront lui venir en aide.

— *Doctora... khon.*

La vieille femme a saisi mon stéthoscope. Elle pose l'instrument sur son genou.

— *Gouchko khon...* écoute ici.

— Non, grand-mère, non, ici on n'entend rien.

Je tente de lui expliquer ce qu'est un stéthoscope. Je lui fais écouter mes poumons. Puis les siens. Les battements de son cœur. Elle me regarde. Ravie. Puis se tourne vers ses compagnes. Je regrette de ne pouvoir comprendre ce qu'elles se disent... Je sais bien que mes explications et mes démonstrations sont loin d'être toujours suffisantes. Certaines persisteront à croire au pouvoir magique de mon curieux instrument. Qu'y puis-je ?

Pour examiner mes malades, je les fais asseoir sur le

bord du charpoï... La plupart y consentent docilement. D'autres, comme cette vieille femme, refusent de me voir accroupie ou penchée sur elles, parfois elles se redressent sur le lit, ramassent leurs jupes et leurs ballots en me disant :

— *Doctora, inja bichi...*

C'est une invite à m'asseoir à côté d'elles, au même niveau. Comme une amie. Aujourd'hui encore, j'accepte. La vieille femme me prend la main, la serre longuement dans les siennes, la presse par instants comme pour accentuer un mot, ponctuer une phrase, embrasse mes mains. J'en suis déconcertée. Je n'ai rien fait pour mériter ce geste. Nous parlons, assises l'une près de l'autre. Telles des complices. C'est cela aussi, soigner.

Souvent, durant l'examen d'une malade, les autres femmes s'approchent, m'entourent, attentives à mes moindres gestes. L'utilisation de chaque instrument leur semble relever d'une envoûtante magie. Je souris à l'avance lorsque je dois pratiquer sur la première femme, ou le premier enfant de la file d'attente, un examen à l'ostéoscope. Je sais qu'invariablement les suivantes se souviendront toutes de très violentes douleurs aux oreilles...

L'acte magique par excellence semble pourtant la distribution des *goulis* : comprimés, cachets, gélules... Nous les délivrons toujours avec prudence, expliquant à chacune comment et quand les prendre, usant de toutes les astuces possibles pour être bien compris. Il m'arrive d'accompagner mes explications orales d'un petit dessin : cadran de montre ou parcours du soleil dans la journée : à tel moment, prendre ce gouli vert ou orange... Avec de grands hochements de tête, elles s'en vont, souriantes, reprendre leur place, accroupies le dos au mur. Elles ont compris. Souvent, entre elles, elles entreprennent de comparer leur « recette ». Elles font alors cercle derrière mon dos, discutent, supputent... Ces gélules rouges ou noires doivent être un bon médicament... Ces dragées bleues aussi... Mais ces comprimés blancs ne sont sûrement pas bons... C'est injuste ! Pourquoi, alors que Spin Gula a des gélules jaunes et vertes et Habiba des dragées bleues, n'ai-je que ces cachets blancs ? La doctora n'a sûrement pas compris... Et pourquoi ne m'a-t-elle pas prescrit des *pechkari* ?... les injections, il n'y a que ça de vrai !

Scandalisée, la victime de l'injustice se tourne vers moi, paumes ouvertes pour me rendre mes comprimés.

— Ceux-ci ne sont pas bons... Je veux les mêmes qu'elle...

— Tu n'as pas la même maladie ! Donc tu ne peux avoir les mêmes médicaments... Ce serait mauvais, très mauvais...

La femme hésite, ne sachant plus que dire. Visiblement indécise, elle est partagée devant un choix difficile : si je refuse les goulis blancs, pense-t-elle sûrement, la doctora sera fâchée et ne me donnera rien d'autre...

Alors, avec un soupir, la consultante reprend ses pilules, les range avec soin dans un repli de sa robe, les roule avec le tissu, ferme le tout d'un gros nœud, puis, ramassant son fils comme elle le ferait d'un panier à provisions, elle quille la salle, très digne et pourtant dépitée. Ses compagnes la suivent après avoir, d'un geste lent et gracieux, ramené leur voile sur leurs épaules et leur visage. Déjà, cinq ou six autres ont pris leur place. Les consultations continuent.

Les consultantes se font plus nombreuses chaque jour. Souvent, l'après-midi, je pars faire des visites à domicile pour soigner celles qui ne peuvent se déplacer. Premières paroles échangées. Premiers sourires. Chaque jour je reviens en amie pour les voir rallumer leur feu, préparer le pain, boire le thé avec elles. Les hommes cachent encore leur satisfaction de voir la doctora soigner leur femme et leurs enfants, mais, peu à peu, la glace se brise. Ils réalisent que je ne mets pas d'idées « révolutionnaires » dans la tête de leur compagne ! Quelle que soit l'heure à laquelle ils m'envoient chercher, je ne refuse jamais de me déplacer. « Ferme et patiente », m'avait dit Claude. Je le suis. Disponible aussi.

* *
*

6 janvier 1981. *Depuis le début de l'après-midi un bombardement a commencé à 5 km sur la base de Ouamanda. Les Mujahedin de notre village y sont tous. Il est près de dix-huit heures. Toutes les vingt, vingt-cinq secondes, un grand boum ! Nous préparons nos sacs au cas où il nous faudrait quitter ce repaire au plus vite.*

Aujourd'hui, à la radio, on annonce que les Russes viennent d'entrer dans de très nombreuses maisons tuant hommes, femmes et enfants pour arrêter l'action des Mujehadin qui ont détruit ces derniers jours plusieurs chars et abattu des soldats soviétiques. Cette action semble être présentée comme une action de représailles en plein Kaboul.

7 janvier. *Les consultants arrivent nombreux. Nous ne sommes que deux, Bernard et moi, pour les recevoir. Philippe est parti ce matin pour un village à trois heures de marche, soigner un homme qui s'est fracturé les côtes. Il en profitera pour voir plusieurs malades dans le camp des Mujahedin. Je souffre de tout le ventre, de plus en plus. Pas grand-chose ne me calme. Cela fait maintenant plusieurs jours que je suis dans cet état. Des chasseurs russes sillonnent une partie de la journée le ciel de Noorbuir. Philippe rentre assez tard de sa « tournée » et dévore à belles dents l'éternelle écuelle (pour trois) de maïs concassé dans la graisse. Je ne la supporte pratiquement plus du tout.*

* *
*

En repartant, Gérard nous a laissé les trois chevaux qui leur ont permis, à son interprète et à lui, de parcourir une partie du trajet de leur mission exploratoire. Les pauvres bêtes ne sont guère brillantes, leur dos est effrayant de maigreur, sans compter les énormes plaies, sans doute provoquées par le frottement de la selle. En sortant de mes consultations chez les femmes, je passe chaque jour plus d'une heure à les soigner, à les nourrir, à leur parler ; ce sont des amis que je retrouve chaque jour. Eux, au moins, ne font pas semblant de m'ignorer ! Leurs oreilles se dressent à mon arrivée et leurs naseaux fouillent sous le gilet à poches à la recherche des morceaux de pain du dernier repas, mis de côté pour eux. Philippe m'accompagne de temps en temps, mais le plus souvent, il reste à l'hôpital. Ali Jan ou un Mujahed se propose parfois pour venir avec moi. Beaucoup moins pour m'aider que pour me regarder faire ! Soigner les bêtes n'est pas, ici, un travail de femme. Cela m'amuse de les voir ainsi, attentifs, l'air un peu étonné. Juchés sur un rocher, assis sur leurs talons, ils m'observent, les yeux mi-clos. Que peuvent-ils bien penser ? Parfois, pour les narguer, je leur fais soulever la patte malade d'une des bêtes ou tenir les pinces.

Comme pour les consultations au dispensaire, le bouche-à-oreille va son train ! Bientôt, Ali Jan viendra me chercher pour une chèvre, une vache ou un oiseau de combat qui se fait porter consultant. Me voici devenue vétérinaire ! Sans le savoir, je suis pourtant en train de marquer des points pour mon admission au sein du clan. Un événement, banal en soi, précipitera les choses.

Un après-midi, moins d'une semaine après que j'ai entrepris de soigner les chevaux, Saheb, un homme du village, vient me chercher pour une consultation à domicile. Sa femme est malade. Rien de grave. La visite terminée, alors que je m'apprête à partir, il tente, à grand renfort de gestes, de me conduire derrière la maison. Il tient des propos auxquels je ne comprends pas un mot. Je le suis malgré tout. Le « malade » qui me regarde d'un œil à la fois hautain et détaché doit bien peser dans les six cents kilos. À mon approche, il se met à souffler dans ses bajoues, avec un grand bruit de canalisation qui se débouche. Saheb tend la main.

— Le chameau est malade. Il ne peut plus travailler.

J'entreprends d'enlever avec douceur la toile de jute qui entoure la patte avant droite de l'animal et découvre un abcès suintant entre les doigts. À voir la tête de mon interlocuteur, je dois lui apparaître comme le dernier recours. La chance ultime.

— On va voir ce qu'on peut faire !

Rien de moins évident. Il nous faudra une bonne heure pour nettoyer, gratter, traiter, panser cette patte d'une quarantaine de kilos. Nos têtes s'effleurent, nos mains se frôlent, sans retenue, sans hésitation. Saheb a oublié que j'étais une femme et, de surcroît, une femme infidèle : une non-musulmane. Une barrière entre nous s'est brisée. Nous nous redressons, douloureusement. Saheb me regarde, souriant.

— C'est très bien comme cela.

— Je viendrai refaire le pansement tous les deux jours... Tous les jours s'il n'y a pas trop de travail à l'hôpital.

Je vais partir. Saheb me retient par la manche de mon vêtement. Un geste d'une grande douceur.

— Mon père aussi est très malade...

— Il peut venir demain à la consultation ? C'est possible ?

— Non, il est trop fatigué. Tu peux venir ? Maintenant ?

Je remarque avec une certaine émotion les efforts que fait Saheb pour n'employer, en pachto, que des mots faciles à comprendre pour moi. Je remarque un certain respect, une certaine amitié dans sa voix. Il me semble tout à coup que nous avons quelque chose en commun, comme un secret à partager, un besoin de communiquer. La nuit commence à tomber. Saheb marche devant moi. Je le suis, sans un mot. Surtout, ne marquer ni surprise, ni joie, ni empressement. Être là. Simplement.

Je pénètre dans la maison. Le vieil homme qui me regarde avancer a l'air un peu absent, mais attentif, pourtant, malgré les apparences. Nous échangeons les salutations d'usage tandis que je m'assieds près de lui comme pourrait le faire n'importe laquelle de ses petites-filles.

— De quoi souffres-tu, grand-père ?

Le *baba* tourne son visage en direction de son fils. Ses lèvres et son menton tremblent un peu comme s'il voulait parler et qu'il cherchait ses mots. Ses yeux pâles, enfoncés dans leurs orbites, laissent couler une ou deux larmes, la fumée de la pièce y est sans doute pour quelque chose ; sa tête retombe sur sa poitrine. Il semble s'endormir d'un bloc, front et sourcils plissés. Il doit se recueillir, récupérer ses forces. Pourtant, son air absent n'est qu'une façade, ses traits continuent de frémir au moindre bruit. Il ouvre soudain les yeux, échange quelques paroles avec son fils, esquisse vers moi un geste à peine perceptible. Saheb me regarde.

— Il voudrait que tu l'examines. Il sait déjà que tu soignes notre chameau.

Il entreprend de dégrafer lui-même les vêtements de son père, remonte la chemise jusqu'aux épaules, même la ceinture de cotonnade du pantalon est baissée jusqu'à l'aine. J'interroge le vieil homme sur son mal. Il me répond lentement, à son rythme. Nous voici bientôt entourés par des voisins que les enfants de la famille ont prévenus.

Ce soir-là, ce n'est pas une, mais cinq, six consultations que je donne dans la demeure de Saheb. Celui-ci encourage parfois les patients à se dévêtir un peu plus.

— Ouvre cela, Jaimy est une *doctora* ! C'est pareil que docteur Bernard ou docteur Philippe...

Tout est en train de changer. J'avais déjà soigné leurs femmes et leurs enfants. Je me suis intéressée à leurs bêtes, richesse de leur foyer, et, ce soir, c'est eux que je viens d'approcher. Quelque chose brûle en moi. La joie ? Peut-être. La paix. Tout est en ordre.

Je n'ai pas assez de médicaments sur moi. Je griffonne quelques ordonnances. Ils passeront chercher le traitement à l'hôpital. Les femmes ont préparé le repas. Je me lève pour prendre congé. Saheb me retient.

— Non. Tu manges ici, avec nous.

Un sourire éclaire son visage tandis que je m'installe à nouveau dans le cercle. Le plus jeune des garçons passe entre les convives pour le lavage des mains. Un seul plat est posé au centre. Saheb me fait signe de commencer. J'hésite un peu, attendant l'autre plat, celui destiné aux hommes... Non. Je dois me servir. J'entame discrètement le bord de l'écuelle qui me fait face. Alors, à mon grand étonnement, mon hôte et ses amis s'inclinent tour à tour et se servent à l'endroit même que je viens de commencer. Nos bras se croisent au-dessus de la « table » commune. Ces hommes me considèrent comme des leurs.

Saheb propose de venir à l'hôpital demain, après son travail. Ce métier semble l'intéresser. Je l'encourage. Quand nous serons partis, ce sont des hommes tels que lui qui prendront notre suite. Je vais saluer les femmes avant de partir. Tous se lèvent et, pour la première fois, me tendent la main. Mon hôte prend la mienne entre ses deux mains, signe d'amitié et de respect. Sur un dernier geste, je prends congé. Dehors, la nuit est splendide. Orion et la Grande Ourse veillent aussi sur cette partie du monde. Je dévale les rochers à toute allure. Je suis heureuse. Ce soir l'amitié et la confiance sont nées. L'Occidentale n'est plus une étrangère. Nous nous sommes apprivoisés.

*
* *

8 janvier. *Malgré les massages effectués sur notre Philippe à son retour de visite, ce matin il est malade. Pour moi, ce n'est pas mieux. Je tombe dans les pommes en tra-*

versant le jardin pour aller aux toilettes. Voici deux jours que je ne garde aucun repas. Nous sommes un peu faibles. Je vais m'allonger vers onze heures et ils viennent me réveiller pour voir deux femmes en consultation... Vraiment sans pitié !

Vers seize heures, joie. Les chameaux arrivent avec toutes nos affaires. C'est la fête, nous allons manger autre chose que du pain trempé dans de la graisse. Je me sens déjà mieux. Malheureusement, ce que je prévoyais est arrivé. Sayed Habaï Khan a soi-disant acheté pour 4 000 roupies de nourriture. Plus 500 de « pourboires » aux postes de police et il nous écrit qu'il nous en renvoie 500. Faux : il nous laisse seulement 200 roupies dans une enveloppe, laissant croire que les chameliers ont volé le reste. De plus, aucun chamelier n'a été payé. Ce type est vraiment un salaud.

9 janvier. *Je donne beaucoup de consultations, troublées parfois par des passages d'hélicoptères sur notre village. Quatre, tout d'abord, longs, fuselés, gris métallisé, puis deux autres.*

Je prépare une trousse pour les visites à domicile. Le bombardement sur Douamanda dure tout l'après-midi. D'autres hélicoptères repasseront en fin de journée. Mes visites seront perturbées par les bruits d'explosion des bombes. Quelques cadeaux offerts aux femmes leur donnent beaucoup de joie. Dans cette ambiance de guerre être « médecin de campagne »...

10 janvier. *Après un début de matinée calme, je décide de faire une « lessive organique » des pieds à la tête. Obtenir une tranquillité totale dans notre chambre n'est pas chose facile. J'en ai pourtant fini lorsque Philippe entre m'annoncer l'arrivée d'une équipe de TF1 à Noorbuir. Je descends dans notre salle d'accueil. Il y a là Alain Boinet, Patrice Franceschi et leurs amis. Philippe Truze, le médecin qui les accompagne, est assez malade. Il reste avec nous pour la semaine et repartira avec Bernard, vendredi prochain.*

11 janvier dimanche. *En fait de jour de repos, c'est raté.*

Beaucoup de consultants. Je vois autant d'hommes que de femmes. Ali Jan ne se choque plus de m'avoir comme « médecin femme », c'est lui-même qui maintenant vient m'appeler pour voir one patient ! *Quel rendement (40 à 60 consultants par jour selon nos dernières statistiques). Nos camarades de TF1 partent, sauf Philippe Truze qui fait une bonne lymphangite.*

*
* *

C'est de bonne heure que nous quittons Noorbuir ce matin. Nous chevauchons toute la journée, Bernard et moi, pour aller soigner des malades, accompagnés par Ali Jan et quelques Mujahedin. Nous passons de village en village, je devrais dire de ruine en ruine, car les bombardements ont été intensifs ces derniers temps. Des familles continuent à y vivre, c'est elles que nous visitons.

La route qui a été « reprise » aux Russes par les Mujahedin est coupée, tous les deux cents mètres environs, par des tranchées de deux mètres de large sur deux mètres de profondeur. Chars et tanks russes éventrés, carbonisés balisent ce paysage lunaire, hallucinant. De l'anti-mines aux véhicules de transports blindés, toutes ces carcasses ont été soigneusement pillées jusqu'au dernier écrou ! Rien ne se perd. L'épicier de la maison de thé à qui je demanderai des ampoules de lampes de poche m'en proposera tout un échantillon... encore vissé sur le tableau de bord d'un char soviétique.

— Celle-ci vous conviendrait ?

Au retour, poussée par un besoin pressant, plutôt que de choisir une ruine, je me dirige vers un char russe, quel luxe !

J'ai le cœur un peu gros. Cette journée est une des dernières que Bernard passe avec nous. De temps à autre je regarde ce compagnon d'une aventure difficile. Cela fait trois semaines que nous avons quitté Paris... Le temps de refaire la marche jusqu'à la frontière et le trajet en voiture jusqu'à Peshawar, il faut prévoir une semaine. C'est tout ce qui lui reste de ce mois de vacances qu'il est venu passer à Noorbuir, comme d'autres vont en Grèce, à Chamonix ou sur la Costa del Sol... Son départ fera comme un grand vide. Trois semaines de vie intense laissent des traces. Bernard a imprimé les siennes. Discrètement. C'est un type formidable, Bernard. Il nous manquera, à tous.

⋆
⋆ ⋆

Jeudi 15 janvier. *Départ de nos deux amis, Bernard Cau et Philippe Truze, au petit matin. Le nombre des consultants qui nous attendent déjà devant la porte abrégera nos adieux. L'enfant atteint de néphrite aiguë rejoint lui aussi son village. Peut-être pour y mourir ?*

⋆
⋆ ⋆

Ils seront plus de quatre-vingt-dix aujourd'hui dont trente-cinq femmes à venir à la consultation. Je tombe de fatigue, mais leur confiance me fait du bien. Celle d'Ali Jan m'est acquise ! Malgré mes cheveux sales au point de tenir tout seuls en queue de cheval, et un teint terreux bien en rapport avec notre alimentation quotidienne, il s'ingénie à me faire une cour, discrète mais constante.

— *Jaimy, you are a good doctor and very beautiful !*

Il a sa petite idée, Ali Jan ! Il la poursuit même avec une certaine obstination.

— Jaimy, avez-vous appris le judo et le karaté ?

— Le judo oui, le karaté un peu, avec mon frère aîné. Pourquoi ?

— Si un homme essayait de vous prendre, est-ce que vous vous défendriez ?

— Je crois qu'il s'en souviendrait un certain temps.

— Et si c'était moi qui essayais de vous prendre, que feriez-vous ?

— La même chose que pour les autres...

Suit une longue conversation sur les coutumes afghanes. Ici, une femme s'achète. Plus ou moins cher, selon son âge. J'essaie d'expliquer à Ali que l'amour et la tendresse sont un partage, pas un vol ni une appropriation. Décidément, notre interprète a bien changé. Les reproches dont j'étais assaillie les premiers jours se transforment en compliments. Pour lui j'étais, sans doute, en tant qu'étrangère, l'image parfaite de la femme impure et infidèle. Or, après quelques semaines de vie « collective », il s'aperçoit que je suis tout de même une femme, un être avec un cœur et un corps. Si je travaille autant qu'un homme dans la journée, je me précipite, dès que je le peux, pour parler chiffons avec les femmes du village. Il n'a plus de repères, Ali Jan ! J'incarne le contraire de ce qu'il a toujours connu.

Après plusieurs tentatives, Philippe et moi avons pu obtenir une journée de repos par semaine. Deux jours plus tard, l'hôpital est fermé pour quelques heures, et nous voilà partis à la chasse aux singes et aux sangliers... Nous grimperons tout le jour dans un paysage de rêve, sans voir la queue d'un macaque ou le groin d'un cochon sauvage. Qu'importe ! L'essentiel, c'est cette courte détente, ce repos qui nous était devenu nécessaire, vital.

Demain, Hadji Rafar, le chef du village, nous quitte pour le Pakistan. Il doit rencontrer le mollah Mouktada afin de régler, entre autres choses, les modalités de notre retour prévu pour la mi-février, nos futures relations avec le passeur, le prix des chameaux, et, enfin, l'hébergement en zone tribale.

Les réflexions faites à Ali Jan ne semblent pas le freiner dans ses élans amoureux. Ce matin, au cours de la consultation, il tente de m'expliquer, à grand renfort de gestes, comment se pratique l'accolade afghane lorsque de très bons amis se retrouvent. J'ai souvent peur de me tromper sur ses motivations : s'en tiendra-t-il à une réelle amitié, ou a-t-il d'autre projet ? Philippe, que le manège d'Ali Jan amuse beaucoup, préfère attendre pour intervenir. Nous avons toujours besoin d'un interprète...

VI

C'est souvent le froid qui m'éveille, à la naissance du jour, lorsque le premier rayon de lumière vient éclairer les murs de notre chambre. Il doit être cinq heures ou cinq heures et demie. Le vent naît à son tour dans notre haut vallon et siffle entre les pierres descellées qui encadrent la porte. Les vieux chiffons tassés dans les interstices du mur ne sont pas suffisants pour résister au souffle glacial, pas plus que le plastique des fenêtres. Insidieux, l'air froid se glisse, jusqu'à nous faire frissonner malgré l'épaisseur des duvets.

Chaque matin, mon premier regard est pour le drap blanc tendu au plafond de la pièce. Il fait barrage aux araignées et aux punaises. Bientôt viendra le moment sacré, celui où, me dressant sur le côté, sans sortir de mon sac, je prépare le café. Du vrai café avec des sachets instantanés, cadeau de maman. Moments précieux de ces matins où la mémoire fait défiler pour moi le temps d'ici, celui des jours, des semaines déjà passés dans notre village. Ce que nous y avons vécu, ce que nous y avons partagé au fil des heures de consultations. Comment oublier que notre salle d'attente ressemble le plus souvent à la cour des miracles, abritant, sous les voiles, des lèvres et des joues ravagées par l'impétigo, des yeux qui ne voient presque plus à force de suinter leur pus, des corps masqués de pustules ou de furoncles, des goitres terrifiants ?

Notre venue n'a pas été vaine pour ces hommes, ces femmes et ces enfants. Pourtant, que deviendra ce Mujahed touché, comme tant d'autres, par la tuberculose, couvert de chapelets de ganglions froids, gros comme des noix ou des clémentines ? Qu'en sera-t-il, de cet enfant de douze ans avec son syndrome néphrétique contre lequel le Lasilix est inefficace et que la corticothérapie n'a que très légèrement amélioré ? Et cette jeune fille, qui présente une tumeur osseuse au regard de chaque articulation ?

Pour l'instant, — mais pour combien de temps ? — la « médecine locale » est en léger recul : les brûlures au fer rouge se font plus rares, les Afghans commencent à réaliser qu'il y a d'autre moyen de faire disparaître une douleur que celui de brûler le siège même du mal. Les infirmiers, tel Saheb que nous tentons de former, pourront, sans doute après notre départ, continuer la lutte.

Reste que la guerre est là, et son interminable cortège de drames et de souffrances. Des êtres mutilés, des enfants orphelins, de jeunes hommes prématurément vieillis, déjà perclus de rhumatismes à force de longues marches dans la neige et dans les éboulis.

Non, notre venue n'était pas inutile, nous le savons. Ils le savent aussi. Je pensais depuis longtemps que soigner est un don à l'autre, et que, dans ce don, le sourire est déjà la moitié du soin. Je le pensais ; maintenant j'en ai vraiment fait l'expérience. Oh ! bien sûr, un don n'est jamais univoque. Nous attendons tous, et toujours, quelque chose en retour. Aimer et être aimé. Donner et recevoir. Simple ? Élémentaire ? Peut-être. Qui pourrait vivre, vraiment vivre, sans cet échange-là, sans cette dualité des rôles ? Que recevons-nous, ici, en échange ? Difficile à dire. On ne tient pas les comptes des rapports entre les êtres comme un registre d'épicier. Au jour le jour, nous sont renvoyés des images, des signes, autant de richesses qui s'accumulent en nous. Ainsi, la confiance... Leur confiance. Certains nous l'ont déjà offerte. Je me souviens de ce matin où un jeune Mujahed est venu à la consultation. Après avoir tourné autour du pot en réclamant de la vitamine C pour aller voir sa femme, il m'avoue souffrir d'un problème d'éjaculation précoce.

À moi, l'étrangère, l'infidèle. Et ce sont mes questions, mi-sérieuses, mi-blagueuses, qui lui ont donné le courage de se confier.

— C'est la première fois que j'en parle à quelqu'un. Même mon père n'est pas au courant...

— Ne te fais aucun souci. Rien de ce qui est dit ne sort de cette pièce. Cela reste entre le médecin, l'interprète et toi.

— *Allah Akbar, shokran, doctora !* Allah est grand, merci docteur...

*
* *

Lundi 19 janvier. *Tant de consultants aujourd'hui que j'en ai plein le dos et les jambes. J'ai été très « sérieuse » toute la journée, sans un sourire. Ali Jan était très inquiet ! Ce soir, il dépasse les bornes : après le dîner, je suis montée lire sur mon lit, lorsqu'il entre sans frapper et s'assied près de moi. Deux fois je lui demande de se lever et de me laisser tranquille. Devant son refus et la clarté de ses intentions, je me lève précipitamment : légère lutte car il n'a pas l'intention de s'arrêter là ! Je lui dis sans mâcher mes mots ce que je pense de son attitude. Il me trouve très cruelle. Qu'importe, après m'avoir méprisée et insultée, il ne veut tout de même pas que je lui tombe dans les bras ! À ce moment, Philippe, qui suspectait quelque chose de louche avec le départ d'Ali Jan, arrive dans la chambre. Libérateur héroïque bien que tardif !*

21 janvier. *Ce matin, les dernières nouvelles nous parviennent avec un camion de Mujahedin blessés... La plaine de Ghost est envahie par les Russes. Notre retour est pour le moment bloqué. Soixante familles ont émigré cette nuit vers le Pakistan.*

*
* *

C'est Khon Afzal qui vient commenter avec nous ces informations. Ce Mujahed me plaît beaucoup, il est intelligent, intègre, discret et calme. C'est le frère d'Hadji Rafar, le chef du village, il le remplace depuis son départ.

— Il y a quarante-huit heures, deux cent cinquante chars ont envahi la plaine que vous avez traversée pour venir ici.

Une plaine de six kilomètres de large entre le premier et le second col. Je me souviens encore des recommandations d'Ali Jan lors de notre passage ! L'endroit était déjà dangereux !

— Notre route de retour est donc pratiquement bloquée ?

— Oui. Encore qu'il soit possible de traverser cette plaine de nuit... Nous connaissons mieux la région que n'importe lequel d'entre eux...

Ce serait notre seul espoir.

Plus tard, dans l'après-midi, en pleine consultation dans notre dispensaire, nous ne verrons pas passer les deux hélicoptères qui feront leur ronde au-dessus de nos têtes. Leur vrombissement s'intensifie puis s'estompe, nous laissant suffisamment de silence pour ausculter notre soixante-neuvième « client » de la journée. Après examen, l'homme sort de sa poche de petits tubes métalliques recouverts d'un bouchon noir et une collection d'ampoules à l'aspect bizarre.

— Il demande si tu sais traduire le russe, me demande Ali Jan.

— Non, malheureusement. Où a-t-il trouvé cela ?

— Sur un Soviétique qu'il a tué... Il avait ces ampoules sur lui, dans une boîte métallique.

Je les examine avec précaution. Chacune d'elles est compartimentée en trois, quatre ou cinq chambres, remplies de cristaux transparents, jaunes ou blancs, les autres contiennent de minuscules ampoules de liquide coloré. Pas besoin d'être grand clerc pour imaginer à quoi peuvent servir ces tubes de verre. L'arme chimique est employée en Afghanistan. Ce n'est un secret pour personne.

Je mets longtemps, ce soir, pour trouver le sommeil. Les informations qui nous sont parvenues aujourd'hui ne sont guère rassurantes. Selon toute vraisemblance, les Soviétiques ont l'intention d'occuper la route que nous avions parcourue à cheval avec Bernard et qui n'est qu'à vingt minutes de marche de notre village. Dans ce cas, nous serions pris au piège. Cette route donne non seulement accès au chemin de retour, mais également aux différentes tchaïkhanas où l'on se ravitaille en pétrole, en piles, en allumettes, parfois en farine et en graisse. J'essaie « raisonnablement » de calmer mon angoisse. Cette vallée est extrêmement étroite, une percée massive de chars est pratiquement impossible... Leur avancée serait trop lente et les rendrait vulnérables. Sans compter que la route a été sectionnée en divers endroits.

Philippe lui non plus ne dort pas. Nous exorcisons notre inquiétude en échafaudant des plans, au cas où... Si les événements continuent à se précipiter, il faudra sérieusement envisager de faire retraite sur le Pakistan, quitte à passer, de nuit, la zone dangereuse comme nous l'a suggéré Khon Afzal.

*
* *

23 janvier. *Il neige. Il y aura moins de consultants aujourd'hui. Dans l'après-midi, plusieurs Mujahedin viennent me chercher en gesticulant. Un visage pâle vient de débarquer devant l'hôpital. Il a l'air épuisé. Grand. Blond. Avec une chaussure noire... et même deux ! C'est le remplaçant de Bernard : Dominique Leymarie. Je croyais que c'etait déjà notre « relève » ! Philippe lui saute carrément dans les bras. Goulap, notre cuisinier, lui prépare une bonne platée de riz. Le nouvel arrivant a l'air d'aimer notre* home...

*
* *

Le lendemain, j'emmène Dominique faire la tournée des « grands » malades. Nos chevaux sont en bonne voie de guérison grâce aux soins quotidiens. Dominique tente une greffe de peau sur le dos d'une des bêtes... Quant au chameau, sa patte ne s'arrange pas du tout. L'ensemble du membre inférieur est maintenant enflé jusqu'à l'aine. Il faudra aviser. En tout cas, impossible de le soigner sans anesthésie, il devient beaucoup trop agressif.

Je finis seule les consultations à domicile. Il est exclu pour Dominique de venir avec moi. Même Philippe qu'ils connaissent depuis longtemps ne m'accompagne jamais. Dans chaque maison, c'est le rite du thé et des échanges de cadeaux. Dans mes bagages, j'avais apporté des parfums et des bijoux pour les femmes, des jouets pour les enfants, des portefeuilles et autres présents pour les hommes. Personne n'est oublié. Moi, je n'oublierai jamais le regard de ces gosses devant leurs petites voitures, leurs balles de caoutchouc ou leurs cahiers de coloriage. Il m'arrive de passer des heures avec eux. Je distribue les crayons de couleur et leur montre comment s'en servir. Au début, les garçons ont bien essayé de récupérer les cahiers des filles, mais je suis parvenue à mettre un peu d'ordre ! Les dessins qui reviennent le plus souvent sont ceux de poules, de chats, de camions... d'hélicoptères et de Kalashnikov... Leur quotidien... leur univers. Quant aux coloriages, les résultats me font beaucoup réfléchir. En effet, les croquis à compléter ne « représentent » rien pour eux, que ce soit un perroquet, une bicyclette, un wagon ou un clown : ils ne savent pas ce que c'est, ils n'en n'ont jamais vu. Ils manient alors les couleurs selon une logique qui échappe à la nôtre. Cela donne des résultats passionnants. Jamais je n'ai vu une aussi belle locomotive que cette coloriée par Barta Gul, le fils de Spin Gula. Il a huit ou neuf ans. Un jour, il est venu dans ma chambre pour dessiner à côté de moi.

En partant, il a rangé son cahier d'écolier près de mon sac à dos.

— Tu ne veux pas emporter tes dessins chez toi, Barta Gul ? Tu pourrais montrer à ta maman ce que tu as fait...

— Non, j'aime mieux que tu les gardes. Je ne veux pas les prendre... Et puis je pourrai revenir demain...

C'est à la fois une question et une affirmation. Je souris.

— Bien sûr. Tu peux venir quand tu veux.

Il se tortille comme un ver, un peu gauche, un peu confus. Fier de lui tout de même, il ajoute :

— Et moi aussi j'ai un cadeau pour toi.

Il sort de sa poche une orange toute fripée et quatre douilles de Kalashnikov. Je sais combien il y tient. C'est un cadeau royal !

— Merci, Barta Gul, Allah te protégera. Nous mangerons l'orange ensemble demain après-midi.

— Oui...

Il fait semblant de frapper à une porte imaginaire.

— ... et en venant, je penserai à faire toc-toc...

Merveilleux gosse ! Il n'a pas oublié ! C'est vrai, c'est un des points sur lesquels j'ai été très ferme à mon arrivée. Habituer tous ces hommes, jeunes et moins jeunes, à frapper avant d'entrer dans cette chambre. La seule pièce où je peux m'habiller et me déshabiller sans prendre de précautions. Notre maison à nous...

C'est férié aujourd'hui. Jour de repos. Il n'est pourtant que six heures lorsque l'on frappe à la porte. Difficile de s'extraire du duvet. La lumière du matin éclaire faiblement les poutres de la chambre, la pierre grise des murs, notre petite table de bois blanc recouverte d'une nappe de tissu clair... Je m'habille en silence et descends. Ce ne sont pas des consultants, mais Ali Jan et Khon Afzal qui m'invitent à prendre le thé. Depuis les derniers événements, le nouveau chef du village est quelque peu inquiet pour notre sécurité quant à notre voyage de retour. Une marche de reconnaissance en direction de

Douamanda pour s'assurer du libre accès des défilés que nous devrons bientôt emprunter lui semble nécessaire... Il a tout prévu. Nos amis du village sont là pour nous servir de body-guards.

— Il faut venir, Jaimy.

Je viendrai. Nous viendrons. N'étaient les circonstances, cela ressemblerait presque à une excursion, une promenade, une découverte des cols, des chemins de crêtes qui entourent Noorbuir. Le temps de soigner les douleurs dentaires dont souffre Khon Afzal (Xylocaïne et aspirine pilée feront l'affaire) et je suis prête. Nous progressons le long des pentes qui surplombent notre village. Vues de haut, passé les névés qui recouvrent le flanc de la montagne, les maisons semblent enracinées dans une terre aride, pauvre, presque désertique. Ici vivent des êtres que j'ai appris à connaître, à aimer.

Un instant, je me revois, étrangère, arrivant ici sous la pluie glaciale de l'hiver, il y a seulement quelques semaines. Ignorée. Prête à tout donner et ne recevant en échange que des regards indifférents, parfois hostiles. Aujourd'hui, je marche au milieu de ces hommes, presque complices, presque frères. Combien sont-ils en ce matin de fin janvier, ces hommes de la montagne avançant au même rythme que moi, souriants, attentifs... Dix ? Quinze ? Peut-être, je ne sais plus. Ce que je sais, ce que je sens, c'est qu'ils m'ont acceptée comme l'une des leurs, à cause de multiples détails quotidiens, l'écoute, l'attention, la patience, les soins donnés à leurs femmes, à leurs enfants, à leurs bêtes, à eux-mêmes ou à leurs amis. Les cultures s'affrontent et pourtant des êtres se reconnaissent, s'estiment. Mission remplie ? Je n'en sais rien. Qui pourrait le dire ? Au milieu de ces gens, simplement, je me sens bien.

Le village a disparu. Le paysage est grandiose. Nous marchons dans un large vallon, puis, peu à peu, la combe se rétrécit et le chemin n'est plus qu'un minuscule passage entre les pierres grises. Les Mujahedin qui avaient pris la tête de la petite colonne s'arrêtent brusquement, se retournent vers moi, me disent quelques mots que je ne comprends pas. Ali Jan s'approche.

— Ils disent que tu dois marcher en tête.

— Moi ?

— Oui, toi. C'est important. C'est un signe d'amitié...

Je reste un instant immobile. Je ne suis pas sûre de comprendre. Maintenant, c'est Habaï, l'homme le plus âgé du village qui s'avance vers moi.

— Jaimy, *ti salaï...*

Trois mots. Le visage buriné du vieil Habaï, encadré par le grand chèche blanc, respire la bonté. Une sorte de paix intérieure que l'on ne rencontre que chez ceux qui ont toujours vécu dans le respect des autres et d'eux-mêmes.

— Jaimy, *ti salaï...*

Trois mots qui m'émeuvent comme je ne l'ai pas été depuis longtemps : « Toi comme un homme, Jaimy. » Tu es comme nous, comme tous ceux qui sont ici. Trois mots qui bousculent les tabous ancestraux, trois mots qui ouvrent les chemins du cœur. Je prends la main ridée du vieil Habaï et la pose sur mon front, en signe de respect et de protection.

— *Tashakor, baba...* Merci, grand-père.

Autour de nous, les autres se sont tus. Ils sourient.

Ce soir, nous dînerons à la française grâce aux sachets laissés par les visiteurs de la Transatlantique vidéo : macédoine de thon et quelques légumes déshydratés en entrée... parmentier maison : mousseline améliorée et corn-beef. Quel festin ! Malheureusement, Dominique est malade, il ne supporte plus rien depuis plusieurs jours ; le teint vert, les traits tirés, il ne tient plus debout. Philippe, aux prises avec une bonne crise de dysenterie, ne vaut guère mieux. Nous nous coucherons tôt.

Il doit être 22 heures lorsqu'un bruit de camion nous attire au dehors, Philippe et moi. Il fait nuit noire. Que vient faire ici ce véhicule ? Aucun chemin carrossable ne relie la route à notre village... Ce doit être très grave pour que des gens se soient déplacés ainsi, dans ce pays où l'essence est introuvable et les véhicules, quels qu'ils soient, extrêmement rares. Je dévale la pente. Les phares balaient la nuit au gré des accidents du terrain. De la route à chez nous ce ne sont que des éboulis. Le régime du moteur hurle, les ponts raclent les dalles rocheuses. Le moteur tousse et s'étouffe. Le camion a stoppé dans le lit du torrent, tout proche de l'hôpital. Qui sont ces hommes qui descendent ? Amènent-ils des malades ? des blessés ? Dans la bousculade et l'obscurité, je ne trouve personne qui puisse me renseigner. Enfin, j'aperçois Ali Jan qui accourt vers moi, essoufflé.

— C'est un bébé qui a été blessé... Une balle de Kalashnikov dans les fesses...

Je grimpe la pente à toute allure...

Combien de malades ont-ils franchi le seuil de cet hôpital depuis notre arrivée ? Je ne saurais le dire. Venant des vallées les plus reculées, ils parcourent souvent des kilomètres de sentiers escarpés, malgré la neige et la glace, pour venir jusqu'à nous, pleins d'espoir. Qu'importe le temps ! Ici, tout est patience, première étape de l'ascension vers la sagesse. Ici, le temps n'est jamais gagné ou perdu, il *est,* simplement. Ces êtres se confrontent à la durée d'une tout autre manière que nous et à la souffrance aussi. Ainsi, la plupart de ces hommes ou de ces femmes qui viennent à la consultation connaissent-ils bien leur douleur. Elle est presque devenue une compagne familière. Pour un peu, ils sauraient pourquoi Allah les a frappés et ils font pénitence... La *jihad,* la guerre sainte, à leur manière.

Chaque jour, des dizaines de malades font à pied le chemin qui mène vers l'hôpital. Sacrifice sur eux-mêmes pour mériter d'Allah pardon et guérison. Lorsque l'état du patient interdit tout effort, lorsque le jeûne et la maladie ont épuisé les dernières forces que lui donnait sa foi, si le chemin s'y prête, il est juché sur un âne ou à dos de chameau, puis, son père, son frère, ou son fils le mène jusqu'à nous avec mille précautions. Comme si ce fragile fardeau prenait à leurs yeux une valeur nouvelle. Ils sont responsables d'une vie, et Allah les protège.

Ce soir, ce sont des guerriers qui nous amènent un enfant. L'émotion me serre la gorge. Jamais jusqu'ici on n'avait déployé de tels moyens pour sauver une vie... et c'est pour celle d'une petite fille de douze mois qu'ils sont venus de très loin, dans ce camion, prenant des risques fous. L'auraient-ils fait s'ils n'étaient révoltés ? Pour eux, la guerre n'a pas le droit de toucher les enfants, ils font donc l'impossible pour la garder vivante, pour réparer l'injustice.

Ces guerriers courageux, ces chefs de résistance qui ne nous connaissent pas, sont tous venus l'accompagner comme si leurs efforts conjugués pouvaient peser dans la balance... Ce soir sans doute, leurs valeurs sont bouleversées ; leur fatalisme, à la fois beau et insensé, est ébranlé. Que vaut la jihad devant une vie d'enfant ? Celle-ci ne sera jamais une martyre du peuple.

J'apprends par Ali Jan le déroulement du drame. La femme d'un homme parti au combat donnait, il y a quelques heures, le sein à son enfant. L'aîné, un petit garçon de sept ans, jouait avec la Kalashnikov d'un Mujahed. Il a déchargé l'arme en direction de sa mère. La rafale a blessé la petite sœur et tué la maman.

C'est un vieillard qui porte l'enfant dans ses bras, les yeux agrandis par la douleur, la moustache frémissante sur des lèvres pincées sans doute pour diminuer leur tremblement. Son turban blanc, immaculé, rappelle cette barbe pâlie par les ans. Il coiffe ce puzzle indéchiffrable imprimé par le temps au fil des rides qui le parcourent : c'est comme si le visage ramassait pour donner vie ce qui lui reste d'énergie. Ce soir, à la lueur oscillante des lampes à pétrole, son front se rassemble, concentré sur l'enfant, comme un veilleur de vie... Son silence semble les envelopper tous deux d'une aura de pureté, comme s'ils étaient passés dans un monde différent, un état où l'issue des êtres retrouve l'origine de la vie pour affronter le présent, mettre le destin en échec. Dernier combat pour l'existence. Cri d'amour d'un vieil homme à une enfant qui n'est même pas la sienne. Nos regards se croisent tandis que nous pénétrons dans la pièce obscure de l'hôpital.

— Où ? semble-t-il me dire.

D'un mouvement du menton, je lui désigne le charpoï. Je cherche Ali Jan du regard.

— Il nous faut de la lumière, tâche de récupérer le maximum de lampes à pétrole... prends celles de notre chambre, et la grosse torche...

— *No problem...*

Philippe s'encadre dans l'embrasure de la porte. Il tente de se frayer un passage dans cette pièce bondée : presque tout le village est présent. Debout ou accroupis dans un silence religieux, ils sont prêts à affronter avec nous la longue nuit d'angoisse qui nous attend. Philippe s'approche, plus pâle encore que tout à l'heure.

— Je ne vais pas pouvoir t'être utile à grand-chose... Je ne tiens pas sur mes jambes...

— Peux-tu au moins rester près de moi pour me conseiller ?

— Oui, en m'asseyant par terre, je pourrai te préparer le matériel et te passer les instruments.

Les grosses mains du vieillard détachent avec précaution les liens du tissu qui enveloppe la petite fille. Ses doigts tremblent un peu. Il s'assoit et on installe l'enfant sur ses genoux, le bassin à angle droit. Un grand carré de coton reste collé à la plaie. Il faut le détacher doucement. Je redoute de découvrir la blessure qu'il cache, mais tout autant les emplâtres qu'on a dû lui poser, cela va des applications de cendres à celle de bouse de chameau (aux pouvoirs antiseptiques connus) mais également aux applications de terre et d'herbes pilées, macérées dans des décoctions au pouvoir teintant... Difficile dans ces cas-là d'évaluer l'état d'une plaie... Sans compter les complications qu'entraîne souvent ce genre de soins.

Ali Jan, de retour, s'installe à côté de moi pour éclairer, au mieux, le dos de l'enfant. Je l'interroge :

— A-t-elle de la famille parmi tous ceux qui sont venus dans le camion ? Et qui est cet homme qui la porte depuis tout à l'heure ?

— Ce sont tous des voisins... rien que des voisins. Son père est toujours sur le front, il ne sait certainement pas encore ce qui est arrivé... La mère a été tuée sur le coup, le grand frère de sept ans est resté au village.

Le dernier « pansement de fortune » tombe tout seul. Je reste stupéfaite : la plaie a été recousue à très gros points, mais aucun emplâtre ne la recouvre. N'est-ce pas là le signe d'une extraordinaire confiance ? Face à la gravité de l'urgence, sans un mot, la médecine locale a laissé la place à la médecine occidentale. Est-ce pour nous mettre à l'épreuve ou pour nous laisser toutes les chances de sauver cette enfant ? Nous ne le saurons sans doute jamais. Nous constatons seulement que le guérisseur musulman a laissé la place à des étrangers, à des infidèles, qu'il ne connaît pas et qui soignent à des kilomètres de son propre village... C'est très exactement à quatre heures de camion de Noorbuir que l'enfant de douze mois a été blessée.

Je mettrai deux heures pour rouvrir, nettoyer, traiter et recoudre cette plaie. Entrée par la fesse gauche, la balle semble avoir pulvérisé la colonne vertébrale avant de mutiler atrocement la fesse droite de l'enfant. La déchirure, longue d'environ dix-sept centimètres et profonde d'un travers de main, s'étage sur plusieurs plans. À moins d'un miracle, notre diagnostic est plutôt pessimiste quant à la récupération de la jambe. Pourtant, très vite, apparaissent quelques signes troublants. Curieusement, l'enfant semble conserver la mobilité de ses membres inférieurs et ne présente aucune réaction douloureuse à mon intervention. Assis à mes côtés, Philippe la fait réagir en lui chatouillant la plante des pieds. Est-elle en état de grâce ou a-t-elle été droguée durant le voyage ? Je ne saurais le dire. Aussi insensé que cela paraisse, nous ne faisons pas d'anesthésie générale. De toute manière, cela serait de la folie, choquée comme elle l'est et sans intubation...

Pendant les deux heures où, pliée en deux au-dessus d'elle, je tente de réparer les dégâts, Philippe la fait jouer avec un petit flacon, tandis que je me débats avec mon angoisse et ma solitude... Solitude immense que celle d'atteindre son seuil d'incompétence. Je suis affrontée à une situation que ma formation d'infirmière ne me permet pas d'affronter. Je me sens vide d'une science, ce soir, indispensable. Une science que je dois pourtant à ces gens puisqu'elle est la raison de ma présence ici. La réponse à leur appel. J'ai tout à apprendre avant même de vouloir prétendre les aider, ceux-là mêmes qui, debout dans la pénombre, tassés dans cette pièce minuscule, partagent, sans un bruit, mon travail et mes craintes.

Dieu et Allah réunis guident mes doigts jusqu'au moment où je tente de me redresser, les reins douloureux. Ma tâche est achevée. Le vieil homme tourne l'enfant dans ses bras et se lève, silencieux. La pièce s'anime, des ombres se détachent de l'ombre et deviennent formes humaines. Le temps, la vie reprennent leur cours. Les turbans se frôlent, les lèvres chuchotent. Cela ne me concerne plus, les regards échangés, les gestes de paix ne s'adressent pas à moi. Aucune main ne vient serrer la mienne. Je n'existe plus. Je n'étais qu'un instrument. Pour ces hommes venus de loin, je ne suis qu'une femme. Il me semble revivre mon arrivée à Noorbuir. En plus douloureux. Je sens bien pourtant que mes amis d'ici sont peinés. Je le vois sur leurs visages. Sur celui d'Ali Jan qui s'approche pour me dire :

— Viens dans l'autre pièce, Jaimy, ils ont préparé du thé.

Je lui souris.

— Tant mieux ! Je suis gelée... Il faudrait que cette enfant puisse être transférée dans un hôpital... le plus proche de la frontière, c'est urgent. Nous allons rédiger un rapport pour que les médecins pakistanais qui la recevront sachent ce qui a déjà été fait.

Je m'effondre sur la natte de notre salle de réception. Adossée à un charpoï, le dos brisé d'avoir travaillé si longtemps cassée en deux. Quelques-un des hommes qui ont amené la fillette attendent les instructions et le traitement. Le front plissé, les yeux mi-clos, ils affectent de ne pas me voir... Sans doute sont-ils choqués de constater que la *doctora* mange dans la même pièce que les hommes, peut-être sont-ils partagés entre leur respect des coutumes et ce que l'Occidentale vient de faire pour leur petite fille. En tout cas, ils n'en montrent rien. Les hommes de Noorbuir, eux, affichent des airs importants. Pouvoir énorme que celui d'avoir des médecins dans son village !

Une femme de chez nous se présente pour donner le sein à la petite blessée qui n'a rien pris depuis des heures. Ici, les enfants sont nourris au sein jusqu'à l'âge de trois ans environ et il est assez rare de trouver une femme capable de nourrir un enfant à moins qu'elle ne vienne de perdre un bébé.

Reste à savoir quand ils pourront rejoindre au plus vite un centre hospitalier. J'ai essayé de réparer au mieux les dégâts monstrueux provoqués par la balle... Hémostase, suture plan par plan de chaque muscle, de chaque aponévrose. J'ai bourré d'antibiotiques les différents étages, posé un drain, du point le plus profond jusqu'à la surface, afin de ne pas fermer trop vite une plaie qui risque, malgré tous nos efforts, de s'infecter et de former un abcès ou de continuer à saigner et de créer un hématome. Pour ce soir, je ne peux rien faire d'autre que monter me coucher. Demain, autres labeurs, autres gens, autres joies et autres peines aussi.

Il est près d'une heure du matin lorsque je rejoins notre chambre. Je grimpe le talus, sans torche. La nuit est belle et claire. Le froid me pique le visage. J'aspire de grandes bouffées d'air avant de pénétrer dans notre terrier royal. La lourde porte grince. Heureusement, Dominique ne n'est pas réveillé. Il fait froid dans notre chambre. Naturellement, le poêle s'est éteint. Je me couche sans bruit.

*
* *

Samedi 31 janvier. *Visite imprévue de Jelhal Uh Din (un des chefs de résistance pour la région du Paktia). Il nous apporte une lettre de Gérard Kowut qui nous annonce les dernières nouvelles : voyage, argent, visas, relève... tout y passe. Le soir, je reste un moment en bas pour discuter avec Ali Jan et mes amis afghans. Ali Jan est devenu très raisonnable. Il est maintenant agréable à vivre. Je me sens parfaitement bien avec eux. Ils sont pleins d'attention, de gentillesse et ne veulent pas que je reparte en France.*

Lundi 2 février. *Vers onze heures, arrive un homme d'une soixantaine d'années, mordu à la jambe par un chameau. Très vilaines blessures... Décidément, ces bestioles sont dangereuses. Nettoyage des huit plaies béantes et profondes. Méchage de toutes les perforations. Le tout dure près de deux heures... Dans l'après-midi, je prépare un gâteau, genre far breton... Ici, il faut du courage pour se lancer dans la pâtisserie, sans four ni ingrédients... C'est une surprise pour ce soir où mes amis ont décidé de fêter (avec un peu d'avance) mon anniversaire.*

*
* *

La pièce est décorée de feuillages et de banderoles... Goulap, notre cuisinier, est déchaîné ! Il s'est déguisé et nous joue un sketch à sa manière... La soirée se prolonge par une partie de bouchon avec des balles de Kalashnikov, puis de pouilleux massacreur. Lorsque arrive mon tour de tomber sur le valet de pique, Ali Jan se venge, en riant, de ma « cruauté » envers lui, pinçant et frappant sans ménagement, alors que Khon Afzal, très attentionné depuis quelques jours, fait semblant de me faire mal, joignant à son geste une grimace forcée comme s'il faisait un effort démesuré. Un courant de complicité passe de plus en plus entre nous. Lorsque nous nous retrouvons autour d'un thé ou d'un repas, nous sommes toujours assis l'un à côté de l'autre... Un regard, un sourire, nos bras qui se frôlent me réjouissent en silence. Je me sens à la fois impressionnée et envoûtée par ce guerrier au cœur fragile. Parfois, le soir, après avoir quitté la pièce quelques minutes avant moi, il m'attend au dehors pour me raccompagner sur les vingt mètres qui séparent notre chambre de l'hôpital et, regardant le ciel, il me nomme une à une, en persan, chacune des constellations.

Ce soir, de gros flocons tombent silencieusement tandis qu'après la fête nous remontons « chez nous ». Philippe s'en réjouit.

— Avec ce temps, il y aura moins de consultants demain !

— Oui, une journée de calme serait bien agréable... C'est vrai que nous n'arrêtons pas, et que, parfois, le besoin de repos se fait terriblement sentir.

Philippe enchaîne :

— Sais-tu à quoi je rêve ?

— En cherchant bien, je suis sûre de trouver... Dis toujours !

— À une bonne bière, avec une cigarette allumée au briquet !

Je pars d'un grand éclat de rire. Je comprends les envies de Philippe. C'est vrai qu'être fumeur au Pakistan, c'est facile. Le rester en Afghanistan relève un peu de la patience et beaucoup de la persévérance. Le geste d'allumer une cigarette avec une allumette, si simple encore à Peshawar, relève de la prouesse dès que l'on passe la frontière... Il faut dire que, dans le premier cas, nous avons des cigarettes occidentales et des allumettes russes, il faut déjà compter trois ou quatre essais avant de réussir... Dans le second cas, cigarettes et allumettes sont soviétiques, il s'agit d'enflammer alors dix de ces dernières pour espérer pouvoir aspirer trois bouffées de suite. C'est beaucoup plus efficace que tous les comprimés, bonbons et autres séances d'acupuncture : en fait, c'est la meilleure méthode que je connaisse pour arrêter de fumer.

VII

— *New doctors... New doctors...* Philippe, Jaimy, Dominique... *New doctors.*

Ali Jan est hors d'haleine, il vient de courir jusqu'à nous pour nous annoncer la nouvelle. Nos questions fusent aussitôt :

— Où sont-ils ?

— Combien sont-ils ?

— Deux, un homme et une femme...

La relève ! Nous ne l'attendions pas si tôt. Nous sommes le 3 février. Compte tenu du durcissement de la situation et des difficultés qui peuvent survenir d'un jour à l'autre pour rejoindre Noorbuir, M.S.F. a décidé d'envoyer plus rapidement que prévu un chirurgien et une anesthésiste. Ils sont bien là, dans la pièce d'hôtes, essayant de se servir des verres de thé brûlant.

— Michel Valton...

— Élisabeth Duhamel...

Bienvenue à Noorbuir ! Serrements de mains. Présentation des lieux. Nous faisons à nos nouveaux amis l'honneur de notre home, avides, les uns comme les autres, d'informations sur ce qui nous attend.

— Il est prévu que nous restions ensemble jusqu'au 11 ou 12 février, dit Michel, après il vous faut absolument rentrer pour régler les problèmes des visas de retour...

— Comment se sont passées la marche et la traversée jusqu'ici ?

— Pas trop mal, répond Élisabeth, mais nous avons dû franchir certaines régions de nuit.. Notamment entre le premier et le second col... Vous devez savoir que les Russes en sont très proches.

— Oui... Et de nuit ! Cela a été ?

— À peu près. Seulement il nous a fallu courir pendant toute la traversée de la vallée... Au moins une heure et demie.

Je n'ose pas trop penser à ce que sera notre retour.

Les jours qui suivent, nous nous partagerons le travail. Philippe part pour un camp de Mujahedin, à quelques heures de marche de chez nous. Il devra y rester plusieurs jours : il n'y a aucun médecin sur place et un assez grand nombre de familles sont venues s'installer près de ce camp.

Tôt levés le lendemain, Michel, Saheb et moi décidons de remonter la grande vallée vers l'ouest, comme nous l'avions fait avec Bernard, à la différence près que Michel ne semble guère désireux de grimper sur un cheval... Je l'encourage.

— Tu verras... Ils sont très calmes.

— On dit ça... On dit ça...

— Tu ne risques absolument rien. Ils sont trop faibles pour galoper.

Michel se met en selle. Saheb a un sourire un peu narquois au coin des lèvres. Notre compagnon, penché en avant, a les mains littéralement vissées sur le pommeau.

— Je sens que cette bestiole me prépare un mauvais coup...

— Mais non, voyons !

Je n'ai même pas fini ma phrase que le cheval de Michel s'effondre sous le regard médusé de son cavalier. Saheb et moi piquons un fou rire tandis que notre ami change de monture. La seconde, guère plus résistante que la première, n'ira pas loin, et Michel, ravi, continuera à pied. Consultations de village en village. Trente kilomètres dans le paysage grandiose de l'hiver afghan, au cours desquels des hommes et des femmes que je ne connais ou ne reconnais pas, descendant jusqu'à la route en appelant, de loin, dans notre direction.

— Jaimy ! Oh ! Jaimy ! *Illta bas bia* (Reviens ici).

Michel est stupéfait. Moi aussi d'ailleurs.

À notre retour dans le village, nos amis afghans nous accueillent comme si nous étions partis depuis très longtemps. Pour la première fois, ils me donnent l'accolade, permise habituellement, ici, aux seuls hommes. Les manifestations de joie n'en finissent plus : Goulap, Khedoc, Sultan Gul, Khon Afzal... Ils sont tous là.

*
* *

Vendredi 6 février. *Levés à dix heures trente, Goulap et Gul Bas Rha — rebaptisé par nous « débilou » pour son intelligence futée — s'en vont en zone tribale pour prendre des nouvelles d'Hadji Rafar et savoir ce que sont devenus les bagages de Michel et d'Élisabeth. Je suis triste de ce départ. J'aimais Goulap comme un frère. Lui est d'ailleurs au bord des larmes. Il me promet d'essayer de revenir dans quatre jours. Je sais qu'il n'aura pas le temps. Je rentre vite à l'hôpital pour ne pas le suivre des yeux.*

Samedi 7 février. *Ce matin, je vois quelques malades, puis Michel, satisfait des plaies du chamelier, décide de le « reprendre » sous anesthésie générale. Nous installons une planche sur un des lits, préparons le malade et le matériel. Enfin, tout est prêt pour commencer. Trois quarts d'heure suffiront. J'en profite pour prendre une leçon d'anesthésie, car j'aide autant Élisabeth que je sers Michel et Dominique. Nous sommes dans la salle de thé. Seuls Khon Afzal, Ali Jan et Saheb sont autorisés à rester pour tenir les lampes. À onze heures trente, affamés, nous demandons le déjeuner, il n'y a que du pain et du thé, le départ de Goulap se fait déjà sentir...*

*
* *

Quelques jours plus tard, c'est notre chameau que nous mettons au programme opératoire. Le vieil Habaï, le père de Saheb, a donné son accord. À vrai dire, nous n'avons guère le choix. Le mal a empiré et c'est la seule solution si nous voulons le sauver. L'anesthésie d'un chameau n'est pas chose courante ! Nous opérerons donc sous le regard curieux, attentif et inquiet, des hommes du village. Quelques femmes aussi sont venues ; assises légèrement en retrait, elles ne perdront rien du spectacle.

Élisabeth prépare les seringues. Opération délicate s'il en est : pas question de se tromper dans la dose et de tuer ce mastodonte de 600 kilos. Il est onze heures vingt. L'heure est grave. Élisabeth et moi nous mettons de chaque côté du malade dont Saheb a enfoui la tête dans un sac de toile. L'aiguille s'enfonce dans l'encolure. Les dés sont jetés. *Inch Allah !*

L'animal s'effondre d'un seul bloc. Autour de nous, c'est le grand silence. J'aide Michel qui ouvre, vide, gratte tous les points d'abcès. Il travaille vite et bien. Antibiothérapie. Pansements. Bandages. Tout est terminé en une demi-heure. Le chameau bouge déjà. On lui retire sa cagoule alors qu'il tente maladroitement de se relever. Il titube quelques secondes comme un vieux poivrot, boum ! Il s'écroule en s'ouvrant l'arcade sourcilière dans un éclat de rire général. De toute manière, il est sauvé. J'ai eu chaud, Élisabeth aussi. Nous avons gagné. Chacun file dans son foyer pour annoncer la bonne nouvelle. Dommage que Philippe, qui n'est pas rentré du camp des Mujahedin, n'ait pas vécu cela ! Il revient le soir même, heureux de son expérience et de son séjour.

En cette fin de soirée, je me sens totalement vidée. Migraine. Fièvre. Ai-je attrapé une angine ? Pour une avant-veille de départ, ce serait parfait !

Je laisse mes compagnons et sors de l'hôpital pour regagner « notre » chambre. Soudain une main agrippe mon bras. C'est Saheb. Il m'attendait derrière la maison.

Il passe ses bras autour de mes épaules et me serre très fort.

— Il ne faut pas partir, Jaimy... Ta place est ici... avec nous... Notre village sera ton village... Chaque maison sera ta famille.

Je me dégage doucement.

— Je vais revenir, Saheb. Le plus vite possible.

— Jaimy, donne-moi quelque chose de toi.

Il tend la main.

— Je te donne cette glace, ma mère l'a encadrée dans ce tissage de perles et j'ai collé ma photo derrière. Emporte-la en France...

— Je vais la garder avec moi, Saheb, jusqu'à ce que je revienne.

— Jaimy, ma mère dit à ta mère de se porter bien, d'être heureuse avec sa fille, mais de nous la donner encore une fois.

— Je remercierai ta mère demain, Saheb, et je donnerai tes paroles à la mienne.

— Ne te fatigue pas, Jaimy, n'aie pas faim, n'aie pas soif...

— Pour toi aussi, *Ti Stoleimache*, Saheb, *Chap Bakhair...* bonne nuit.

Je suis très émue en parcourant les derniers mètres qui me conduisent à notre chambre. Le départ est fixé à après-demain, mais avec Saheb, nous venons de nous dire au revoir.

*
* *

Mercredi 11 février. *Dernier matin à Noorbuir. Lever à six heures. Je boucle rapidement mon sac. Nous emportons du pain et du thé en prévision de ce qui nous attend. Dernière visite à chaque famille. Embrassades et cadeaux d'adieu. J'ai la gorge serrée. Les hommes me donnent l'accolade. Nos mains s'étreignent jusqu'à la douleur. Pour mes grands amoureux, quelques larmes perlent furtivement au coin des yeux. Je les aimais bien, chacun à leur manière, tous ces charmeurs aux allures guerrières et au cœur tendre. Chacun me glisse discrètement un cadeau dans la main, ou une photo... Khon Afzal, Khedok et Sultan Gul ont décidé de nous accompagner jusqu'au Pakistan.*

C'est le départ. Michel, Élisabeth et Ali Jan qui reste ici (le cœur déchiré) pour leur servir d'interprète, nous accompagnent jusqu'à la route.

*
* *

Le premier col est très dur, très abrupt, verglacé. Les seuls branchages auxquels on pourrait s'accrocher ne sont que des chardons et du houx. Ma fatigue s'estompe peu à peu, mais je reste très affaiblie par la forte fièvre d'hier. Dans la descente du second col, nous croisons un convoi de chameaux qui porte des malles de médicaments et les bagages de Michel et d'Élisabeth. Le chamelier m'a reconnue, nous discutons un moment. Une très curieuse impression m'oblige à faire volte-face pour me retrouver, truffe à truffe avec un chameau qui a dû prendre mes cheveux pour un peu de foin. C'est lui le plus fort ! Je me recule respectueusement et lui fait un salut tout ce qu'il y a de plus réglementaire... avant de prendre congé, le tout sous les éclats de rire des chameliers et des Mujahedin.

Nous marchons deux jours. Plus de vingt heures pour parvenir au dernier village afghan. Un chemin dont je me souviendrai longtemps, à cause du passage au pas de course (et à jeun) de la grande plaine, à cause de l'incident « diplomatique » que nous vaut la cigarette allumée par Philippe (en toute innocence), dans une mosquée où nous devions passer la nuit, à cause aussi d'une tendinite au pied et au genou. J'en ai souvent soigné. Jamais je n'aurais pensé que cela fût si douloureux. De temps en temps, me voyant souffrir, Khedok s'approche de moi.

— Il faut prier Allah pour que tu aies moins mal, Jaimy, répète après moi...

Dernière tchaïkhana avant la frontière. Une Toyota nous attend. Le temps d'avaler un peu de thé et de manger un peu de pain, mes compagnons mettent à nouveau leur turban et je revêts le chadri : prudence oblige. Dix minutes plus tard, c'est à pied que nous franchissons la dernière ficelle qui tient lieu de ligne de démarcation entre l'Afghanistan et le Pakistan. Nous sommes en zone tribale. Un autre véhicule nous attend. Nous passerons la soirée et la nuit dans une maison de l'Esbi Islami, le parti qui a organisé notre retour. Décor parfait des Mille et Une Nuits, où l'on nous sert un repas pantagruélique... Khon Afzal, Khedok et Sultan Gul ne couchent pas là et nous quittent à la fin du repas. Rendez-vous demain à sept heures. Nos hôtes sont d'une discrétion remarquable. Ils prennent rapidement congé pour nous laisser nous reposer. Nous en avons besoin.

À sept heures, j'ouvre la porte à nos amis de Noorbuir. Bonheur de faire cette dernière partie du voyage en leur compagnie ! Notre départ pour Peshawar est prévu le matin même. Nous serons conduits dans un véhicule du parti de résistance. Nous sortons rejoindre nos hôtes. Une Land-Rover nous attend, le moteur tourne déjà. Le chauffeur s'approche.

— Dépêchez-vous...

Puis il désigne nos trois compagnons afghans et ajoute :

— Ceux-ci ne peuvent pas venir avec nous. Nous n'emmenons que les médecins français !

Il n'y a pas à discuter ! Nous sommes stupéfaits. Trente secondes pour se quitter. Brusquement. Brutalement. Sans avoir le temps de se parler, de se dire toutes les choses que l'on gardait pour la fin... Le chauffeur baisse mon voile et me pousse vers la voiture. Je suis incapable de trouver les mots de tous les jours, les mots qui diraient à mes amis afghans combien je les aime, combien ils vont me manquer... Des mots qui leur diraient que j'ai aimé ce pays et sa vie... L'homme claque la portière. Je regarde Sultan Gul, Khedok et Khon Afzal. Leur visage triste, leurs yeux au bord des larmes. Ont-ils seulement entendu les deux seuls mots que j'ai pu prononcer.

— Je reviendrai...

Nous roulons. Vite. Qui peut savoir maintenant que les larmes coulent, sous mon voile, le long de mes joues ? Des larmes que je ne retiens pas. Cela durera plus d'une heure. Assis à côté de moi, Philippe hoche parfois la tête, silencieux. Qui pourrait comprendre ce que nous ressentons ?

« *Ils ne peuvent quitter leurs amis sans verser de larmes* », disait la chanson... Les autres passagers de la Land-Rover semblent sincèrement désolés de nous voir dans cet état et redoublent de gentillesse durant les huit heures du trajet.

Nous aurons mis plus de cinquante-sept heures pour arriver à Peshawar. Didier, venant d'une autre mission, doit en principe, nous y rejoindre, nous repartirons tous ensemble. Philippe pose la main sur mon bras.

— Par quoi commences-tu en arrivant ?

— Un bain chaud ! Oui, un bain chaud avec un tonic bu à la paille ! Et toi ?

— Tonic-tonic ! J'espère que nous trouverons des réserves plus sérieuses... et des clopes correctes...

— Et du courrier !

— Nous sommes en train de tourner une sacrée page...

Une sacrée page, oui, Philippe, une sacrée page !

*
* *

Samedi 14 février. *De nombreux rendez-vous. P.I.A. pour prendre nos billets... Déjeuner avec des représentants d'Esbi Islami... Télex à Paris. Dans l'après-midi, courses dans le vieux bazar.*

*
* *

Dernières tribulations, et non des moindres : obtenir notre permis de sortie du territoire pakistanais. Après une journée de démarches harassantes, les bureaux de Peshawar finissent par se déclarer incompétents et nous dirigent tout simplement sur le ministère de l'Intérieur, à Islamabad... Bâtiment R, nous précise-t-on. Nous partirons en minibus et reviendrons en avion.

Rien ne ressemble autant à un ministère... qu'un autre ministère, une administration qu'une autre administration. Kafka n'est pas près de mourir, non plus que Courteline. Dédales et aventures en tout genre nous attendent à Islamabad. Nous devons ressembler aux pions vivants d'un gigantesque jeu de l'oie. Nous mettrons un certain temps avant de dénicher le fameux bâtiment R. Sauvés ? Non. Les fonctionnaires du service consulté sont désolés de ne rien pouvoir faire pour nous et nous conseillent vivement de nous rendre au bâtiment S. Après vingt minutes d'attente dans un calme bureau du bâtiment S, nous sommes navrés à notre tour d'apprendre que l'on nous a très mal renseignés et que notre salut ne peut venir que d'une autorité siégeant dans un bureau du bâtiment R. Nous ne l'avons pas vue ? Eh non ! Retour à la case départ. Rediscussion. Reformulaires à re-remplir. Re-tampons. Nous y passerons la journée. Nous grimpons dans les étages. Nous nous enfonçons dans le labyrinthe des longs couloirs à moquette. De bureau en bureau, nous finissons par atteindre le bon. Le « chef » qui l'occupe expédie notre cas en une minute. Il donne son accord. Son accord, pas sa signature. Il nous faudra donc de nouveau sauter plusieurs cases avant de nous retrouver en possession d'une lettre qui doit constituer notre sésame vers Paris ! À Peshawar, j'obtiendrai une autre lettre stipulant que le comité pakistanais pour les réfugiés afghans, intéressé par l'action que nous nous proposons d'avoir, demande à l'ambassade du Pakistan à Paris de nous accorder un visa valable pour plusieurs mois. Précieuse missive pour mon retour ici.

Dans la salle d'embarquement de l'avion qui doit nous ramener d'Islamabad à Peshawar, j'aperçois la silhouette d'un grand garçon dégingandé : c'est Guillaume, il vient à ma rencontre.

— Claire ! J'ai appris que vous alliez rentrer. Votre mission est terminée ?

— Oui, nous rentrons après-demain à Paris.

— Après-demain seulement ?

— Oui. Pourquoi ?

— Demain je vais à la Khyber Pass, à la frontière afghane, quelques photos à faire. Je t'emmène O.K ?

Je ne réponds pas tout de suite. Guillaume n'a pas changé, toujours aussi volubile, décontracté, un peu chien fou... Quelle casquette porte-t-il aujourd'hui ? Celle du journaliste envoyé spécial ? Apparemment ! Qu'importe. J'ai soudain une envie folle de revoir l'Afghanistan avant de partir. Je n'hésite pas.

— D'accord, Guillaume.

*
* *

19 février. *Ce matin, j'ai rendez-vous. Je dois rencontrer une jeune Pakistanaise, secrétaire dans une administration de Peshawar. C'est son ami, employé à l'hôtel, qui m'a proposé cette rencontre. Il me conduit en rickshaw jusqu'au*

bout de la ville. La jeune fille est très sympathique, ouverte, attirée par le monde des étrangers. Nous restons trois quarts d'heure ensemble. J'aurais voulu retrouver la petite fille opérée sur le tas à Noorbuir, après sa blessure par une balle de Kalashnikov. Mais personne n'a entendu parler d'elle dans les différents hôpitaux de la ville. Retour à l'hôtel. Demain, départ pour la Khyber Pass.

*
* *

Située à soixante kilomètres environ de Peshawar, la Khyber Pass est un des principaux, sinon le principal, lieux de passage « officiel » entre le Pakistan et l'Afghanistan. La circulation y est assez intense. Convois en tous genres et passage clandestins ou non de vivres, bois, armes, drogues... Tous les échanges, tous les trafics sont possibles à ce poste-frontière. La route qui y mène est grandiose. Elle serpente en d'interminables lacets dans un désert de pierres et de terre ocre. Paysage nu, désolé, d'une extraordinaire beauté.

Revoir l'Afghanistan avant mon départ. C'est pour cela que je suis venue ici, le cœur serré une grande partie du trajet. J'ai l'impression de n'avoir parcouru qu'une petite partie du chemin, d'avoir créé quelque chose et de n'avoir pas eu le temps de le vivre...

Nous sommes arrivés à la frontière. Au loin, les contreforts des montagnes afghanes se découpent dans la merveilleuse lumière de cette fin d'après-midi. J'ai appris à aimer ce pays, et je dois déjà le quitter.

Je reviendrai.

VIII

Paris, fin février 1981.

On ne revient pas tout à fait le même de certaines expériences. Je le ressentirai, à Paris, dès mon retour de mission.

Je viens de quitter un monde précaire, fragile, douloureux, en constante alerte. Je me suis confrontée à d'autres valeurs, et me voilà subitement replongée dans le bain de « l'avant »... Qui a changé ? Les autres ? Moi ? La vie ? Peut-être simplement mon regard. J'ai acquis un peu plus le sens du relatif. C'est tout.

Il me faudra me battre un peu contre moi-même, ne pas me sentir agressée par ce qui, fatalement, va m'apparaître futile, sans importance... Mieux vaut sourire et prendre les choses telles qu'elles sont, le monde tel qu'il est, et Paris pour Paris.

Je saurai très vite, en tout cas, que ces retours de mission sont un excellent filtre à amis. « Dis-moi quelles questions tu me poses et je te dirai qui tu es. » L'expérience a ses exigences. Autant les regarder en face.

Je ferai la part de ceux qui savent déjà, ou qui ont compris, ou qui respectent et qui écoutent. Je ferai la part de ceux qui ne comprennent pas — comment leur en vouloir ? — mais restent pleins de bonne volonté, gentils, un peu fiers même, parfois, d'avoir pu frémir par procuration : « Vous savez, c'est mon amie qui revient d'Afghanistan... » Mais je ferai aussi la part de ceux qui donnent volontiers dans le désabusé et me diront avec cet air niais qui se veut supérieur :

— Alors ? Tu reviens de ta petite guéguerre ?

Là, le filtre fonctionne. Que se dire de plus après ces paroles ?

Aussitôt rentrée, j'entreprends les démarches pour l'obtention d'un nouveau visa. Les responsables de Médecins sans frontières, rassurés et heureux de constater que nous sommes satisfaits de cette mission, n'opposent aucune objection à un nouveau départ fixé pour la mi-mars. Gérard, que je retrouve avec plaisir dans les bureaux de M.S.F., m'annonce même, après m'avoir donné l'accolade à l'afghane, une extraordinaire nouvelle :

— Ma chère Claire, pour cette seconde mission vous allez avoir une filière en béton !

— Tu en es sûr ?

— Certain. En béton, je te dis !

Grâce à la lettre officielle des autorités de Peshawar, j'obtiens de l'ambassade de la rue Lord-Byron un visa pour un séjour de trois mois. De ce côté-là, je suis tranquille.

Je vais mettre à profit les trois semaines qui précèdent mon nouveau départ pour réaliser l'objectif que je me suis fixé : rapporter à Noobuir le maximum d'objets dont les familles ont besoin : vêtements pour les enfants et les femmes, petits jouets, carnets, stylos, etc. Deux ou trois projections des photos que j'ai pu prendre là-bas me permettront de réaliser un petit bénéfice. La famille et les amis se montrent généreux. J'achèterai l'essentiel de mes « cadeaux » à Peshawar, avant de passer la frontière.

12 mars. Roissy. Bureau d'enregistrement du vol Paris-Manille. Cette fois, ce n'est plus vraiment une découverte. Mes trois nouveaux compagnons sont déjà là. Isabelle. Thomas. Bernard. Pour eux, c'est la première mission. En principe nous nous partagerons les tâches : deux d'entre nous resteront à Noorbuir, les deux autres rejoindront le camp des Mujahedin de Jelhal Uh Din où Philippe a passé, seul, une semaine, lors de notre premier séjour.

*
* *

Les neuf premières heures de vol se passent bien. Déjeuner très correct offert par la compagnie, après un apéritif également offert pour Médecins sans frontières. Mon culot va jusqu'à nous procurer les écouteurs indispensables pour suivre les différents canaux de musique et le film donné dans l'après-midi. Aujourd'hui : L'Étrangleur de Boston. *Nous arrivons à Karachi à vingt-trois heures quarante-cinq heure locale. La police me retient vingt minutes car je suis la seule à posséder un visa de trois mois... Mon « cas » nécessite un enregistrement au deuxième bureau de la Spécial Branch, ou, en termes plus simples, auprès des services secrets. Enfin, tout se règle. Nous récupérons nos bagages et passons la douane comme une lettre à la poste !*

13 mars. *Lever à cinq heures. Six heures trente à l'aéroport et sept heures dans l'avion. Alerte à la bombe : un passager ne s'est pas présenté alors qu'il avait fait enregistrer ses bagages. Nous partons à dix heures trente, ratant naturellement la correspondance avec le vol pour Peshawar. Heureusement, il y a un vol supplémentaire. Arrivée au New Green's Hotel à seize heures. Nous partons aussitôt au bazar acheter les déguisements de mes trois compères.*

*
* *

Cette fois, nous avons de la chance. Nous ne moisirons pas au Green's, puisque notre départ est fixé pour le lendemain même de notre arrivée à Peshawar. Un record ! Ce ne sont plus les hommes du mollah Mouktada, mais ceux du parti Esbi Islami qui nous serviront de body-guards et de passeurs.

Très tôt le matin, dès l'ouverture des boutiques du bazar, j'entraîne Isabelle et Bernard pour les emplettes prévues : cent mètres de différents tissus aux couleurs vives, quarante bobines de fil, cinq cents boutons de tailles et de teintes différentes, aiguilles en tous genres, chaussures d'enfants, savon, plus cinq lampes à pétrole... Nous n'arriverons pas à Noorbuir les mains vides.

Nous quittons les locaux du parti Esbi Islami en début d'après-midi. Nous, c'est-à-dire une Toyota, onze sacs, deux body-guards, quatre médecins et infirmières : direction la zone tribale où nous passerons la nuit avant de traverser la frontière demain, si Dieu le veut !

Six heures de route cahotante rythmées par les hurlements de Thomas et nos éclats de rire. Les deux Afghans qui nous accompagnent se sont mis au diapason : puisque la cargaison est de bonne humeur, ils en profitent ! La seule ombre au tableau, c'est l'allure extérieure de mes compagnons. Malgré les conseils que je leur ai donnés dès notre rencontre à Roissy, ils ont le visage rasé de frais et Bernard n'a pas cru devoir quitter ses lunettes de businessman... Avec un peu de malchance, nous risquons de nous faire repérer au passage des check-posts. L'échec ou la réussite d'une mission peuvent parfois tenir à des détails de ce genre. Ici, ce ne sont d'ailleurs plus des détails.

Nous arrivons dans les faubourgs de la ville où nous devons passer la nuit, rompus mais soulagés. Nous sommes en zone tribale. La maison qui nous ouvre ses portes est sombre, sale, inaccueillante. Nous sommes introduits dans une grande pièce au sol recouvert de quelques nattes et d'édredons poussiéreux. Qu'importe ! Nous avons faim et sommeil.

C'est à dix heures trente que l'on vient nous chercher.

Nouvelle Toyota, nouveaux body-guards. L'un d'eux nous fait signe d'approcher.

— Nous ne pouvons pas emmener tout votre matériel, choisissez trois sacs, le reste suivra plus tard.

Je connais la musique. Nous avons payé cher, très cher, les chameliers de notre première mission. Je suis malgré tout à demi rassurée. Apparemment il n'est pas question d'argent. Notre « passage » par Esbi Islami semble réellement gratuit.

— Quand et comment récupérerons-nous les neuf autres sacs ?

— Ne vous inquiétez pas, ils arriveront... Embarquez tout de suite... Nous serons obligés de faire quelques détours, vous devrez passer les check-posts et la frontière à pied, ce sera plus long, mais beaucoup plus sûr...

Il a raison. Je crois que c'est plus sage en effet, va pour la marche !

Nous évitons quelques check-posts et on nous largue une dernière fois pour le passage de la frontière. Nous devrons couper par la montagne et rejoindre le véhicule plus loin. Nous laissons nos sacs et avançons à vive allure derrière deux de nos guides. Depuis le départ, nous avons, Isabelle et moi, revêtu le chadri, ce qui ne nous simplifie pas la tâche. Je me souviens encore de mon premier passage : caillasse, sable, gravier, galets. Isabelle a l'air de souffrir. Moi non plus, je ne me ferai jamais à ces marches forcées sous un voile qui m'étouffe. Pour l'instant, chacun de nous reste enfermé dans son silence, sa fatigue, son inquiétude aussi. Nous venons de rejoindre la piste caillouteuse, la silhouette de la Toyota se profile à quelques dizaines de mètres... Ouf !

C'était presque trop beau. Soudain, la violence éclate derrière nous. Hurlements. Rafales de Kalashnikov. Je me retourne. Quelques dizaines d'hommes courent dans notre direction. Nous avons été repérés et nous sommes poursuivis. Mais par qui ? D'un commun accord, Isabelle et moi continuons d'avancer. Notre chadri nous permettra peut-être de n'être pas inquiétées. Qui sait ?

Devant nous, la Toyota de nos guides, derrière et gagnant du terrain à chaque pas, nos poursuivants de plus en plus excités. Encore quelques secondes et Bernard et Thomas seront entourés, bousculés. Je me retourne une seconde fois. La Toyota vient de se volatiliser dans la nature. Deux de nos body-guards disparaissent, le troisième, lorsque les choses tourneront mal, fera semblant de ne pas nous connaître... Joli lâchage ! Nous voici seuls dans ce désert de cailloux, aux prises avec des hommes armés, apparemment fous de rage. Ils ont dû reconnaître des Européens à l'allure de nos deux compagnons...

— Isabelle...

— Oui ?

— On y va ?

— On y va !

Nous rebroussons chemin pour parcourir les quelques mètres qui nous séparent maintenant du groupe. Nous nous approchons. Relevons notre voile, désignons de la main Bernard et Thomas.

— Nous sommes avec eux.

Curieusement, alors que nous sommes désormais à leur merci, nos poursuivants continuent de crier. Mais c'est entre eux maintenant qu'ils s'injurient, se battent à coups de crosse, à coups de poing. Bruits de culasses que l'on arme. Nous voilà dans un joli pétrin. Nous mettons quelques instants à comprendre la situation pour le moins confuse : ces hommes qui veulent s'arracher le butin découvert, nous en l'occurrence, appartiennent à des factions rivales : militaires afghans de l'armée « régulière », milices pakistanaises, douaniers de la zone tribale... Nous sommes, ni plus ni moins, l'enjeu de leur convoitise et ils n'entendent pas lâcher aussi facilement leur proie ! Ce sont finalement les douaniers de la zone tribale — apparemment plus nombreux — qui auront le dessus. Quelques-uns d'entre eux nous poussent vers un camion bâché. Cinq hommes montent avec nous. Le véhicule s'ébranle.

Plusieurs fois, au cours de ce voyage, le camion stoppera le long d'un ravin, au milieu d'un virage. Nous nous regardons...

— Descendez !

On nous pousse sans ménagement vers le sol. Cris. Bousculades. Les hommes semblent partagés, en désaccord sur le sort qu'ils nous réservent. Que va-t-on faire de nous ? Nous fusiller sur place ?

— Remontez !

On repart. Le petit jeu de l'intimidation et de l'angoisse recommence quelques kilomètres plus loin. Bernard est blanc comme neige. Thomas, lui, a pris le parti de l'humour et de la dérision. Dans le contexte tragique où nous sommes, c'est un magnifique exploit. Il rit et fait le pitre. Les Pakistanais sont à la fois furieux et décontenancés devant ce clown qui ne semble pas les prendre au sérieux. Et plus Thomas s'adonne à son numéro irrésistible, plus le visage de Bernard s'allonge... même lorsque, me regardant pour me prendre à témoin, Thomas maugrée entre ses dents, assez fort pour que tous l'entendent :

— En béton qu'elle était, leur filière ! En béton !

Nous arrivons dans les faubourgs de la zone tribale. Terminus provisoire : la prison centrale. Nous sommes aussitôt séparés, les garçons d'un côté, les filles de l'autre. La tension est provisoirement tombée. Le geôlier attaché à notre surveillance se montre plutôt bon bougre. Il a posé sa Kalashnikov à l'entrée de la pièce où nous sommes séquestrées et s'approche de nous :

— *Tchaï ?*

— Du thé ? Bien sûr, merci...

Les traditions ne se perdent pas. Il doit y avoir quelque chose de comique dans les gestes affairés de ce garde-chiourme en turban qui verse le thé dans nos tasses et nous tend une assiette de biscuits avec des hochements de tête qui semblent dire : « Allez, mangez ça, ne vous laissez pas abattre... »

Nous ne nous laissons pas abattre ! Nous essayons même avec Isabelle de faire le point en mâchonnant nos gâteaux. Notre situation n'est pas des plus brillantes. Des onze sacs de médicaments, de cadeaux et d'effets personnels, trois sont « quelque part » en Afghanistan, sur la Toyota de nos passeurs fugitifs ; les neuf autres sont « théoriquement » en route pour Noorbuir... Les membres du parti Esbi Islami seront-ils informés de notre arrestation ? Dans ce cas que pourront-ils faire ? Rien, sans doute, sinon avertir, par un moyen ou un autre, les responsables de M.S.F. Heureusement, nous avons pu garder sur nous papiers et argent serrés dans nos gilets à poches, c'est toujours ça !

— Donnez-moi vos passeports !

L'officier subalterne qui vient d'entrer nous toise d'un air hautain. Lui n'a pas une tête à nous offrir le thé. Il tient dans la main les passeports de Thomas et de Bernard et les agite devant nous, menaçant. Il s'agit de réagir vite, très vite. Tenter de démontrer que nous sommes dans notre « bon droit ». Inspiration soudaine ? Réflexe ? Je lui arrache des mains les documents officiels de mes deux compagnons.

— Ceci appartient à notre gouvernement. Vous n'avez pas le droit de nous le prendre...

— Donnez-moi ces papiers !

— Non. Nous désirons voir l'officier responsable de la prison. C'est avec lui que nous nous expliquerons.

L'homme est furieux. Les dés sont jetés, je ne peux plus revenir en arrière, il faut tenir bon, jusqu'au bout.

Mise en condition ? Intimidation ? Nous sommes conduits durant plusieurs heures de bureau en bureau et regardés comme des bêtes curieuses, avant de nous retrouver dans une vaste pièce, quartier général de l'officier politique de la région. Il est entouré d'une bonne douzaine d'officiers et de notables qui nous font face en demi-cercle. Beau tribunal ! Les accusateurs sont en force. Les quatre malheureux accusés devront évidemment jouer le rôle d'avocats. Un peu plus au fait des coutumes que mes camarades, je m'incline légèrement.

— *As salaam wa aleikum.*

J'ignore si la cour est touchée par cette marque de politesse. Elle reste silencieuse. Impassible. On nous fait asseoir. L'essentiel est de jouer les innocents, de plaider, d'entrée, non coupables. C'est l'officier qui, le premier, rompt le silence. Au milieu de sa cour, il se prend de toute évidence pour un personnage très important.

— J'aimerais que vous m'expliquiez ce que vous faites ici, en zone tribale, sur un territoire interdit aux étrangers.

Un instant de silence, puis il reprend :

— J'aimerais aussi savoir ce que vous alliez faire de l'autre côté de la frontière...

Notre seule défense sérieuse est là, dans mon gilet à poches. C'est la lettre que m'ont établie les autorités de Peshawar, il y a un mois et que j'ai fait photocopier. Pièce à conviction de notre parfaite innocence. C'est en tout cas ce qu'il faut prouver à tout prix. Inutile cependant d'aller trop vite. Je garde ce document comme ultime munition. Il vaut mieux voir venir... J'entame ma plaidoirie.

— Nous sommes ici pour apporter nos soins aux Afghans réfugiés en zone pakistanaise... Quant au passage de la frontière, il nous a semblé indispensable de connaître les besoins sanitaires des Afghans de « l'autre côté ». Nous sommes médecins avant tout et si nous pouvions leur venir en aide, d'une manière ou d'une autre, nous le ferions.

Apparemment, l'officier n'est pas dupe. Il fait comme si. Pour le moment tout au moins. Difficile de mettre en doute notre bonne foi.

— Il est tout de même anormal que vous n'ayez prévenu personne... Vous savez que vous êtes dans une zone interdite où aucun étranger, pas même certains Pakistanais, n'a le droit de pénétrer... et vous passez sans autorisation !

Je le regarde, étonnée, comme surprise par une telle question.

— Il y a beaucoup de réfugiés afghans dans cette zone, et puisque nous sommes ici pour soigner les réfugiés... D'ailleurs, vous voyez, nous sommes sans bagages, nous n'avions aucunement l'intention de rester, simplement de faire l'aller-retour dans la journée...

Il m'interrompt, un sourire légèrement ironique au coin des lèvres. Dangereux !

— Évidemment vous avez la conscience tranquille !

— Bien sûr !

— Alors, pourquoi êtes-vous habillés comme des Afghans ? Pourquoi vouloir absolument passer inaperçus ?

Il est fier de son effet. Autour de lui, l'aréopage de notables, même si tous ne comprennent pas l'anglais, sentent que le vent peut tourner. Ces messieurs doivent aimer le petit jeu du chat et de la souris. J'avais bien fait de garder des munitions.

— ... Nous n'avions absolument pas l'envie de nous cacher ou de passer inaperçus... simplement, nous connaissons les coutumes, nous n'avons pas voulu aller à l'encontre des traditions...

J'enlève mon chadri avant de poursuivre :

— Regardez, je suis blonde, je ne voulais pas prendre le risque de choquer les gens en ne portant pas les vêtements du pays, mes amis non plus...

Il ne répond rien. Je ne sais si c'est bon ou mauvais signe. J'enchaîne aussitôt :

— D'ailleurs, j'ai sur moi la photocopie d'un document qui prouve que le gouvernement pakistanais nous accepte comme médecins sur son territoire. Il est au courant de notre action auprès des Afghans et pourrait s'inquiéter de ne pas nous voir, demain, à notre poste.

Je sors la lettre d'une de mes poches et la lui tends. En quelques secondes, tout va rentrer dans l'ordre. L'officier a perdu son air d'inquisiteur. Il se fait presque paternel pour nous sermonner. Nous avons été vraiment inconscients... Ce que nous avons fait est dangereux... Il aurait pu nous arriver beaucoup, beaucoup d'ennuis et personne n'aurait pu nous aider... Nous ne nous rendons vraiment pas compte...

Cela durera une heure. Nous écoutons. Tête baissée. Repentants. J'ai l'impresion de me retrouver dix années en arrière et d'entendre la semonce d'une des révérendes mères de Notre-Dame-des-Oiseaux... À côté de moi, Isabelle, Bernard et Thomas acquiescent eux aussi, docilement. Dans l'œil de Thomas il y a pourtant comme une petite lueur qui me fait vite détourner la tête... nous ne pouvons pas nous payer le luxe d'un fou rire. L'officier termine son long monologue sur quelques conseils bien sentis. Puis il se lève.

— Il y a un autobus de nuit qui fait le trajet jusqu'à Peshawar... Nous allons vous y conduire. Il n'est pas question pour vous de rester une heure de plus en zone tribale.

Une fourgonnette de la police nous emmène jusqu'à l'arrêt de l'autocar. Ils attendront que nous soyons montés avant de refermer la portière sur nous. Il est dix-sept heures quinze. Il faut compter sept heures de route environ pour rejoindre notre base de départ et, surtout, tout est à recommencer.

— Ce n'est pas un car, c'est une boîte de nuit !

Nous éclatons de rire. Thomas a raison, le véhicule dans lequel les douaniers de la zone tribale viennent de nous pousser, est décoré comme un arbre de Noël. Des guirlandes de petites lampes multicolores courent de part et d'autre du plafond et le long des vitres teintées de bleu. L'intérieur du véhicule a été recouvert d'une peinture argentée sur laquelle viennent jouer des taches de couleurs vives. Tout brille. Tout s'illumine. Tout clignote. L'art populaire des rickshaw et des camions se retrouve ici, à l'intérieur même de l'autocar... Nous nous installons tous les quatre sur la banquette arrière. Les trois voyageurs qui nous ont précédés se serrent un peu.

Le moins que l'on puisse dire est que nous ne sommes pas passés inaperçus. Est-ce le fait d'avoir été amenés ici par la police, ou parce que, malgré nos vêtements afghans, nous ne faisons pas très couleur locale ? Je ne sais trop, mais nos compagnons de voyage pakistanais et afghans se tournent vers nous et tentent d'engager la conversation. Nous sommes bientôt les rois d'une curieuse fête qui, dans cette boîte de nuit roulante, prend des proportions fantastiques. Thomas s'est institué à la fois animateur et acteur d'un spectacle extraordinaire dont il a lui-même battu les premières mesures. Tout y passe. Les plus vieilles rengaines, les chansons les plus éculées... Nous hurlons à tue-tête les tubes à la mode. Les autres voyageurs ne seront pas en reste. Ils se sont tous tournés vers nous, à genoux ou à califourchon sur leur siège. À leur tour, ils chantent, dansent, dans un vacarme assourdissant, au milieu des ballots en tout genre, des poules et des chèvres qui font, elles aussi, partie du voyage. La fête, la vraie fête ! Spontanée, folle. Jamais je n'ai vu une telle explosion de folklore, une telle profusion de rires. Nous tiendrons ainsi les sept heures du trajet, pendant que le chauffeur, impassible, surveille ses kilomètres de route poussiéreuse, battant de temps à autre la mesure sur l'énorme volant de bakélite noire.

Nous avions besoin de ce défoulement, besoin de cette joie, de ces rires, de ces cris, pour oublier, au moins quelques heures, que nous revenons à Peshawar les mains vides et sans savoir de quoi demain sera fait.

Notre cirque ambulant nous abandonne vers minuit dans le centre de Peshawar. La nuit est belle. Nous mettons une heure pour regagner le Green's Hotel. Nous savons que Didier Ansart, un de nos confrères de M.S.F., devait y arriver hier soir après une mission au Nouristan. Il est bien là. Nous allons le réveiller pour lui raconter notre aventure. On a beau faire, on a beau dire, on a beau rire, on a quand même le cœur un peu en berne.

IX

16 mars 1981. *Rien de spécial ce jour, sinon que nous ne trouvons personne au bureau d'Esbi Islami où Didier m'a accompagnée. Nous rentrons bredouilles. Aucun espoir, pour l'instant, de retrouver l'ensemble de nos bagages bloqués « quelque part »...*

17 mars. *Ce matin, Didier et Bernard repartent au Esbi Islami pendant que je me rends chez des amis afghans de Laurence Lemonier, une consœur d'Aide médicale internationale, pour leur porter lettres, photos et vêtements. À mon retour, Bernard m'annonce que nous partons demain... ou après-demain ! Attendre, toujours attendre! De toute façon, nos bagages ne seront pas rapatriés sur Peshawar. Nous sommes furieux... mais dépendants. Vers seize heures, nous partons avec Isabelle acheter du matériel pour les gens de Noorbuir : savons, serviettes, torchons, glaces, peignes, plus, de nouveau, une trentaine de paires de chaussures ; enfin, des écheveaux de coton à broder et des aiguilles. Un peu de matériel de cuisine, des jouets pour les enfants. Pendant ce temps, les deux garçons sont allés voir un film à l'Alliance française :* Drôle de drame...

*
* *

Les jours passent. Le départ prévu a été reporté. L'attente commence à peser très lourd sur chacun d'entre nous. Les responsables d'Esbi Islami ne savent apparemment ni où ni quand nous pourrons repasser la frontière. L'échec du premier passage les a-t-il incités à la prudence ? Impossible de le savoir. Ce qui nous importe avant tout, c'est de ne pas rester à Peshawar dans l'ignorance totale de ce que nous allons faire, d'être entièrement dépendants et, finalement, soumis à des décisions auxquelles nous ne prendrons même pas part.

— Il y a peut-être une solution.

Nous sommes dans une des chambres du Green's. Je ne sais si l'idée que je viens d'avoir aura quelque efficacité. Je ne sais même pas ce qu'en penseront mes compagnons. Ce que je sais, c'est qu'il faut rompre à tout prix l'inactivité forcée dans laquelle nous sommes plongés. Thomas semble trouver là une bonne occasion de sortir du mutisme qu'il observe depuis quelques minutes.

— Laquelle, Claire ?

— Je peux essayer de contacter Ali Jan, notre interprète de la première mission. Peut-être pourrait-il nous aider à passer avec les hommes du mollah Mouktada...

— Tu es sûre de pouvoir le joindre ?

— Peut-être pas personnellement, mais au moins un de ses frères. Je suis presque certaine qu'il nous aiderait.

— Admettons que cela puisse marcher. Il va falloir payer un passeur, non ?

L'objection est on ne peut plus juste. Mais avons-nous le choix ? Je préfère en ce qui me concerne avoir la certitude de passer, quitte à payer un guide, plutôt que de supporter une attente qui risque d'être longue. Mes compagnons semblent d'accord sur ce point. Je reprends :

— Quoi qu'il arrive, cela peut demander cinq, six jours ou plus... Le temps d'écrire à Ali Jan, de recevoir la réponse, de décider du départ...

Thomas se lève d'un air résigné.

— Dans ce cas, ce serait trop long pour moi, Claire. Je n'ai qu'un mois de vacances et il est déjà bien entamé... Si je ne dois rester que quelques jours à Noorbuir, je me demande si le jeu en vaut la chandelle. Qu'en penses-tu, Bernard ?

— À peu près la même chose que toi... En puis, en toute franchise, je ne me sens plus le courage de repasser une seconde fois cette sacrée frontière !

Thomas se lève, fait le tour de la pièce. Je le sens pris entre deux désirs contradictoires. Je sais bien cependant, au fond de moi, qu'il a raison. Compte tenu des délais d'aller et de retour, et même en étant optimistes, nos deux compagnons ne feraient à Noorbuir qu'une apparition éclair. Ce serait inutile. Mieux vaut être réaliste. Concret. Et Thomas l'est. Notre discussion aura au moins eu le mérite de clarifier la situation. Notre compagnon se tourne vers Isabelle et moi.

— Bon, faites comme vous l'entendez pour ce qui est de votre passage avec les hommes du mollah Mouktada. Mais Bernard et moi allons être obligés de repartir. C'est complètement stupide mais c'est ainsi. Maintenant, l'important est de contacter au plus vite M.S.F. pour que Paris vous envoie nos remplaçants, O.K. ?

— O.K. !

C'est le bon sens même. Je vais envoyer dès aujourd'hui un mot à Ali Jan, pendant que nos compagnons contacteront Paris.

Je regrette vraiment que Thomas ne puisse venir à Noorbuir. J'aime bien son humour et sa manière de prendre la vie comme elle vient. Tant pis. Cela fait partie des incidents du parcours. Ce n'est pas le premier et je doute que ce soit le dernier.

*
* *

22 mars. *L'attente continue. Nos deux compères repartiront pour Paris ce soir. Les journées s'écoulent paisiblement.*

*
* *

Les remplaçants de Bernard et de Thomas n'arriveront qu'à la fin de mars. Jean-Pierre Luxen vient de Bruxelles, Roger Vivarié de Marseille... Deux types formidables et complémentaires à souhait. L'humour du Nord et le rire du Midi ! Les nouvelles sont plutôt bonnes. C'est Sultan Khan, le frère d'Ali Jan, qui a répondu à ma lettre... Ali est resté à Noorbuir, mais son frère s'engage à nous trouver guides et passeurs. Il viendra lui-même nous chercher à Peshawar.

Nous savons, Isabelle et moi, qu'il n'est plus question, cette fois, de nous faire prendre, sans risquer d'être suspectées d'appartenir à un « service » quel qu'il soit. En cas d'ennuis, nous nous réfugierons derrière l'anonymat du chadri, quitte à laisser les garçons se débrouiller seuls. Ils arrivent et acceptent, bien sûr. La blondeur de Jean-Pierre risquant de le faire facilement démasquer, il pousse la conscience... professionnelle jusqu'à s'enduire de noir de fumée les sourcils, la barbe et les quelques mèches de cheveux qui s'échappent du turban. Acte II des aventures à la James Bond !

Le trajet maintenant familier vers la zone tribale se déroule sans autre incident que le passage d'un oued. Nos bagages ne sont guère volumineux et ne nous encombreront pas ! Première étape, les faubourgs de la ville où nous nous retrouvons dans la maison d'Ali Jan. Celle-là même où nous avions passé notre première nuit en zone tribale avec Philippe et Bernard. Les doubles volets sont toujours clos...

Je prendrai tout de même le temps, avec Isabelle, d'aller faire un tour chez les femmes ravies de cette visite et qui nous reçoivent comme des sœurs.

Notre Toyota roule dans un désert de terre et de cailloux. Paysage lunaire où les constellations sont notre seul repère. La mousson d'hiver est parvenue à son terme. Ce sera bientôt l'explosion du printemps. Le désert, lui, reste, apparemment immuable, hors du temps.

Notre chauffeur se retourne vers nous, prononce quelques mots que Sultan Khan traduit au fur et à mesure :

— Nous allons remonter un oued en crue... Il y a beaucoup de courant et cinquante à soixante centimètres d'eau. Il faudra descendre souvent pour pousser la Toyota... Ce sera long, mais là, nous ne serons pas repérés.

Nous roulerons plus de trois heures, à contre-courant dans le torrent. Tous les deux cents mètres, notre véhicule s'arrête, moteur calé. Il faut sauter dans l'eau glacée, s'arc-bouter, paumes ouvertes, contre les ridelles, pousser, remonter, recommencer...

La journée a été terriblement éprouvante. J'ai bien cru que nous n'en finirions pas. Nous avons pourtant réussi à passer la frontière, nous sommes enfin en Afghanistan !

Voici les premières maisons du village où nous avons passé le Nouvel An, trois mois plus tôt. Le vieil homme qui nous avait reçus est là, souriant, il me prend doucement par la main, m'entraîne vers une autre maison et, ouvrant grande la porte, me dit avec une sorte de fierté dans le regard :

— Tes bagages sont là.

J'ai quand même une pensée émue pour nos fuyards. Ils ne nous ont pas complètement trahis. Nos trois sacs embarqués dans le véhicule des Mujahedin d'Esbi Islami sont bien là en effet. Intacts.

Les hommes du village se sont réunis pour nous accueillir, l'un d'eux se détache du groupe, s'avance vers nous.

— Jaimy !

C'est Matran, un des Mujahedin de Noorbuir ! Quelle joie de se sentir ainsi près du but ! Toutes ces semaines passées dans l'anxiété de l'attente, je les oublie d'un seul coup. Nous sommes là. Un peu en retard, mais fidèles quand même au rendez-vous. Je souris. Matran a été l'un de nos premiers consultants, je me souviens qu'il venait me demander des comprimés de vitamine C chaque fois qu'il partait rejoindre sa femme au Pakistan ! Vitamine C ! Remède miracle, croyait-il (et il n'était pas le seul), pour le repos du guerrier.

— Matran ! Que fais-tu ici ?

— Je suis venu vous chercher pour vous conduire à Noorbuir. On vous attend depuis des jours...

— Élisabeth et Michel sont partis ?

— Oui, ils ne pouvaient pas rester plus longtemps...

— Nous avons eu des ennuis avec les douaniers de la zone tribale.

— Je sais...

Nous réglons quelques problèmes pratiques. Moyennant mille roupies, un homme du village se chargera de convoyer nos bagages. Nous donnons nos premières consultations en terre afghane avant de regagner la pièce enfumée qui doit nous servir de chambre.

Nous partons à l'aube. Matran est là, en compagnie de notre porteur et de son cheval. L'homme arrime nos sacs sur le dos de l'animal. Il ne nous reste plus qu'à prendre congés de nos hôtes et à donner le signal du départ. C'est alors que notre convoyeur se tourne vers nous.

— Je veux deux mille roupies !

— Quoi ?

— Je veux deux mille roupies pour transporter vos bagages.

Nous restons un instant pétrifiés. Tout était prévu, d'accord, sans problème, et voilà que cet imbécile nous refait le coup du chantage. Je revois le visage fourbe de Sayed, nos tractations, il y a trois mois, pour passer la frontière. Nous avons alors été volés, trompés, nous ne le serons pas deux fois. Nous faisons front, tous les quatre.

— Il n'en est pas question. Nous étions d'accord hier soir ! Ce sera mille roupies ou rien.

L'homme nous lance un regard furieux.

— Alors ce sera rien.

Lentement, il détache les sangles qui retiennent nos sacs, fait basculer l'ensemble. Nous nous précipitons.

Trop tard. Le bruit caractéristique des objets qui se brisent me met hors de moi, j'entre dans une colère que je ne maîtrise plus tout à fait. La coupe est vraiment pleine.

— Tu sais ce qu'il y avait à l'intérieur de ces sacs ? Non ? Il y avait des lampes à pétrole, il y avait des ampoules de médicaments, du lait condensé pour les enfants de Noorbuir et pour les gens que nous sommes venus soigner. Il y avait des cadeaux. Tu peux comprendre ça ? Non ? Tu peux comprendre que nous avons soigné, hier soir, ceux de ton village sans rien leur demander ? Et tu voudrais nous faire payer deux fois la somme que nous avions prévue ensemble ? Tu n'as rien compris. Nous n'accepterons jamais. Nous nous débrouillerons sans toi ! Laisse ces bagages et rentre chez toi...

Très lentement, l'homme s'est baissé. Plus lentement encore il relève un à un les sacs, s'arrête, nous regarde. C'est lui qui rompt le silence en maugréant :

— Je vous emmène...

Nous sommes soulagés. Pas pour longtemps. Matran, de son côté, s'est mis dans la tête d'être payé pour nous servir de guide et de garde du corps. Un comble ! Je sais bien qu'il nous faut user de patience et de compréhension. Je sais bien que, souvent, les Pachtous ne comprennent pas que nos missions sont des « actes gratuits »... Pour certains d'entre eux, il y a derrière cette action comme un vice caché, beaucoup sont persuadés que nous sommes payés par un parti de résistance, ou par notre pays... Pire, si nous donnons notre temps pour rien, c'est que nous sommes des faibles. Et les faibles, on en profite : on leur fait payer leur faiblesse... C'est parfois difficile à accepter. Aujourd'hui, cela m'est littéralement insupportable. Nous ne céderons pas plus devant la soudaine exigence de Matran que devant celle de notre convoyeur. Nous ne céderons pas au chantage devant notre prétendue faiblesse. Tout cela est absurde. Il nous faut faire aussi avec l'absurdité.

— Nous ne te devons rien, Matran. Tu ne veux pas

nous servir de guide ? Tant pis. J'ai déjà fait deux fois ce chemin à pied. On peut le refaire sans toi.

Isabelle, Jean-Pierre et Roger approuvent sans la moindre objection ni la moindre réticence. Solidaires. Leur confiance m'émeut. Après tout, ce trajet n'est pas évident. Même si c'est la meilleure solution. Nous jouons un peu avec le feu... Dans ce paysage à peine sorti de l'hiver, chaque crête ressemble étrangement à la suivante... D'une saison à l'autre, certains repères changent... Impossible cependant de faire marche arrière. Les dés sont jetés. *Inch'Allah,* encore et toujours.

— On y va ?

— On y va !

Je me retourne. Derrière nous, le cheval et son maître suivent docilement... Quelques mètres plus loin, Matran nous a emboîté le pas... la tête basse.

C'est Jean-Pierre qui conclut, très digne enfant de Bruxelles dont l'accent nous met en joie :

— Je boirais quand même bien une bonne chope de bière, pas vous ?

1

2

1. Première mission. Habillés pour la zone tribale, à gauche, au second plan : Philippe Chabasse; à droite, en noir : Bernard Cau. — **2.** Anesthésie générale d'un chameau pratiquée avec Elisabeth, à Noorbuir dans le Paktia.

3

3. Deuxième mission. Leçon de coloriage grâce aux cadeaux des petits enfants parisiens. — **4.** Distribution de tissus aux mamans, grâce aux dons récoltés à Paris.

4

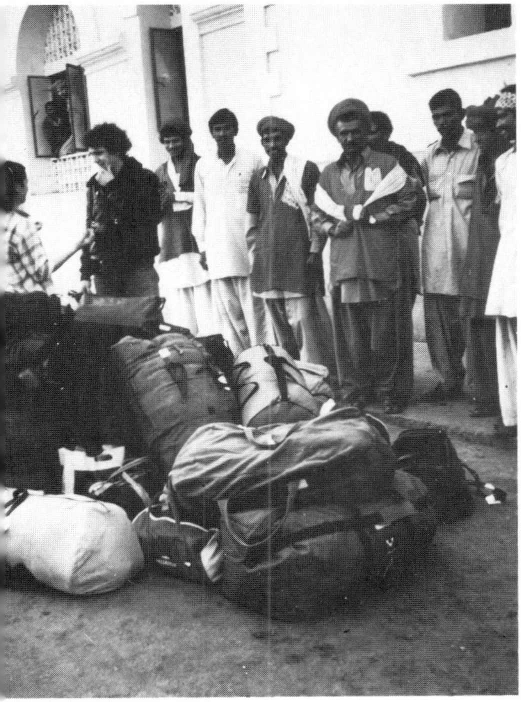

5

6

5. Troisième mission. Devant la gare de Karachi, 600 kg de bagages. — **6.** De gauche à droite : François Boussand, Christine Godffroy, Alex Maire, Bertrand Madelin, Jean-Luc, Sylvie Huet habillés pour le passage de la frontière. — **7.** Au cours de notre montée au cœur de l'Hazaradjat le carburateur givre. — **8.** Le premier hôpital de M.S.F. bombardé quinze jours avant notre arrivée.

7

8

9

9. Famille de Turkmen. Habiba et ses enfants. — **10.** Réception de mariage à *Done Kumru.*

10

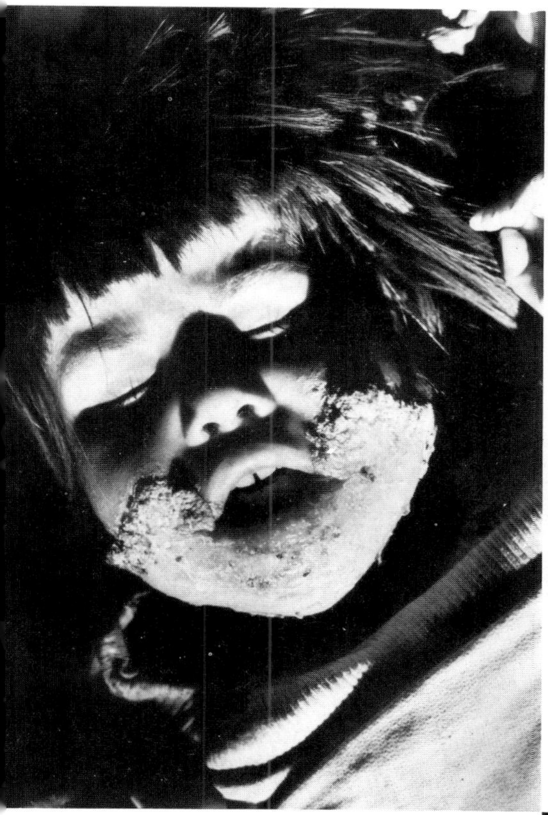

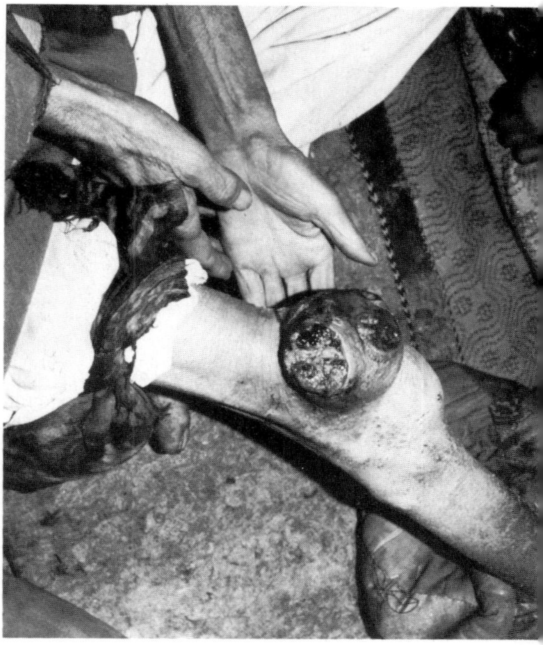

12

11. Impétigo chez un enfant de 10 ans. — **12.** Tumeur maligne chez un homme de 50 ans. — **13.** Malformation congénitale chez un jeune venu nous consulter pour sa bronchite. — **14.** Goitre thyroïdien.

14

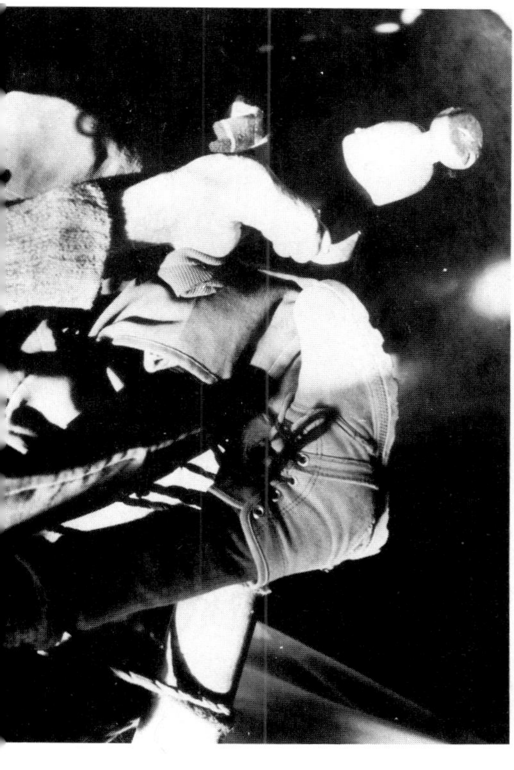

15

15. Bombardement de notre village le 12 février 1982. — **16.** 64 bombes de 275 kg en une heure. — **17.** Bombe non explosée de 275 kg (50 kg de TNT) récupérée par les Moudjahedin. — **18.** Conditions « très précaires » des interventions à domicile. — **19.** *(Page suivante.)* Passage du col de *Larchum Kotal.*

16

17

18

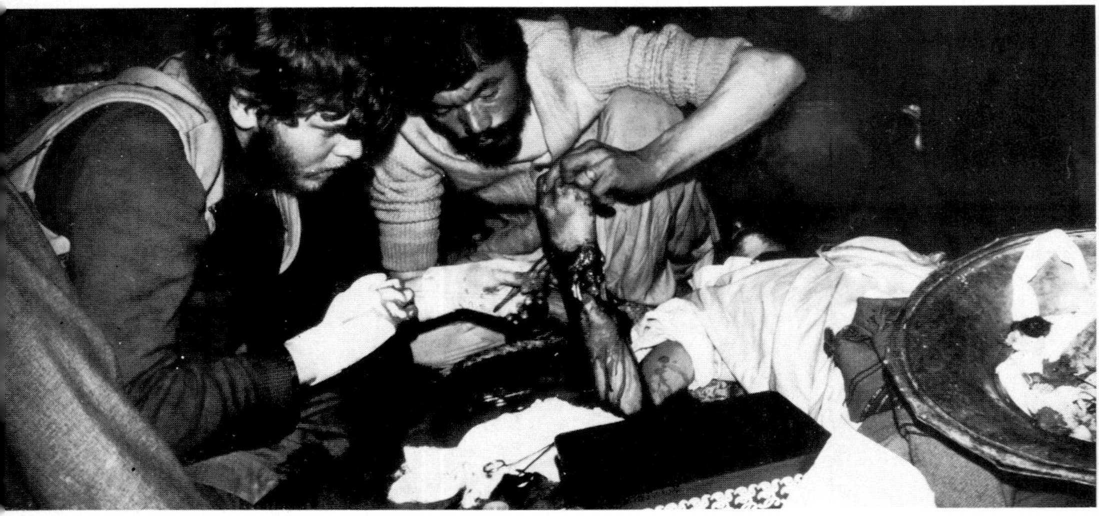

20

20. Équipe de la deuxième mission dans la région du Paktia, avec, de gauche à droite : Claire Constant, Roger Vivarie, Isabelle et Jean-Pierre Luxen.

X

Tous les amis sont là, devant l'hôpital. Extraordinaire bonheur de revoir ces hommes et ces femmes... Accolades, serrements de mains, longs regards échangés qui disent assez ce que ressent le cœur... Sultan Gul, Khon Afzal, Khedok, nous avions eu à peine le temps de nous dire au revoir. Je me souviens des larmes sur vos visages et de mes sanglots et du silence de Philippe. Ces retrouvailles sont à la mesure de notre peine d'alors... Ali Jan va de l'un à l'autre, étreint les mains des « nouveaux docteurs », un peu étonnés, un peu émus aussi d'un tel accueil.

— Jaimy ?

— Oui ?

— Nous avons préparé votre « chambre », venez...

Tous ensemble, nous faisons à Isabelle, Jean-Pierre et Roger, l'honneur de notre maison et de l'hôpital. Reste à décider maintenant comment nous allons nous répartir les tâches. La mission initiale prévoyait l'ouverture de deux dispensaires, l'un ici, à Noorbuir, l'autre auprès des Mujahedin de Jelhal Uh Din. La disparition de la presque totalité de nos bagages (neuf sacs sur onze) va nous obliger à revoir notre organisation. Un rapide inventaire du stock de médicaments laissés par Élisabeth et Michel nous montre à l'évidence que nous n'avons même pas la possibilité de faire face aux besoins de Noorbuir. Cela remet tout en question, à moins que nos bagages, laissés en zone tribale lors de notre premier passage n'arrivent rapidement...

— Savez-vous quand ils comptent nous les faire parvenir ? demande Isabelle à notre interprète.

Ali Jan hausse les épaules.

— Je l'ignore... Vous savez, les hommes du parti Esbi Islami qui ont organisé votre passage le mois dernier comptaient bien vous voir vous installer avec eux, à Srana...

Roger semble soudain inquiet.

— Si je comprends bien, ils pourraient nous faire, eux aussi, le coup du chantage ! On vous rend vos bagages à condition que vous veniez chez nous !

— Oui, je le crains.

— C'est impossible !... Nous n'avons pas les bases pour ouvrir deux dispensaires et, d'après ce que Claire m'a dit, il est exclu de quitter Noorbuir pour déménager nos réserves chez les « concurrents »... Ce ne serait pas du tout compris ! C'est bien ça ?

— Absolument. Roger a raison. D'autant qu'il ne faut pas oublier qu'après notre premier échec au passage de la frontière, c'est à nouveau au parti du mollah Mouktada que j'ai fait appel par l'intermédiaire de ton frère, Ali Jan,... Heureusement d'ailleurs que je connaissais cette filière car si nous avions dû attendre de repasser avec les partisans d'Esbi Islami, nous serions toujours à Peshawar.

Jean-Pierre s'est approché de nous.

— D'après les statistiques de votre dernière mission, les réserves qui sont là devraient nous permettre de tenir un mois... à peine... Et encore faudrait-il que nous ne « tournions » pas tous les quatre ensemble.

Compte tenu de l'expérience que j'ai pu acquérir et de l'évaluation des besoins, il reste une seule solution efficace. J'en fais part à mes amis :

— Le mieux serait que nous puissions travailler deux par deux et un jour sur deux... Le couple qui ne travaillerait pas à l'hôpital partirait en consultation dans les autres vallées pour soigner les malades intransportables.

Roger se tourne vers Isabelle et Jean-Pierre.

— Ça vous va ? Moi, ça me convient tout à fait !

Puis il me fait face, se met au garde-à-vous et lance avec un grand sourire :

— À vos ordres, chef.

— Oh, ça va, docteur, je ne suis pas chef !

— D'accord, chef ! À vos ordres quand même, chef !

— Jaimy ?

— Oui ?

C'est Ali Jan qui m'interpelle, tout en refaisant son turban pour la dixième fois depuis que nous sommes arrivés...

— Jaimy, il va tout de même y avoir un petit problème si vous décidez d'aller faire les consultations dans les vallées.

— Tu veux parler de l'interprète... Tu penses que tu ne pourras pas suffire ?

— Oui, à part toi qui parles un peu le pachto, les autres docteurs et la doctora ne pourront pas se débrouiller tout seuls pendant la consultation...

— Il y a une solution Ali, si on nous appelle dans un village à plusieurs heures de marche et que c'est important, tu accompagneras l'équipe qui se déplacera... Moi je peux rester à l'hôpital avec Saheb et Khon Afzal... Ils sauront bien m'expliquer les formules trop difficiles avec des mots que je puisse comprendre.

Les heures, les jours qui suivent, passent très vite. La bonne humeur, la gaieté permanente de nos deux confrères contribuent à instaurer une ambiance extraordinaire. Bonheur d'avoir retrouvé mes amis afghans, joie de vivre avec ces deux compagnons débordant de vitalité. Roger, avec lequel je fais souvent équipe, est un amoureux de la nature et des grands espaces. Derrière ses perpétuelles blagues, ses boutades, voire ses pitreries, se cachent une sensibilité et une grande attention à l'autre qui se traduisent, dans le quotidien, par une grande générosité. Quant à Jean-Pierre, son humour et sa disponibilité en font le type même du compère idéal, j'allais dire indispensable à la réussite d'une mission.

Nous partons en consultation avec un tout petit sac de médicaments qu'il ne nous est possible de distribuer qu'au compte-gouttes... Très vite, les anti-inflammatoires et les antalgiques viennent à manquer et les prescriptions d'antibiotiques se font rarissimes. D'une manière générale, nous ne donnons plus les traitements que trois ou quatre jours au maximum, et les patients doivent se présenter à une seconde consultation pour pouvoir bénéficier de la suite du traitement. Nous n'avons guère le choix !

Voilà maintenant deux semaines que nous sommes arrivés et nos bagages sont toujours dans la nature ! Pour Isabelle et moi, cela commence à poser de réels problèmes : pas de robes ou de tuniques afghanes de rechange... Pas, non plus, de sous-vêtements alors qu'il est déjà si difficile ici, pour une femme, de trouver un moment et surtout un lieu où elle puisse un peu s'occuper d'elle. Si, miraculeusement, nous avons trouvé à Noorbuir les duvets de Michel et d'Élisabeth, il n'est est pas de même pour une foule de petites choses, bien féminines, qui nous font journellement défaut.

Jour après jour, les dernières neiges ont fait place aux jeunes pousses de verdure. La nature explose, transformée. Les fleurs redonnent vie à notre paysage de schiste et d'ardoises. C'est presque un autre pays, d'autres coutumes que nous découvrons maintenant. Les femmes et les enfants sortent sur le pas de leurs maisons. On a installé dehors les berceaux-balançoires protégés par des ombrelles de feuilles séchées. Les sœurs aînées, penchées sur leurs travaux de broderie, balancent doucement du bout du pied le lit du nourrisson. Notre menu lui-même a changé, des herbes, pilées au caillou, tiennent lieu d'épinards sauvages... Malgré tout, nos randonnées dans les vallées se font de plus en plus courtes, souvent les forces nous manquent après une heure de montée. L'alimentation y est pour beaucoup. Nous subissons à nouveau la fatigue due à la malnutrition que nous avions connue avec Philippe et Bernard.

Avec l'arrivée du printemps, le toit de notre maison, maintenant asséché, nous tient lieu de terrasse et les enfants du village viennent s'y adonner aux coloriages. J'ai retrouvé mon ami Barta Gul et les autres garçons et filles, qui dessinent maintenant côte à côte, en silence, égaux devant la feuille blanche, comparant leurs œuvres, de temps à autre, en fronçant les sourcils.

Grâce aux trois sacs récupérés, remplis de cadeaux à distribuer, nos après-midi de liberté sont réservés à la répartition de ce que j'ai pu apporter : tissus, matériel de couture, savon, ustensiles de cuisine, chaussures et vêtements d'enfants... Souvent, Isabelle m'accompagne lors de ces visites amicales. En échange, les femmes cousent des pièces d'argent sur nos tuniques ou tressent nos cheveux à la manière afghane. Ma compagne est heureuse de ces contacts qui lui permettent peu à peu de se sentir intégrée, reconnue... Je me souviens de mes premières visites ici, des premiers échanges, des premiers sourires, des difficultés pour se faire accepter, en tant que femme, du temps qu'il avait fallu pour « s'apprivoiser »...

Pour les garçons, évidemment, c'est autre chose. Il est impensable qu'ils puissent franchir le seuil d'une de ces demeures. Un étranger n'est pas admis dans le domaine réservé aux femmes, à fortiori un infidèle... Jamais Bernard, Philippe ou Dominique n'ont eu ce privilège.

Un jour, Roger et moi étant de repos, j'ai soudain envie que nous tentions une expérience.

— Pourquoi ne viendrais-tu pas avec moi ?

— Voyons, Claire, tu sais très bien que je ne pourrai jamais entrer dans une famille !

— Peut-être, mais ils commencent à bien nous connaître... Pourquoi ne pas tenter le coup ? On arrive ensemble devant la maison... comme si tu m'aidais à porter les cadeaux. Le mari verra bien que tu m'accompagnes...

— D'accord, je resterai dehors pour t'attendre, ensuite...

— Ensuite, *Inc'h Allah !*

Nous préparons notre scénario, remplissons nos sacs et grimpons le sentier pour rejoindre la maison d'Habiba, la femme de Sahr Mat Khan. L'accès à la pièce d'habitation passe par le toit de l'étable que l'on atteint par une échelle. Arrivés au pied de la demeure, Roger me passe les sacoches une à une, puis, tranquillement, s'assied à côté de l'échelle, tandis que je monte les degrés. Habiba a vu la scène, je l'aperçois qui se penche vers son mari, échange avec lui quelques mots :

— *As salaam wa aleikum...*

— *Wa aleikum assalaam,* doctor Jaimy... Où est ton ami ?

Je souris à Sahr Mat Khan.

— Dehors... Il sait que seul le maître de la maison peut l'inviter à pénétrer chez lui.

— Dis-lui qu'il vienne, Jaimy, ma maison lui est ouverte...

La partie est gagnée. Je fais un signe à Roger qui nous rejoint aussitôt sur la terrasse. Alors, les deux hommes se font l'accolade et s'asseyent l'un à côté de l'autre, face au reste de la famille, comme si tout cela était parfaitement naturel. Le sourire de Roger fait plaisir à voir... Je ne suis pourtant pas au bout de mes surprises. Sahr Mat Khan se tourne vers moi.

— Jaimy, j'aimerais que tu fasses une photo de mes enfants avec ma femme et avec moi... Puis, le docteur Roger pourrait faire une photo de Jaimy avec nous... Les prochains médecins nous l'apporteront dans leurs bagages...

Les photos terminées, la mère choisit parmi les tissus que je lui ai apportés, les cotons à broder, les chandails des enfants... Ces derniers s'extasient devant les petites voitures, les poupées et les balles de caoutchouc mousse... Dommage que les amis de Paris qui m'ont permis d'apporter tout cela ne puissent voir, ne serait-ce qu'une seconde, la joie qui illumine le visage de ces gosses !

Trois semaines environ après notre arrivée, alors que nous sommes en train de prendre le thé avec Khon Afzal et Sultan Gul, des bruits de voix inhabituels nous attirent à l'extérieur. Ali Jan accourt vers nous, tout excité.

— Jelhal Uh Din et ses Mujahedin viennent d'arriver au village... Je crois qu'il y a un Européen avec eux.

Nos regards se croisent avec Isabelle, Roger et Jean-Pierre... Que vient faire ici le chef local du parti Esbi Islami ? Depuis le temps que ses hommes détiennent nos bagages, le moment est peut-être venu de lui demander des comptes... avec diplomatie, bien sûr... Quoi qu'il en soit, ses Mujahedin nous ont bel et bien lâchés dans la nature lors de notre premier passage et nous ne lui devons rien. C'est donc sans précipitation que nous nous avançons pour saluer le chef. Un homme s'est approché de nous.

— Bonjour les docteurs ! Vous êtes français, n'est-ce pas ? Je m'appelle Ken Guest.

Si la barbe et le turban avaient pu nous faire hésiter, le nom de notre interlocuteur et son pur accent d'Oxford balaient nos doutes.

— Bienvenue à Noorbuir... Vous êtes journaliste ?

— Oui, je fais des films super-huit... Si cela vous intéresse, je peux tourner une ou deux bobines sur votre hôpital.

— Pourquoi pas ? Cela ferait un document sympa pour M.S.F... D'accord !

À quelques mètres de nous, Jelhal Uh Din entouré de ses Mujahedin bavarde avec quelques hommes du village. Je regarde Jean-Pierre.

— On pourrait aller lui parler maintenant ? Tu viens avec moi ?

— Allons-y.

Le grand guerrier à la barbe noire nous tend une main

molle, le regard est fuyant. Quelques secondes de silence, puis Jelhal Uh Din mobilise son énorme stature et consent à nous adresser la parole d'un ton sec :

— Ne deviez-vous pas ouvrir l'hôpital dans mon camp ?

Ne montrer aucune faiblesse. Faire front, impassible. Nous sommes dans notre droit.

— Sans nos bagages et sans médicaments il nous est impossible d'aller nous installer chez vous... Or les visas que nous a accordés le gouvernement pakistanais viennent bientôt à expiration et les chameaux qui devaient convoyer notre matériel n'arrivent pas.

Jelhal Uh Din relève la tête, nous regarde l'un après l'autre.

— Ils seront là dans deux jours.

Quarante-huit heures plus tard, tous les sacs que nous avons dû abandonner quelques semaines plus tôt, à la frontière, sont là, sous nos yeux. J'avais bien cru ne jamais les revoir avant notre retour sur Paris.

De toute manière, il est trop tard maintenant pour que nous nous permettions de changer quoi que ce soit à nos plans, à supposer que nous en ayons envie ! Malgré l'arrivée des médicaments, nous devons songer très rapidement au départ, Isabelle et moi sommes confrontées au problème de la sortie du territoire.

Nouveaux adieux. Une fois encore il faut briser les liens avec mes amis, *nos* amis de Noorbuir. Partir, sans savoir si on reviendra.

Qu'importe ! Nous avons rempli au mieux notre mission malgré les péripéties du voyage. Elles nous auront au moins appris qu'il est de plus en plus difficile de traverser la zone tribale et de franchir la frontière. Elles nous auront également permis de méditer sur la fragilité d'une filière en béton et sur les problèmes à l'intérieur même des partis de résistance.

Restent ces êtres que nous laissons derrière nous, prisonniers, pour la plupart, d'un conflit qui les enferme dans l'atroce noria de la violence, qui risque de les éloigner chaque jour un peu plus du bonheur de vivre et des joies simples, douces comme le printemps qui renaît à Noorbuir, belles comme ce frêle bouquet de fleurs que Sultan Gul cachait derrière son dos et qu'il m'a tendu, presque timidement, la veille de notre départ.

DEUXIÈME PARTIE

I

« Vous, ma petite, je vous vois infirmière ! » m'avait dit un jour mère Marie-Pascale, une de mes surveillantes au collège Notre-Dame-des-Oiseaux. Curieusement, il ne rentrait d'ailleurs guère de tendresse dans cette affirmation un peu péremptoire. Une sévérité bourrue, plutôt, envers cette adolescente que j'étais et qui ne semblait pas parfaitement dans la norme. Une « meneuse », disait-on. Moi ! La timide !

Qu'importe ! Oui, infirmière, je l'étais devenue, par volonté, par désir, par passion. Cette même passion qui m'avait poussée vers le pilotage, le parachutisme et le sauvetage en mer. La soif de vivre une relation intense avec le monde qui m'entourait.

Je n'avais pu supporter le secrétariat médical, je m'étais inscrite, aussitôt le diplôme obtenu, pour un nouveau cycle de trois années à l'école des infirmières de la Croix-Rouge. J'y avais connu à la fois l'enthousiasme auprès des monitrices de l'école, et l'humiliation durant les stages en milieu hospitalier.

Être élève infirmière en stage signifiait (et c'est toujours vrai, je suppose) qu'il fallait souvent passer par une succession d'épreuves, de brimades quotidiennes savamment dosées... Il était loin, très loin parfois, l'idéal de générosité et de patience qui devait être le nôtre à l'issue de ces vingt-huit mois de formation. Chantages aux « rapports » de stage. Vexations jusqu'à l'écœurement. Le mariage de la méchanceté et de la bêtise donne de très vilains enfants. Que valaient la qualité et le sérieux de notre enseignement devant la mesquinerie de certaines surveillantes ? Je me souviens de l'une d'elles, en particulier, qui ne manquait jamais une occasion d'humilier les stagiaires. Elle y prenait même, de toute évidence, un certain plaisir.

— Que faites-vous ici, mademoiselle Constant ?

— J'étudiais le dossier de l'opéré de ce matin, madame.

— Allez donc vider les bassins.

— Je viens de faire le tour du service, madame, tout est en ordre.

— Alors recommencez et cherchez bien...

Mon regard avait croisé celui d'Anne... Anne Dufilho était une infirmière du service, une femme que j'appréciais pour la qualité des relations qu'elle savait établir avec les malades. Anne souriait, et, derrière ce sourire, je lisais : « Courage, Claire, tiens bon ! »

Eh oui, Anne, il fallait tenir bon. Et il fallait du courage, c'est vrai, face à la stupidité. Tu étais une des rares diplômées à ne pas prendre les stagiaires pour des bonnes à tout faire. Tu ne jouais pas le jeu ridicule de ces filles qui, après avoir « décroché » leur diplôme, se vengeaient sur nous des humiliations subies durant leurs études. Logique mesquine des médiocres : « Vous en baverez comme j'en ai bavé ! » Oui, nous étions loin, parfois, de l'amour du métier. Tu m'avais dit un jour : « Cet amour-là, elles ne l'entameront pas en toi ! »

Rien ni personne n'a pu l'entamer, en effet. Bien au contraire. À Médecins sans frontières, je l'ai vécu au plus juste de mon désir, malgré toutes les difficultés. Je n'irai pas jusqu'à dire à cause d'elles ! Et pourtant ! J'ai rarement senti, comme ici, s'effriter le mur des barrières sociales et des masques. À cause, peut-être, de l'urgence. Sans doute ne reconnaît-on vraiment le visage de la vie que dans l'urgence ?

En ce printemps 1981, j'avais retrouvé le chemin de l'hôpital de Passy dans lequel je travaillais avant ma première mission. On m'y avait accueillie, après plus de cinq mois d'absence, comme si j'en étais partie la veille. Je me souviendrai toujours avec tendresse de la réaction du directeur, le jour où je lui avais annoncé mon départ pour ma première mission avec Médecins sans frontières. Il n'avait évidemment élevé aucune objection. Nous avions parlé de ce choix, de ce que je comptais faire. M. Nemeyjëï m'avait soudain interrompue :

— C'est bien en Afghanistan que vous partez ?

— Oui, monsieur.

Il avait semblé soudain très préoccupé.

— Vous savez qu'il y a des Russes ?

Les circonstances n'étaient pas drôles, j'avais pourtant eu envie de sourire.

— Bien sûr...

— Et il y fait très froid !

Cela aussi je le savais.

M. Nemeyjëï avait gardé un instant de silence, puis ayant sorti son portefeuille, il en avait extrait un billet de cinq cents francs avant de se tourner vers sa secrétaire :

— Soyez gentille, mademoiselle, prenez ça et allez-lui acheter un chandail !

Et, s'adressant à nouveau à moi :

— Vous nous donnerez de vos nouvelles, n'est-ce pas ? et, à votre retour, vous serez évidemment la bienvenue ici.

Ce sont des gestes que l'on n'oublie pas.

— Claire ! On a téléphoné pour toi, Médecins sans frontières. Il faudrait que tu rappelles Gérard Kowut, son numéro est sur la table.

Nous étions à la mi-octobre. J'avais, bien sûr, maintenu le contact avec M.S.F. Il m'arrivait même de temps à autre de participer aux séances « d'information » données aux « partants » pour les missions afghanes.

Ce soir-là, je venais juste de rentrer de l'hôpital. Il était déjà assez tard... Que me voulait-on ? Une nouvelle séance d'information ? Je composai le numéro. À l'autre bout du fil, la voix de Gérard :

— Claire ! Merci d'avoir appelé... On aurait besoin de toi pour une mission.

— En Afghanistan ?

— Oui, en Afghanistan. Dans une autre région cette fois, en Hazaradjat... *

— C'est pour quand ?... et pour combien de temps ?

— Six mois... Départ dans trois ou quatre semaines... Il faudrait que l'on se voie.

— Hmm... Dis-moi, Gérard, pourquoi avez-vous prévu une mission aussi longue... Les partants seront nombreux ?

— Quatre équipes de deux, plus un autre médecin pour faire la navette entre les différents hôpitaux.

— Ça n'explique pas pourquoi la mission doit être si longue !

— Nous ne pouvons pas faire autrement, Claire. En plein hiver, à l'altitude où sont situés les villages hazaras, pas question de revenir avant la fonte des neiges... Mai, au plus tôt...

— Il s'agit des dispensaires que vous avez ouverts au printemps ?

— Oui, c'est ça. Les équipes viennent de rentrer. On a prévu un briefing avec eux pour faire le point.

— Écoute, Gérard, je ne peux pas te répondre si vite. Laisse-moi le temps de réfléchir. Six mois, ce n'est pas rien. À vrai dire, ce projet me semble même un peu fou ! Six mois emprisonnés par la neige, ça n'a rien d'évident.

— Bien sûr, Claire... Je sais... Écoute-moi, on aimerait bien que tu acceptes... Tu serais la seule de l'équipe à connaître déjà le terrain... et c'est indispensable qu'il y en ait au moins un.

— Je ne suis pas la seule à être allée en Afghanistan ! D'autres peuvent être intéressés... Au fait, c'est la pre-

* La population hazara descendant de la cavalerie Gengiskhanid en bataillon de mille hommes. Hazara veut dire : millier.

mière fois que vous décidez de laisser des équipes pour toute la période d'hiver ?

— En Hazaradjat, oui. Ces dispensaires ont été ouverts en mai... Il y a des besoins énormes dans les hautes vallées. On ne pourrait pas se permettre de laisser un vide maintenant. Surtout un vide aussi long.

— Compris. Écoute, Gérard, c'est un drôle d'engagement. Je ne peux pas te donner une réponse ce soir. Laisse-moi quelques jours. C'est possible ?

— C'est possible, j'attends ton coup de fil.

II

Était-ce tellement urgent ? Cette proposition ne pouvait-elle pas attendre demain ?

Je viens de raccrocher le combiné. Il me semble avoir reçu un choc. Je ressens un indéfinissable malaise, une sorte d'inquiétude. Presque de l'angoisse. Maman me regarde, un peu étonnée. Je dois la rassurer.

— On me propose de partir en mission... C'est plutôt une bonne nouvelle, non ?

Décider ? Sur quelles bases ? Avec quelles données ? Faire le point. Ce projet me semble sortir d'un rêve, et la réalité n'est pas un rêve. Le peu d'expérience acquise lors de mes deux premières missions ne m'a certes pas donné le pouvoir de juger globalement de la situation, mais au moins suis-je en mesure de me faire une idée de ce que la proposition de Gérard peut avoir d'inquiétant... L'Hazaradjat n'est pas le Paktia. En plein massif de l'Hindu Kuch, un grand nombre de villages sont situés au-dessus de 3 000 mètres d'altitude ; pour les atteindre, il faut franchir des cols à 3 500 ou 4 000 mètres, ce qui explique le total isolement de ces contrées durant la longue période hivernale. Au Paktia, l'hiver précédent, la température atteignait une maximale de moins 15 degrés... Qu'en sera-t-il en Hazaradjat ? Sans compter que nous ne serons plus en équipe de trois ou quatre, comme à Noorbuir, mais de deux ! Deux individus qui ne se connaîtront qu'à peine avant le départ et qui devront, bon gré mal gré, supporter six mois de vie commune sans aucune possibilité d'échapper à une éventuelle situation conflictuelle. Un risque terrible. Bien sûr, la préparation du matériel et du voyage prendra un peu de temps, mais il est difficile d'évaluer en quelques heures, même quelques jours, la capacité de deux êtres à faire front ensemble devant l'adversité. Tout se joue sur un coup de poker, et, si la donne est mauvaise, pas question plus tard de se tourner vers « l'autre », que l'autre se dérobe ou qu'il refuse le dialogue. C'est un des durs paris de ces missions : l'inconnu une fois de plus.

Je me souviens de quelques mots, lus dans le rapport de mission de Jean-Didier Bardy, qui est rentré fin août des montagnes de l'Hazaradjat ; évoquant le moment où le groupe se sépare pour rejoindre les différents dispensaires, Jean-Didier a noté : « Nous avons tous le cœur serré. Le groupe brisé, chacun se retrouve face à sa chacune, à soi-même et à l'adversité, et ce ne sont pas des mots. »

Or il ne s'agissait pour eux que d'une mission de deux mois, en été. Ce qui nous attend sera d'une autre nature : cent kilomètres de distance jusqu'à l'équipe la plus proche, huit cents kilomètres jusqu'au premier poste de téléphone international... la neige interdisant tout passage. La neige comme prison peut-être, car qui peut prévoir, à Paris, quelle sera la rigueur de l'hiver dans les hautes vallées de l'Hindu Kuch ?

L'appel de Gérard me place devant un choix difficile, je le sais. Un choix qui risque de me placer devant l'irréversible. Je suis confrontée à un moment fort de ma vie. Un de ces moments où un seul mot peut suffire à vous engager dans une aventure dont on ne se sent pas toujours maître.

Oui ? Non ? Et pourquoi ?

Oui, j'éprouverais une joie immense à retrouver ce pays que j'aime, ces gens que j'ai appris à connaître. Je ressens pourtant une sorte de vertige devant l'isolement qu'il va falloir affronter... bien que j'aie déjà envie de suivre une fois encore la voie que je me suis tracée, même si c'est aux dépens d'une partie importante de ma vie, celle de ma vie de femme.

— Il faudra bien qu'un jour tu arrêtes de partir...

J'entends mon ami me dire cette phrase. C'était au retour de ma seconde mission. Si j'accepte aujourd'hui, comment prendra-t-il ce nouveau départ ?

Ai-je le droit de faire souffrir ceux que j'aime au nom de mon propre bonheur et sous prétexte de me réaliser ? Moi seule peux répondre à cela. Et cette réponse viendra du refus ou de l'acceptation de la mission proposée par Gérard. Cela aussi, je le sais. Il y a quelques mois, j'avais répondu à mon ami :

— Cela ne fait même pas un an que j'exerce mon métier comme je le souhaitais depuis longtemps. Avant même de commencer mes études d'infirmière, je rêvais déjà de vivre ce que je vis maintenant, et tu voudrais que j'arrête ?

— ... Lorsque tu auras des enfants, tu continueras à partir en mission ! Ça porte un nom, cette fuite perpétuelle, ça s'appelle abandon du domicile familial.

Nous étions-nous vraiment compris jusqu'alors ?

— Si j'ai des enfants, c'est que j'aurai décidé d'en avoir... Alors je serai totalement responsable d'eux... Il y a un temps pour être mère et un temps pour aller jusqu'au bout de certains engagements... Pour l'instant, je n'ai pas encore choisi celui de la maternité. Lorsque ce choix-là viendra, je saurai l'assumer. Totalement.

— Tu dis cela, mais je suis sûr que, si on t'appelle, tu partiras à nouveau... Tu ne sais pas dire non... C'est plus fort que toi.

— Si tu es certain de cela et si je te fais souffrir, alors pourquoi restes-tu avec moi ?

— Il y aura bien un moment où tu seras obligée de choisir, Claire, un moment où ce sera ton métier ou...

— Mon métier ou toi ? C'est ce que tu veux dire ?

— Oui

— Et si j'aime *aussi* mon métier ? As-tu pensé à cela ? Tu vois, je crois profondément qu'aimer un être, c'est vouloir qu'il soit heureux... et c'est aussi l'aider à s'épanouir dans ce qu'il aime...

Ma décision d'aujourd'hui sera lourde de conséquences. Pourtant, y a-t-il des choix graves sans une part de douleur ? Si je pars, je devrai rendre à mon ami sa liberté. Quoi qu'il m'en coûte. L'être aimé n'est pas un meuble que l'on retrouverait au retour de missions. Il va donc falloir choisir, définitivement.

Les jours passeront. Deux semaines durant lesquelles je ne trouve même plus le sommeil. Autour de moi, les miens ne sont pas dupes de mon calme apparent.

J'ai étudié une carte de l'Afghanistan afin de situer notre massif d'accueil et les zones possibles d'accès et de retraite... À l'est, Kaboul, dont l'approche serait pour le moins risquée ! Au nord, quelques plaines difficiles et dangereuses, vu la proximité de la frontière soviétique. Nous serions donc limités, à l'ouest, par l'Iran, terre d'accueil délicate pour les non-musulmans, et, au sud-sud-ouest, par le grand désert de sable du Seistan... Je repense au temps passé dans le Paktia où la nourriture se résumait, en hiver, au pain trempé dans la graisse ou à l'assiette de dâl... Nous avions remarqué, Philippe et moi, qu'à ce régime nos forces déclinaient rapidement malgré l'ingestion massive de multivitamines... Alors quel sera notre état à l'issue de six mois de malnutrition ? Serions-nous capables, si cela se révélait nécessaire, de parcourir à pied les centaines de kilomètres qui nous séparent de la frontière. Serait-ce même possible ? J'en doute. D'après mes informations, de décembre à fin mai, aucun véhicule ne peut circuler en Hazaradjat... La neige est trop profonde. Les bêtes elles-mêmes sont incapables de franchir les cols. Chaque équipe n'aura plus qu'à prier le ciel qu'aucune urgence chirurgicale ne l'oblige à rapatrier l'un des siens sur le Pakistan.

L'Afghanistan m'a envoûtée. J'ai envie de découvrir un autre aspect de ce pays. Envie de me confronter une fois de plus à cette expérience qui m'a tant apporté... Faire partie de la première équipe basée en hivernale au cœur du massif montagneux et, plus tard, connaître à nouveau le bonheur et la fierté d'avoir mené à bien la mission confiée... Pourtant, ce bonheur et cette fierté ne seront qu'une piètre consolation pour ceux que j'aime et qui attendront de longs mois sans nouvelles...

Que dois-je décider ? Deux voix en moi ne cessent, des nuits durant, de s'interpeller. Je me sens seule. Acteur, juge et témoin, dans mon tribunal intérieur, d'un procès difficile, mais dont je sens peu à peu qu'une des parties sortira vainqueur : celle qui me pousse inexorablement à choisir la passion contre la raison. À aller jusqu'au bout du voyage.

— Gérard ?

— Claire ? J'attendais ta réponse. Alors ?

— Je pars. Quand se tient le briefing ?

— Je suis très heureux de ta décision... Viens demain soir à M.S.F., il y aura les membres des équipes précédentes et les partants.

— Sais-tu avec qui je ferai équipe ?

— Non... Pas encore... Je te ferai choisir après le briefing.

— Tu en as de bonnes ! Ce n'est quand même pas la foire à la brocante, vous devez les connaître mieux que moi !

— Pas tellement. À demain ?

— À demain.

« L'ethnie hazara est l'ethnie paria de l'Afghanistan... de race mongole et de religion chiite, ce peuple a été traditionnellement opprimé et méprisé, bien avant les derniers événements, par les autres ethnies du pays, surtout par les Pachtous, de religion sunnite, au pouvoir à Kaboul... Pour toutes ces raisons, l'Hazaradjat pourrait apparaître comme une province un peu à part, avec sa propre organisation, surtout en ce qui concerne les partis de résistance... »

Nous sommes une bonne douzaine dans les locaux du boulevard Lefebvre, la séance d'information sur l'Hazaradjat vient de commencer. Outre les membres des équipes qui viennent de passer six semaines d'été dans les vallées de l'Hindu Kuch, il y a les « candidats » au départ pour les six mois d'hiver. Tout le monde ne partira peut-être pas, mais c'est une habitude de la maison de garder, jusqu'au dernier moment, un certain éventail pour choisir ceux qui semblent, après quelques heures d'entretien, correspondre le mieux à l'esprit de la mission.

Gérard termine son exposé... Cadre général, particularités du peuple hazara, situation politique de ces dernières semaines, emplacement de nos différents dispensaires. Puis, c'est au tour de quelques membres des équipes rentrantes de nous brosser un tableau de leur expérience et de nous donner des conseils pratiques sur ce qui leur semble indispensable à emporter.

— Chargez-vous le moins possible. Il y a tout ce qu'il faut sur place... Partez en Adidas, c'est idéal pour marcher... Pour s'intégrer au monde musulman, mieux vaut ne pas emporter de cassettes ou de livres... Cela vous aidera à faire le vide, à vous débarrasser un peu de vos habitudes d'Occidentaux, à être plus réceptifs au monde qui vous entourera, à bien vous pénétrer du mode de vie musulman...

Assise dans un coin de la salle, j'écoute avec quelque stupeur le flot de conseils généreusement dispensés par les représentants des équipes fraîchement débarquées. De toute évidence, ils semblent faire abstraction d'un facteur essentiel que leur expérience limitée ne leur a pas permis de connaître : la rigueur de l'hiver afghan. Ils ont vécu là-bas durant la saison bénie où la température est clémente, les arbres fruitiers généreux, les routes sèches et ouvertes aux véhicules qui peuvent circuler sans problème sur l'ensemble du massif, ce qui leur a permis de ne pas perdre le contact entre eux durant tout le temps de leur mission... Notre réalité à nous sera bien différente.

J'observe l'un après l'autre mes futurs compagnons. Ils se sont présentés au début de la réunion. Alex Maire est littéralement enfoncé dans l'un des fauteuils du bureau : jeans, chemise Lacoste et escarpins en cuir, la tête inclinée sur la main, ses doigts jouent dans les boucles de ses cheveux bruns, sa jambe croisée semble animée d'un mouvement incessant. Non loin de lui, François Boussand, un autre grand garçon brun aux cheveux bouclés et au visage fin, dont les yeux balaient la pièce comme s'ils suivaient le rebond d'une imaginaire balle de tennis, se mord sans arrêt les lèvres et l'intérieur des joues. Il rentre d'une mission en Afrique, avec Christine Geodfroy, dite Chouchou, sa bien jolie compagne à la longue chevelure châtain, tressée d'un ruban de velours rouge. Chouchou est assise sur une chaise, dos à la table... depuis dix bonnes minutes elle s'acharne sur les peluches de son collant de laine... Jean-Luc *, blond aux yeux bleus que sa grande taille oblige à se tenir un peu voûté, vêtu d'un pantalon marron clair et d'un chandail beige. Assis par terre, à l'écart du cercle, il se balance d'avant en arrière en griffonnant sur une feuille de papier. Pascal, la trentaine, le crâne un peu dégarni, bien calé sur une chaise de dactylo, s'est plongé dans l'examen minutieux de son stylo. Michèle, enfin, une petite brunette, semble la seule à garder les yeux fixés sur ceux qui parlent.

Deux des « partants », Sylvie Huet et Bertrand Madelin, sont déjà au Pakistan.

Curieuse ambiance... Mes « compagnons » arborent des moues songeuses ou sceptiques selon les cas... Apparemment ils ne paraissent guère enchantés de ce qu'on leur propose, sans trop oser montrer leur déception... J'ai le sentiment qu'une foule de questions restent et resteront non formulées. Le ton un peu péremptoire des « anciens » et leur manière de minimiser les problèmes y sont sans doute pour quelque chose. Je suis, pour ma part, passablement agacée... Une mission M.S.F. n'est

* Prénom fictif.

tout de même pas un séjour de dépaysement au Club Méditerranée... Pourtant, c'est un peu de cette manière que l'on nous a présenté les choses...

— Vous n'avez plus de question ?

À vrai dire, il n'y en a pas eu beaucoup !

— Bien... Alors bon séjour, et bonne chance !

Quelques poignées de main et nous nous retrouvons bientôt « entre nous »... Sept candidats à une aventure dont le moins que l'on puisse dire est qu'elle ne semble pas commencer dans la joie. Chacun s'est enfermé dans ses pensées. Pas facile de rompre un silence aussi pesant. C'est Chouchou qui se lance à l'eau, un large sourire et un soupçon d'ironie, juste ce qu'il faut pour dissiper le malaise ambiant.

— C'est gai, non ?

À mon tour de me jeter à l'eau. Ne serait-ce que pour mettre les choses au point, rétablir quelques vérités. Si je suis là, c'est *aussi* à cause de mon expérience de deux missions hivernales. Le Paktia n'est pas l'Hazaradjat, soit, mais je peux tirer des enseignements très concrets de ce que j'y ai vécu. Je suis un peu gênée — ma vieille timidité qui refait surface —, tant pis.

— Non, ce n'est pas très gai. Je crois que ça peut quand même s'arranger ! J'aimerais me présenter : Claire Constant. Nous devons partir ensemble... Pour ce qui me concerne, ce sera ma troisième mission dans ce pays... Les deux premières se sont également passées en hiver, l'an dernier. Si cela vous intéresse, j'aimerais vous donner mon avis sur la manière de préparer notre départ.

Quelques « bien sûr », « évidemment », « on t'écoute »... L'atmosphère s'est un peu détendue. Chouchou a laissé son collant tranquille. Alex vient de décroiser les jambes et se penche en avant, les coudes sur les genoux. François cesse ses grimaces crispées.

— Je ne suis pas tout à fait d'accord avec ce que nous venons d'entendre... Alors, on efface tout et on recommence ! Il faut absolument emporter le maximum de vêtements chauds et légers à la fois... des vêtements faciles à faire sécher le soir... Prenez de bonnes chaussures ou des bottes de neige... Attention, le poids est impératif, nous aurons sans doute de très longues heures de marche à assurer... Quant à ce qui semblait « superflu » à nos prédécesseurs, je crois qu'il deviendra vite, pour nous, un *nécessaire.* Nous allons avoir six mois pour nous imprégner des coutumes des gens de l'Hazaradjat et approfondir nos contacts avec la population... Et c'est vrai qu'il faut y être attentif, là, ils ont raison. Seulement, en hiver, la nuit tombe à dix-sept heures ou dix-sept heures trente... et tous les gens sont chez eux depuis longtemps... Très peu d'entre eux sortent le soir... Parfois, d'une maison à l'autre, et encore, presque jamais les femmes, en tout cas pour de longs trajets, car il y a deux ennemis terribles en dehors de la guerre : le froid et les loups. Nos soirées commenceront donc à dix-huit heures.... C'est long. Et les équipes seront réduites à deux personnes... Nous aurons certainement beaucoup de choses à nous dire les premiers temps, mais ensuite ? les périodes de silence vont exister... Et c'est là que les livres deviennent utiles. Pour « tenir » longtemps, je suis persuadée qu'il faut emporter le maximum d'objets qui peuvent nous faire plaisir ou nous rassurer... des cassettes de musique aux tablettes de chocolat en passant par tout ce que vous aimez. Encore une fois, l'équipe du dispensaire doit tenir six mois ! Et, si possible, en bonne harmonie. C'est en étant bien nous-mêmes que nous serons le plus efficaces vis-à-vis de la population. C'est peut-être une évidence, mais il est bon de temps en temps de rappeler les évidences. Personne n'est vraiment disponible s'il est en manque de quelque chose... Gare aux périodes de déprime ou aux abcès de fixation. Il vaut mieux y penser avant ! Bien sûr, avec le temps et la disponibilité, nous nous ferons des amis afghans et nous serons moins seuls. Cela ne se fait pourtant pas systématiquement et jamais du jour au lendemain... Que nous partagions leurs jeux, leurs chants, leurs veillées, c'est une chose ! Mais il faut le temps de l'apprivoisement. Et celui-ci peut être long, très long. Alors partez avec tout ce qui vous permettra de vous accrocher. De tenir. À moins d'être très fort, personne ne peut se lancer dans une telle aventure en ne s'accrochant à rien... au vide. On n'accroche pas son cœur au vide. Excusez-moi d'avoir parlé si longtemps... Je voulais simplement vous faire partager mon expérience, vécue l'année dernière alors que nous étions trois, puis quatre dans l'équipe. À cette époque-là, tout le « superflu » que nous possédions était comme un trésor mis en commun, un lien de complicité partagée. Lorsque nous avions des visiteurs, ils devenaient l'occasion d'une fête... Et Dieu sait si nous avions besoin de fêtes... Je voulais ajouter ceci, qui vous fera peut-être sourire, car c'est encore une évidence, mais j'ai l'impression qu'on l'oublie un peu trop facilement : c'est dans un pays en guerre que nous allons. Il faut le savoir et savoir ce que cela veut dire... Il faut savoir également que si la résistance afghane a besoin de nous, elle nous fait parfois payer très cher nos services. De cela non plus il ne faut pas être dupe... Voilà, faites maintenant comme vous l'entendez. Mon intervention reste évidemment tout à fait personnelle !

François esquisse un grand geste de dénégation.

— Pas du tout, au contraire. Je préfère entendre ce langage-là plutôt que celui qui nous assure que tout va pour le mieux.

Alex s'est levé.

— Moi aussi je préfère ça ! On pourrait peut-être faire le point à partir des informations de Claire ?

La conversation s'est soudain animée : qu'emporte-t-on ? Que veut dire, pour chacun, nécessaire et superflu ? Encyclopédie de médecine et transistor, soupes en sachet et dictionnaire Vidal, spaghetti ou saucisson sec ? Qu'importe ! L'essentiel n'est-il pas d'emporter ce qui permettra, tel soir de cafard, tel jour de fatigue, de se réconcilier avec le sourire...

L'ambiance de notre réunion tourne bientôt à la

détente, aux rires ; une certaine complicité nous lie déjà. Il me semble que nous sommes en train de conjurer par avance quelque mauvais sort.

Claude Malhuret vient de faire irruption dans la pièce. Il me fait, de loin, un signe de la main.

— Claire, tu peux venir une minute ?

— J'arrive.

Je le suis dans le bureau. Il ferme la porte sur lui et observe un moment de silence.

— Ça va ?

— Ça va, Claude, il me semble que vous devriez quand même informer les postulants d'une manière un peu plus sérieuse.

— Écoute... Ni Francis ni moi ne nous occupons malheureusement plus du département Afghanistan... et je n'ai suivi ni l'information ni les préparatifs de cette mission.

— Bien sûr, l'organisation d'une mission est difficile, mais on n'a pas le droit de laisser des gens partir sans leur avoir dit ce qui les attend... Quitte à noircir le tableau comme vous l'aviez fait pour nos premières missions... La réalité sur le terrain est suffisamment complexe, suffisamment dangereuse, parfois, pour que l'on ne mette pas toutes les chances du côté des partants. La réussite ou l'échec d'une mission commence à Paris. J'en suis de plus en plus persuadée.

— Évidemment. Et c'est justement pour cela que j'ai insisté pour qu'un des membres, au moins, soit familiarisé avec le contexte... J'ai été très heureux que tu acceptes de repartir. À cause de cela, entre autres... Bon, il va falloir songer à former les équipes. Gérard a dû partir rapidement. Il m'a chargé de voir avec toi si tu avais des préférences pour le dispensaire...

— C'est vous qui choisissez... mais je suis assez intéressée par Besud ou Turkmen, le dispensaire le plus éloigné...

— En fait, Gérard avait pensé à toi pour Turkmen. Et, comme coéquipier, tu choisirais qui ?

Difficile de se faire une idée en si peu de temps. J'ai bien trop conscience de ce que peuvent signifier six mois sans autre alternative que la coexistence quotidienne forcée pour ne pas ressentir un peu d'inquiétude à devoir désigner un compagnon de travail sur des critères aussi légers.

— J'ai l'impression que Pascal parle beaucoup... Je crois qu'il s'attend à des interventions spectaculaires, passionné comme il est d'ostéosynthèse... Il risque d'être déçu par la médecine qui nous attend là-bas. Alex donne l'impression d'être plein de gaieté et d'enthousiasme, un peu trop même ; j'aurais bien choisi François, mais il est déjà pris ! Reste Jean-Luc, ses questions ont toujours été sensées et il semble discret. Il a déjà de l'expérience ?

— Oui, trois mois au Tchad.

— C'est un atout.

— D'accord pour Jean-Luc, Claire. De toute façon, avec son expérience en chirurgie, il devait aller soit à Besud soit à Turkmen. Pascal aura l'autre poste à risque chirurgical.

III

12 novembre 1981. *Le vol Air France 188 pour Pékin via Karachi est prévu à dix-huit heures trente. Nous ne sommes pas au complet. Il manque Michèle et Pascal qui sont arrivés à quatorze heures et doivent dédouaner de la Baralgine *.*

Nous regagnons néanmoins nos satellites. Dernières courses au duty-free et nous embarquons à bord de l'appareil. Finalement l'équipe complète est au décollage.

Arrivée à Karachi à deux heures trente, heure de Paris, six heures trente, heure locale. Nous mettrons une heure trente à récupérer nos bagages et à passer la douane. Sauf Pascal dont les sacs restent invisibles... et pour cause : l'hôtesse les a enregistrés pour Pékin ! Michèle reste avec lui pour attendre le retour de l'avion. Nous les quittons pour rejoindre la gare avec nos 600 kilos de bagages, et prenons le train jusqu'à Quetta : vingt-trois heures de trajet. Épuisant chargement des 600 kilos, de la consigne au quai correspondant, puis du quai au wagon. Compartiment ridiculement petit où s'entassent sept « touristes » plus deux Pakistanais et les bagages...

★
★ ★

Avant le départ de Paris, nous avons passé de longues heures dans l'entrepôt de Médecins sans frontières, pour le choix des médicaments et leur déconditionnement. Le temps, pour moi, de revivre les quelques heures passées

---

* Médicament antalgique.

l'an dernier avec Philippe et Bernard. Notre expérience de Noorbuir nous aura permis d'établir quelques statistiques et de prévoir une partie (le reste sera acheté à Quetta) de l'arsenal pharmaceutique à emporter en Hazaradjat en fonction de la pathologie rencontrée au cours de nos premières missions : pourcentage énorme d'affections ostéo-articulaires, pleuro-pulmonaires et digestives, sans compter, évidemment, la traumatologie : blessures, plaies, brûlures... et les atteintes de type dermatologique, neurologique et ophtalmologique... Cela justifie amplement le volume et le poids de nos bagages dans lesquels nous avons, bien sûr, compté nos effets personnels et tout ce qui, pour chacun d'entre nous, constitue le petit trésor personnel qui lui permettra, peut-être, de mieux « tenir ».

Le voyage de Karachi à Quetta nous mettra vite, mes compagnons et moi, dans l'ambiance de cette aventure qui commence.

★
★ ★

13 novembre. *À chaque arrêt du train, des marchands ambulants nous offrent fruits, grains, beignets, le tout sur des plateaux le plus souvent couverts de crasse et de mouches. Des aveugles, des infirmes viennent s'agglutiner autour des wagons pour mendier quelques roupies : cour des miracles ferroviaire...*

Une certaine intimité s'installe dans notre compartiment. Chacun case ses pieds où il peut. Nous nous reposons deux ou trois heures à tour de rôle sur une sorte de couchette que nous avons aménagée... Nous arriverons à Quetta après avoir traversé des paysages magnifiques, palmeraies, désert du Baloutchistan, montagnes arides qui se découpent sur l'horizon dans la pureté d'un ciel immensément bleu.

★
★ ★

— M.S.F. ?

Le grand garçon châtain, à la barbe claire et vêtu à l'afghane qui vient de s'approcher de nous, à notre descente du quai, dans la gare de Quetta, ressemble à un conspirateur cherchant d'autres complices. J'ai envie de sourire ! Sept Européens fourbus, lestés de 600 kilos de bagages, ne doivent pas passer inaperçus et il n'est pas besoin d'être grand détective pour nous repérer dans la foule des voyageurs pakistanais.

Eh oui ! Nous sommes de M.S.F. ! Mission Hazaradjat au presque grand complet, un peu fatigués, un peu sales, le cœur barbouillé et les yeux gonflés de sommeil, mais présents ! Notre confrère nous serre la main.

— Je suis Bertrand Madelin... On doit partir ensemble... Pas trop crevés ? Je vais vous conduire à l'hôtel.

Bertrand et Sylvie, un autre médecin, sont à Quetta depuis quelques jours, après une mission qu'ils avaient prévue au Nouristan. Nous nous entassons dans une camionnette Volkswagen. Direction le Bloom Star Hotel qui, malgré ses étoiles, est un assez médiocre établissement. Nous passons un grand porche et stoppons dans une petite cour intérieure. Le préposé de la réception trône derrière son bureau. Bien que nous soyons attendus, notre arrivée semble faire son petit effet.

— Vos passeports, je vous prie.

Depuis l'embarquement à Paris, nous avons eu amplement le temps de nous habituer au petit jeu du « papiers s'il vous plaît », réclamés dans des langues diverses et avec plus ou moins de courtoisie... Dans quelques heures, la police locale saura à qui ressemblent les nouveaux locataires du Bloom Star. Nous tendons nos papiers à l'employé de la réception. Coup d'œil sur la rubrique « profession » : médecin, médecin, infirmière, médecin...

L'homme lève la tête, nous regarde l'un après l'autre.

— Et vous êtes à Quetta pour quoi ?

Nous répondons avec un ensemble parfait :

— Tourisme !

— Ah !...

Personne ne dupe personne, mais les apparences sont sauves. Dans quelques minutes, un des garçons d'étage qui souffre de migraines viendra demander aux « touristes » s'ils n'ont pas un comprimé pour calmer sa douleur...

Nous rêvons tous d'une bonne douche. Malheureusement, la robinetterie du Bloom Star ne délivre son eau qu'avec parcimonie. Nous en ferons les frais, rejouant le vieux gag, vu et revu cent mille fois dans les films comiques, du personnage savonné de la tête aux pieds et auquel la douche ne fait même plus l'aumône d'une goutte d'eau pour le rincer. Nous défilerons donc, les uns après les autres chez Bertrand, le seul à posséder une installation sanitaire à peu près digne de ce nom.

Nous passons les premières heures de l'après-midi à changer en roupies pakistanaises une partie de l'argent qui nous permettra d'acheter, entre autres, le complément de médicaments dans les nombreuses pharmacies de Quetta et le matériel nécessaire pour chacun de nos dispensaires.

Notre passage en Afghanistan doit être assuré par les Mujahedin de l'Etkhadia, un des importants partis de résistance de l'Hazaradjat, créé durant l'été 1979 par Hadji Ghulam Rassul qui en est encore le chef. Nous savons que l'unité à l'intérieur de la résistance est loin d'être acquise. Les vieilles querelles entre les ethnies restent très vives, même si on les oublie parfois pour faire face à l'ennemi commun.

Les Mujahedin hazaras ont leur organisation propre. À la base, dans chaque village de quelque importance, ont été formés des comités, appelés *Anjomans,* placés sous la responsabilité d'un commandant de la sécurité, souvent chef suprême de l'Anjoman, auquel sont adjoints un juge islamique et un commandant militaire. Depuis août 1979, les différents chefs des Anjomans ont créé la *Shura Ettefaq Enquelab Islami Afghanistan,* c'est-à-dire l'Assemblée de l'unité de la révolution islamique afghane, dirigée, à l'époque, par un président élu pour trois ans, Agha I Behesti.

En fait, la Shura apparaît comme le symbole de l'unité des musulmans chiites hazaras, non seulement face à l'envahisseur étranger, mais face, également, à la majorité sunnite (l'ethnie Pachtou en particulier), aussi bien celle au pouvoir à Kaboul que celle qui anime, à partir de Peshawar, un certain nombre d'autres mouvements de résistance. Rien de très étonnant que cette minorité religieuse, historiquement méprisée, sinon opprimée, ait les yeux fixés sur l'Iran chiite de Khomeyni : *Allah Akbar... Khomeyni Akbar... America nabut... Islam piroz... Shuravi dushman...* « Allah est le plus grand... Khomeyni est le plus grand... À bas l'Amérique... Vive l'Islam... Combattons les Soviétiques... » Tels sont les slogans chers aux Mujahedin hazaras. Le portrait de Khomeyni orne même les murs des mosquées et autres bâtiments publics. Le contexte, au Paktia, était un peu différent, il faudra en tenir compte.

Bertrand nous informe que nous préparerons notre départ, loin du Bloom Star, dans une maison de la banlieue de Quetta, mise à notre disposition par Abdul Smahel *, un jeune Pakistanais qui montre quelque sympathie pour l'Europe et pour notre action. Nous devons dîner chez lui demain soir.

Il doit être dix-sept heures, ce samedi 14 novembre, et nous sommes quelques-uns dans la cour du Bloom Star, lorsqu'une Land-Rover stoppe à quelques mètres de nous. Les passagers qui sortent du véhicule semblent complètement épuisés. Ils descendent l'un après l'autre, étranges voyageurs blancs de poussière, dont les yeux rougis par le sable et le vent s'éclairent tout de même d'un sourire en nous apercevant.

Nous nous avançons vers eux. Nul besoin de longues présentations. Les compagnons qui nous tendent la main

---

* Nom fictif.

sont des médecins de M.S.F. arrivés tout droit des montagnes de l'Hazaradjat, avec deux semaines d'avance sur le planning prévu.

Bertrand s'inquiète aussitôt :

— Qu'est-ce qui se passe ? Vous avez eu des ennuis ?

— Plutôt, oui...

Quelques silhouettes s'encadrent déjà dans l'embrasure des fenêtres du Bloom Star. Comme à Peshawar, la curiosité de certains « touristes » de Quetta dissimule très mal leur appartenance à un quelconque service de renseignements. Nous avons beau être déjà repérés, inutile de nous livrer davantage à l'attention des curieux en tout genre.

— Ne restons pas là, montez dans ma chambre.

Nous nous retrouvons tous chez Bertrand : équipes montantes, équipes descendantes, les « anciens » et la « relève », quinze médecins et infirmières serrés dans les quelques mètres carrés d'une des chambres d'un hôtel de Quetta... Quinze médecins et infirmières, dont huit s'apprêtent à passer six mois dans le terrible isolement de l'hiver afghan et dont six viennent de vivre des heures difficiles.

C'est Arnaud Bourdé et Henriette Chamouillet qui, les premiers, nous apprennent ce que nous ignorions encore : l'hôpital de Jaghori, leur hôpital, vient d'être bombardé par les Soviétiques. Il n'en reste rien, eux-mêmes n'ont échappé à la mort que grâce à une extraordinaire intuition. C'est Henriette qui, la première, entame le récit des événements.

— Le 28 octobre, en début d'après-midi, j'étais occupée à soigner un malade sur la terrasse de l'hôpital. Arnaud était parti dans un autre village. Soudain, un hélicoptère a foncé droit sur nous, surgissant de derrière la montagne. Nous avons tous eu le temps d'apercevoir les lance-roquettes avant de nous jeter à terre... Les Mujahedin des collines avoisinantes ont ouvert le feu à la mitrailleuse... Le pilote a immédiatement fait volte-face et lâché ses bombes sur eux, sans faire d'ailleurs aucune victime. Lorsque Arnaud est rentré, nous avons décidé d'évacuer les malades et de transférer tout l'équipement dans une maison éloignée. Les Mujahedin se moquaient de nous, je crois qu'ils ne prenaient pas cette attaque au sérieux... Moi, j'étais absolument certaine que c'est nous qui étions visés et qu'ils reviendraient. Quelques jours plus tard, nous avons été rejoints par trois équipes, dont celle de Turkmen et celle de Nawur qui venaient passer deux jours avec nous. L'hôpital était bien plus confortable que la maison dans laquelle nous avions installé nos malades, et pourtant nous avons tous décidé de dormir dans cette nouvelle demeure ! Une chance extraordinaire ! Le lendemain matin à six heures trente très exactement, trois hélicoptères MI 24 sont venus bombarder l'hôpital... Cette fois-ci, ils ont réussi leur coup. Dix minutes plus tard, le dispensaire n'était plus qu'une ruine.

— Ils n'ont touché que l'hôpital ?

Arnaud reprend :

— Ils ne visaient que lui. C'est absolument certain. C'était leur unique objectif... Aucune autre maison, aucun point stratégique, comme le pont qui relie Jaghori à la route rejoignant la frontière pakistanaise, n'a été touché... Apparemment, nous ne sommes pas les seuls dans ce cas. Des Migs ont, paraît-il, rasé un dispensaire de l'A.M.I. dans la vallée du Panshir ; heureusement l'équipe médicale avait pu évacuer le bâtiment. Personne n'a été touché là non plus. Un autre hôpital de l'A.M.I. a été détruit à Mangrahar... Là aussi l'équipe s'en est tirée. Mais cela relève d'une stratégie extrêmement précise : les Russes veulent à tout prix nous faire partir... Nous sommes doublement gênants, comme médecins et comme témoins.

Nous sommes atterrés. Jusqu'à maintenant les dispensaires avaient été épargnés. Cette volonté de destruction systématique n'est évidemment pas due au hasard. Les Soviétiques ont, semble-t-il, effectivement décidé d'éliminer les hôpitaux avec l'évidente volonté de chasser les médecins étrangers du territoire afghan.

Nos confrères de Jaghori ont placé leur matériel en lieu sûr et déménagé plusieurs fois le centre de soins. Ce sont des Mujahedin qui viennent de les ramener à Quetta avec les autres équipes de l'Hazaradjat... L'une des jeeps a même été bloquée par une colonne de chars et ses occupants obligés de se cacher plusieurs jours.

Le silence qui suit est très lourd. Chacun d'entre nous tente de faire le point. Ce que viennent de nous apprendre les confrères qui terminent leur mission peut remettre en cause la décision de certains d'entre nous, qui préféreront repartir en France plutôt que risquer leur vie dans un pays où la guerre ne fait que s'intensifier, où les occupants, non contents de s'en prendre à la population civile, s'attaquent maintenant délibérément aux organisations humanitaires, au mépris des conventions internationales.

De toute manière, nous devons prévenir Paris par télex, informer M.S.F. de la situation. Sans doute nous laisseront-ils l'entière liberté de choix. Nous sommes samedi. Les bureaux de Paris n'ouvriront pas avant lundi à dix heures. Cela nous laisse le temps de prendre notre décision. Confronter le oui, le non, le si, le peut-être que, le quoi qu'il en soit... Nous confronter à nous-mêmes. Déjà Pascal et Michèle ont décidé, quant à eux, d'abandonner la partie. Ils rentreront à Paris avec les partants.

Les autres restent.

François, Chouchou, Alex, Sylvie, Bertrand, Jean-Luc et moi avons décidé de poursuivre la mission. Notre place est ici, nous partirons dès que possible. Bertrand accompagnera chacun d'entre nous, puis fera la navette entre les équipes pour servir de « lien » entre les différents dispensaires. Servir de « facteur » aussi !

Nous devons faire vite. Dans quelques jours, nous risquons de connaître les premières chutes de neige.

*
* *

Lundi, mardi, mercredi, jeudi 19 novembre 81. *Les jours qui suivent se passent à préparer le départ, acheter du ravitaillement (tout ce que l'on ne peut pas trouver à l'intérieur du pays). Le bazar de Quetta est un fouillis où l'on perd beaucoup de temps avant de trouver ce que l'on cherche... le contraire de Peshawar.*

Vendredi 20. *Jean-Luc nous réveille à huit heures car il faut aller remplir les bagages chez Abdul Smahel. Dix malles que nous devons hisser à six pour les caler sur le camion. Ce premier jour, nous roulerons seize heures d'affilée. Sylvie et moi sommes devant, Bertrand et Jean-Luc derrière avec une quinzaine d'autres types qui cachent un peu ces têtes européennes. Chouchou et François sont dans le grand camion chargé de toutes les malles.*

*
* *

Nous mettrons quatorze jours avant d'atteindre Turkmen, dernière étape de notre voyage, dernier dispensaire de la mission où nous séjournerons, Jean-Luc et moi, après avoir laissé Alex et Sylvie, puis Chouchou et François dans leurs hôpitaux respectifs.

Première grande étape : Quetta-Jaghori : 600 kilomètres dont 60 seulement de route goudronnée, guère plus de huit heures de sommeil et quatre repas en trois jours.

Nous donnerons nos premières consultations au hasard des haltes ou des pannes... Pas trop de problèmes aux postes de police ni à la frontière gardée par un enfant. Avant cette fameuse frontière, Chouchou et François feront malgré tout les frais d'une fouille en règle de leur camion, un véhicule antédiluvien frappé d'une étoile rouge soigneusement grattée et percé çà et là de quelques impacts de balles. Nous les relaierons, Bertrand et moi, sur leur étrange véhicule car ils n'ont pas encore tout à fait l'air du pays...

Passé la frontière nous aurons aussi quelques ennuis durant la traversée de la plaine Kaboul-Kandahar, avec des Mujahedin d'autres ethnies. Les trois tonnes de médicaments et de matériel que nous avons chargés à Quetta ne peuvent pas ne pas attiser de sérieuses convoitises... et l'Union sacrée n'existe pas !

Curieusement, nous aurons même une longue « discussion » avec certains guerriers d'une des factions de résistance, venus nous tirer du sommeil dans une tchaï-khana où nous voulions passer la nuit : coups de pied dans le dos et dans les côtes. Nous sommes conduits dans une maison remplie d'hommes en armes pour y être interrogés trois heures durant sur nos idées politiques et nos convictions religieuses. À un moment, l'un d'eux nous lance, le regard plein de haine :

— Êtes-vous envoyés par le nouveau gouvernement communiste ?

— Notre nouveau gouvernement n'est pas communiste, mais socialiste...

— C'est pareil ! Vous acceptez des communistes dans votre gouvernement !

*
* *

Jeudi 26 novembre. *Autre événement et non des moindres du voyage : l'attitude de mon coéquipier. Jean-Luc se révèle imbu de lui-même et misogyne. Dernière gentillesse en date : comme je lui demandais de se pousser un peu pour gagner le fond du camion — lui laissant la place au soleil ! —, je me suis entendu répondre : « Ce n'est pas parce que tu as tes règles qu'il faut nous les casser ! » J'étais tellement suffoquée que cela a dû se voir et il s'est mis à rire... Décidément, la délicatesse ne semble pas la qualité primordiale de mon futur compagnon à Turkmen. Je n'ose pas trop penser qu'il va nous falloir coexister six mois... De toute évidence les autres ont remarqué le comportement tantôt agressif, tantôt complètement indifférent de Jean-Luc et les regards que me lancent parfois Chouchou et François sont éloquents. Jusqu'ici, j'avais eu de la chance avec mes compagnons de mission. Cette fois, je crois qu'elle a tourné.*

Vendredi 27 novembre. *Lever sept heures. Dehors, le paysage est extraordinaire tout autour du plateau. Nous sommes à 3 100 mètres. Les chaînes, les massifs se découpent sur l'horizon. Le ciel est immensément pur. La neige, précédemment tombée, ne peut pas fondre, tant la température a baissé. Pour réchauffer les moteurs des véhicules et dégeler la graisse des ponts, nos conducteurs allument carrément de grands feux d'épineux juste au-dessous. Cela ne suffit pas et il faut se mettre à quinze au moins pour pousser les camions. Enfin, le convoi s'ébranle de quelques dizaines de mètres ! La glace se forme sur le carburateur... Puis tout s'arrête dans un grand nuage de fumée. Il faudra une demi-heure pour faire repartir le moteur... Nous arrivons vers midi, sans autre panne, et sommes introduits dans une pièce surchauffée. Au sol, le thermomètre indique 45 degrés... C'est intenable. On nous sert un riz graisseux. C'est franchement mauvais, mais il faut bien « manger pour vivre » ! L'après-midi, Alex, Sylvie et Bertrand vont voir le Walli. C'est le personnage le plus important de la région. On leur fait les honneurs de leur dispensaire et des abris bétonnés construits par les Américains en 1975. Les autorités locales annoncent à la nouvelle équipe qu'hier dix-sept hélicoptères sont venus. Ils en ont abattu deux. Les autres sont repartis, mais sans doute vont-ils revenir avec des Mig durant les jours qui suivent pour détruire cette poche de résistance.*

Samedi 28 novembre. *Nous partons dès que les camions le veulent bien. Les adieux sont émouvants. Alex m'embrasse en me disant que je vais lui manquer ! Que c'est émotif un homme sous des abords bourrus!... Depuis quelques heures, je prépare une grippe du tonnerre ou une crise de malaria... Je ne sens plus mon dos. Ma tête est comme un gong et j'ai envie de dormir. Nous stoppons dans un hameau et sommes introduits dans une pièce froide et mal éclairée. Qu'importe, pour aujourd'hui c'est fini ! Après le dîner, nous nous installons tête-bêche car la pièce est exiguë. La nuit est longue.*

Dimanche 29 novembre. *Lever à six heures trente. Il fait très froid pour sortir du duvet. Nous partons à neuf heures quinze pour arriver à Tagao, village où resteront François et Chouchou. Le voyage est épuisant. Nous repartons et devons coucher à Aôdala. Tout à l'heure, en embrassant Chouchou et François, celui-ci m'a glissé à l'oreille : « Surtout, n'hésite pas à revenir avec toutes tes valises ! »... En attendant, nous roulons toujours ! La nuit est tombée et ce n'est qu'à dix-huit heures trente que nous nous arrêtons. Dans la pièce où nous entrons, il y a beaucoup de monde. Des tapis de laine aux couleurs chaudes recouvrent le sol poussiéreux. Je m'allonge vite dans un coin pour cuver ma crève. Un homme d'environ quarante ans se lève pour venir me border avec les couvertures. Il me recouvre la tête avec un patou pour que la lumière ne me gêne pas. Ce sont des attentions charmantes faites par des inconnus à des inconnus. Ce soir, ils bavardent très tard. Bertrand et Jean-Luc me réveillent de temps en temps pour me faire avaler un peu de pain ou de thé.*

Lundi 30 novembre. *Ce matin, il fait tellement froid que nous ne pouvons pratiquement pas rester dehors. Nous faisons quelques courses sans trouver ce que nous cherchons. Pas de poêle, pas de réchaud, pas de lampe à pression... Enfin, pas grand-chose. De nombreux voyageurs entrent, claquant des dents, tous frigorifiés... même eux, habitués à leur pays et à son climat viennent se coller au poêle à s'en faire des engelures... Depuis sept heures trente ce matin, des feux sont allumés sous les moteurs de nos camions. Turkmen est, paraît-il, à dix heures de route. Nous mettrons plus de huit heures trente avant d'arriver à destination. Après avoir passé un col à 3 600 mètres, nous redescendons dans une vallée boisée, entourée de hauts sommets. Notre voyage se termine. Les hameaux se font de plus en plus nombreux, les postes de contrôle aussi... La vallée est bien gardée, mais apparemment les Mujahedin de ces postes ne savent pas exactement quelles questions nous poser ni quoi nous réclamer... Ils nous retiennent simplement un certain temps, palabrant sur ce qu'ils ne comprennent pas, examinant nos passeports d'un air soupçonneux. Certains vont jusqu'à nous faire ouvrir nos malles... Ici encore, le scénario bien connu se renouvelle : sourires, cris, violences verbales, avant le retour au calme, puis, de nouveau sourires et poignées de main.*

*
* *

C'est après dix-neuf jours de voyage que nous arrivons « chez nous ». Bertrand a décidé de rester des nôtres jusqu'à la mi-décembre, puisque au dire des habitants, à partir de cette période la vallée sera complètement verrouillée par la neige. Nous savions que les véhicules ne pouvaient pas circuler ici, en hiver, il semble que les voyageurs non plus : trop de neige, trop de froid, trop de loups. Nos prédécesseurs qui n'ont passé ici qu'un été n'avaient pas songé à nous le dire...

IV

Turkmen. La nuit est déjà tombée depuis plus d'une heure lorsque après vingt minutes de marche le long d'un sentier en pente nous pénétrons dans le « quartier général » de l'Anjoman, le comité de résistance local, un lieu que certains, ici, appellent aussi la Kommandantur.

La maison est une grande bâtisse qui surplombe la route, les murs en torchis sont nus, le sol recouvert de magnifiques tapis.

Salomone, l'interprète de Bertrand, parlemente quelques instants avec les jeunes garçons qui se tiennent devant nous. Dix-sept, dix-huit ans tout au plus. Ces apprentis Mujahedin au crâne rasé — certains sont blonds —, aux yeux brillants de curiosité, me font penser à des militants des Jeunesses hitlériennes ! Il y a quelque chose de très impressionnant dans cet accueil, surtout ce soir, après tant de jours de voyage, tant de fatigues...

L'homme qui s'avance maintenant vers nous est grand et fort, il a le faciès mongoloïde de l'ethnie hazara : pommettes hautes et yeux légèrement bridés. Son visage coloré est encadré par une barbe poivre et sel. Il a troqué le grand chèche traditionnel contre une courte chéchia rouge.

Hadji * commandant, puisque tel est son titre, est un des chefs militaires de la région, un des adjoints d'Hadji Nader, le chef civil et militaire de la vallée, auquel nous serons présentés demain. D'emblée, Hadji commandant

* On donne le titre d'Hadj ou Hadji à un musulman, qui, selon les lois de l'Islam, a accompli son pèlerinage à La Mecque.

me semble un homme ouvert, assez sympathique. Il a abandonné son métier de géologue depuis 1979, au début de l'invasion russe, pour venir s'installer dans cette région de montagne qu'il connaît bien. Nous pressentons même une certaine connivence entre nous : de par son métier, le commandant est un *cuchi*... un voyageur... tout comme nous-mêmes.

— Demain, nous irons voir ensemble Hadji Nader, puis je vous conduirai jusqu'à votre hôpital. Cette nuit, vous pouvez dormir ici, au quartier général.

La nuit sera bonne. Très bonne, ne serait-ce que parce que, pour nous, le long voyage est fini.

— *As salaam wa aleikum.*

— *Wa aleikum essalaam...*

C'est au milieu de ses conseillers, vieux Hadji ou jeunes guerriers, que le chef nous reçoit chez lui, en ce matin du 1er décembre. Trapu, le visage plein, une courte barbe noire, des yeux perçants derrière des lunettes à monture d'écaille, Hadji Nader semble bien le chef incontesté. L'accueil du commandant ne manquait pas d'une certaine chaleur. Celui d'Hadji Nader est glacial. Tandis que l'on nous offre le thé, il nous observe l'un après l'autre, échange quelques mots avec ses adjoints, puis avec l'interprète de Bertrand. Les présentations ont été rapides. Le ton de la voix est sec, le chef ne doit pas avoir l'habitude d'entendre discuter ses ordres.

— Je ne vous ai pas demandé de venir, mais puisque vous êtes là, vous allez y rester.

Il y a un instant de silence. Nous ne nous attendions pas à cet accueil-là. Je regarde Bertrand. L'homme s'amuse-t-il à nous impressionner ? Pourtant, il a bien accepté de recevoir la mission M.S.F. Nous ne sommes pas là par hasard, et nous le lui disons avec toute la diplomatie, mais aussi toute la fermeté dont nous sommes capables. Un moment de silence, puis Hadji Nader reprend :

— Je n'ai rien promis... Je vous le répète, puisque vous êtes ici, vous restez à notre disposition. Je voudrais d'abord que vous sachiez une chose : je suis le chef de cette vallée et c'est à moi que vous devez rendre des comptes...

Il esquisse un geste en direction des hommes qui l'entourent.

— Ici, lorsque tous pensent oui et que moi je pense non, c'est moi qui ai raison...

Bertrand intervient :

— Hadji, nous ne sommes pas là pour mettre en doute ou discuter votre autorité, simplement pour faire notre travail de médecin comme votre parti l'a demandé à notre organisation. Nous sommes ici pour soigner.

— J'aimerais que ce ne soit pas dans n'importe quelles conditions. Nous verrons cela ensemble lorsque votre hôpital sera ouvert. En attendant, et comme vous êtes à Turkmen pour longtemps, oubliez que vous êtes français... Vous devez être hazaras !

Cet homme m'inquiète avec sa rage de pouvoir.

— Hadji, j'aime énormément ce pays, c'est la troisième fois que je viens ici, en Afghanistan, et je ne pense pas avoir jamais enfreint vos lois. Je crois même que l'on a apprécié mon travail, comme celui de mes compagnons...

— Nous verrons. Durant les jours qui viennent je vais me rendre compte de la manière dont vous vous comportez. Je jugerai ensuite si votre façon d'agir me convient ou pas... Maintenant le commandant va vous faire visiter l'hôpital.

Nous sortons. Lentement me reviennent en mémoire mes hésitations, le long temps que j'ai mis, à Paris, pour me décider à accepter cette mission, mes nuits d'insomnie... Avais-je l'intuition que ce troisième séjour ne serait pas comme les autres ? Je suis inquiète. Quatre mois en pays afghan m'ont tout de même appris que les relations pouvaient être tout autres entre les autorités de la résistance et nous. Même si tout n'a pas toujours été facile, même si nous nous sommes heurtés, parfois, à des incompréhensions, à des individus sans scrupule comme Sayed, nos rapports avec le monde musulman ont été bons, respectueux de part et d'autre. Qu'en sera-t-il ici ? Je n'en sais rien. L'autoritarisme d'Hadji Nader ne présage en tout cas rien de bon. Nous verrons, je garderai pour moi mes inquiétudes. Bertrand et Jean-Luc semblent avoir pris les choses avec plus de philosophie... ou plus d'inconscience. Il est vrai que c'est leur premier séjour en terre afghane.

Notre hôpital est à vingt minutes de marche environ de la maison d'Hadji Nader. Le commandant nous désigne du doigt une fort belle bâtisse qui ressemble à une maison fortifiée de deux étages dont le dernier forme terrasse. Elle est entourée de prés et de champs cultivés. Çà et là, quelques arbres et arbustes dénudés dans ce paysage d'extrême automne. Au nord, les hauts sommets du massif de l'Hindu Kuch sont uniformément blancs. Ce pays est d'une sauvage beauté. Nous arrivons devant une superbe porte en bois sculpté, barrée de ferrures cloutées, et fermée par un cadenas qui ferait le bonheur d'un antiquaire. Hadji commandant ouvre les battants qui grincent un peu en tournant sur leurs gonds. Nous sommes chez nous. La maison comporte treize pièces et une grande écurie. Un large escalier permet d'accéder aux étages et débouche sur le toit en terrasse. À chaque angle, deux tours, dont l'une sera notre maison d'habitation, l'autre notre salle de consultation... La terrasse servira de salle d'attente. Après quelques aménagements, nous aurons une demeure très habitable. Notre « chambre », de forme cubique, a quatre grandes fenêtres aux carreaux dissymétriques...

Le grand tapis acheté à Jaghori, quelques bandes de tissu au mur et nous serons vraiment « chez nous ». Nous avons négocié les services d'un cuisinier qui s'appelle Djuma. C'est un garçon d'une trentaine d'années, timide, dont le visage est constamment éclairé d'un sourire. Nous devrons aussi trouver un interprète lorsque Salomone sera reparti avec Bertrand. Reste, dans l'immédiat, le problème du chauffage. Notre maison est glaciale, il nous faut des poêles, du bois de chauffage... Le strict nécessaire pour ne pas geler sur place, ni nous ni les malades que nous devrons éventuellement hospitaliser. Le village va sans doute pouvoir nous procurer le matériel indispensable, comme cela s'est fait lors des missions précédentes. Le commandant n'ayant pas l'air de se décider à engager lui-même la discussion sur ce terrain, je me lance :

— Avec le froid qu'il fait, Hadji, ce serait parfait si nous pouvions avoir dès ce soir de quoi chauffer notre chambre et la salle de consultation.

Il me regarde d'un air étonné.

— Rien n'est prévu pour vous !

— Vous voulez dire que nous devons nous débrouiller avec le village... Acheter des poêles, acheter du bois ?

— Exactement. Hadji Nader vous loge dans cet hôpital, rien de plus.

J'explose intérieurement. Je n'ai pas été habituée à cela jusqu'ici. Nous nous défendrons pied à pied. On ne demande pas à des gens de faire des milliers de kilomètres, de passer un hiver à 3 000 mètres d'altitude, de risquer les bombardements, dans le seul but de guérir des malades, de soigner des blessés, sans leur offrir, en échange, un minimum de moyens ! Comment donner des soins par moins dix ou moins vingt ? Comment supporter nous-mêmes cette température sans aucun chauffage ? Trois ou quatre jours de ce régime et nous ne serons plus bons à rien. Était-ce alors la peine de nous faire venir ?

C'est tout cela que j'explique au commandant, ou, plutôt, que j'essaie d'exprimer avec toute la persuasion dont je me sais capable. Je sens, qu'au fond de lui, ces arguments le touchent dans leur logique, je sens aussi qu'il n'a, face à Hadji Nader, qu'un pouvoir limité ! Après plus de trois quarts d'heure de discussion, Jean-Luc ayant tout à coup pris le relais, nous obtenons malgré tout la promesse de recevoir gratuitement du bois pendant les six mois de notre séjour. Les poêles, en revanche, il nous faudra les acheter ou, plus exactement, les faire fabriquer au village. Cela demande évidemment plusieurs jours. En attendant, le commandant nous promet que l'on nous prêtera le matériel nécessaire... Nous avons en partie gagné. En partie seulement. Mais, ce qui compte avant tout, c'est que nous n'ayons pas baissé la tête, que nous ayons refusé d'être des faibles à qui l'on impose une loi et que, finalement, on méprise. Dans la poignée de main d'Hadji commandant, et dans son regard lorsqu'il prend congé de nous, je lis quelque chose comme de l'estime.

*
* *

Mercredi 2 décembre. *Ce matin, nous sommes tout juste en train de prendre notre thé lorsque l'on frappe à la porte. C'est un homme de haute stature qui s'encadre dans l'embrasure et engage avec Salomone une conversation grave, vu l'anxiété qui se lit sur son visage. En effet, l'histoire est atroce. Cinq enfants jouaient seuls, hier soir, dans une pièce, et ont renversé une lampe à pétrole. Plusieurs d'entre eux sont brûlés. L'un d'entre eux est mort cette nuit, il avait huit ans. La seconde (sept ans) est là, brûlée au troisième degré. Nous nous mettons aussitôt au travail. Aucune de nos malles n'est ouverte et encore moins répertoriée la tonne de médicaments que nous avons apportée. Nous faisons au mieux, ayant peur que la petite entre dans le coma dans les quarante-huit heures ; ses brûlures sont telles...*

Cet après-midi, nous allons à la boutique tenue par Mir Assan, un commerçant-né ! Intelligent, rusé, sympathique malgré tout. L'Hazaradjat est une région beaucoup plus riche que le Paktia... On y trouve des pommes de terre, du riz, des carottes, des raisins secs, et même des tomates, des mûres et des abricots séchés... Un des plats traditionnels du pays est à base de raisin et de carottes.

Jeudi 3 décembre. *J'ai écrit tard, hier soir. Ce matin, je serais bien restée dans mon duvet ! Mais le travail nous attend. Nous nous y mettons tout de suite après le petit déjeuner... Seconde urgence : un enfant de dix ans dont le genou a triplé de volume. C'est un abcès qui date de quarante jours. Ils ont même essayé de le vider, par une incision qui a causé plus de mal que de bien. Nous évacuons un litre et demi de sang nécrosé. Nous garderons l'enfant ici, à l'hôpital quelques jours. Notre « maison » commence à prendre un peu plus d'allure. Bertrand pose du plastique transparent pour chaque carreau cassé... et il y en a ! À neuf heures ce matin et en plein soleil, il y avait moins 4 degrés. Quand je pense que mon frère a vingt-sept ans aujourd'hui ! et qu'il doit se rôtir à 36 degrés dans le Pacifique...*

Vendredi 4 décembre. *Ce matin, rangement de l'hôpital, puis, vers quatorze heures, tandis que Jean-Luc s'occupe de la petite fille brûlée, je descends avec Bertrand au rez-de-chaussée pour faire le pansement d'un homme qui a un cancer du sein. Ce n'est pas très beau à voir, d'autant que le diagnostic est fatal.*

*
* *

Notre hôpital est situé à l'est d'une très longue vallée parsemée de villages d'où les consultants viendront en grand nombre aussitôt qu'il sera « officiellement » ouvert. Ce qui ne saurait tarder. La distance, ici, comme dans chaque massif montagneux, s'évalue en heures de marche. Quelques rares jeeps circulent encore, plus ou moins réservées aux responsables de l'Anjoman et aux Mujahedin. Certains de ces derniers sont d'ailleurs venus nous rendre visite pour nous assurer — veulent-ils se rassurer eux-mêmes ? — que nous sommes ici en sécurité, que la vallée est sûre et que, n'ayant jamais été bombardée... elle ne le sera jamais ! Acceptons-en l'augure, bien que ce type de logique me laisse pour le moins perplexe.

Ce matin, deux hommes sont venus me chercher. Il devait être huit heures lorsqu'ils ont frappé à la porte.

— *Doctora ?*

Salomone traduit tant bien que mal :

— C'est un Hadji de l'Anjoman... Il dit que sa mère ne va vraiment pas bien... Ils demandent si vous pouvez aller la voir...

— C'est très loin ?

— Ils sont venus en jeep...

De toute évidence, le véhicule a été récupéré sur l'armée soviétique ! Je grimpe dans la jeep accompagnée de Salomone. J'éprouve un curieux sentiment : malgré l'accueil très froid, presque hostile du chef militaire et civil de la vallée, ses adjoints, tout au moins ceux que nous avons pu rencontrer jusque-là, semblent plutôt bien disposés à notre égard. D'où vient la contradiction ? Le malentendu ? Besoin de médecins et, en même temps, refus de vivre à côté de ces étrangers, de ces infidèles dont les chiites iraniens disent assez tout ce qu'ils représentent de « néfaste » ? Hadji Nader est-il le seul à voir en nous des « ennemis potentiels », avec lesquels mieux vaut coexister, dans la mesure où ils ont apporté avec eux une tonne de médicaments ? Que nous réserve cet homme ? Que nous réserve l'avenir ici ? Mieux vaut n'y pas trop penser et faire au mieux ce pour quoi nous sommes venus. Après tout, j'ai déjà connu, lors de ma première mission, cette difficulté à s'intégrer qui peut, au gré des événements, se transformer en une sorte de respect, voire de reconnaissance presque fraternelle... Encore une fois, patience et fermeté selon les mots de Francis... Pourtant, j'ai l'impression qu'ici, à Turkmen, ce ne sera pas si simple !

— Nous arrivons.

Un long mur d'enceinte et un immense verger nous barrent le chemin. La jeep s'est arrêtée. Nous terminons à pied la centaine de mètres qui nous séparent d'une immense demeure. Grand porche. Cour intérieure. Une sorte de palais au milieu de la montagne.

— C'est ici, doctora.

La pièce de réception dans laquelle je pénètre s'étend sur environ la moitié de la longueur de la maison ; d'immenses tapis recouvrent le sol, les trois niches du mur sont voilées de tissu brodé. La lumière pâle de décembre entre par de très hautes fenêtres. Tout est beau, y compris le coffre en bois sculpté dans lequel les familles rangent habituellement les édredons et les couvertures.

Salomone et l'Hadji me font signe de m'asseoir. J'attends. Au fond de la pièce, j'aperçois une vieille femme étendue sur des coussins, c'est sans doute la malade. Pourquoi attendre ainsi ? Soudain, l'un des frères de l'Hadji entre, porteur d'une sorte de vasque en métal. Il me la tend pour que je puisse m'y laver les mains. C'est maintenant au tour de Salomone, puis de mon hôte lui-même... Quelqu'un vient poser une nappe devant nous... J'avais compté sans l'hospitalité afghane... Avant même d'ausculter la malade, je vais sacrifier avec eux au rite du petit déjeuner. On me sert du lait, des amandes enrobées de sucre glace, et des *katalma*, sorte de galettes frites dans l'huile et sucrées... Mon repas terminé, je m'approche de la vieille dame. Le diagnostic n'est guère fameux : elle présente tous les symptômes d'une insuffisance cardiaque gauche. Respiration sibilante, foie douloureux, œdème des membres inférieurs. Tension : 23/10. Une fois de plus, j'ai conscience de l'importance, de la gravité de ce que l'on me demande. Infirmière en Afghanistan, je dois être immédiatement compétente, *opérationnelle* comme l'on dit. Indépendante par rapport au médecin. Ici, on apprend vite. L'urgence et la nécessité...

Aussitôt prodigué mes soins à la vieille dame, tous les

membres de la famille viennent tour à tour se faire ausculter... Je suis là pour ça !

En me raccompagnant dans la jeep, l'Hadji demande à Salomone quel est mon nom.

— Claire.

L'autre esquisse un geste vague... Salomone reprend :

— *Safa...*

En persan, cela veut dire « lumière ». Jolie traduction. *Safa...* Ce sera désormais mon nom dans la vallée.

*
* *

Dimanche 6 décembre. *C'est la Saint-Nicolas. Bonne fête, ma petite maman... Cette nuit, je me suis levée à trois heures pour m'occuper d'un malade hospitalisé. C'est un insuffisant cardiaque qui, hier, préparait une crise d'angor. Pris à temps, avec les moyens du bord, il va mieux. À huit heures, un de ses frères nous a apporté du pain, des œufs, des noix, des mûres séchées et tout un chapelet d'amandes.*

Vers treize heures, nous avons repris sous anesthésie générale l'enfant de onze ans pour son problème de genou. Jean-Luc comme chirurgien, moi comme anesthésiste... Nous avons découvert qu'il a un cancer des os. Pronostic : trois mois, peut-être plus. C'est affreux. Il est tellement gentil, ce gosse !

Lundi 7 décembre. *Ce matin nous avons ouvert officiellement le dispensaire. Plus de cent personnes attendaient devant la porte. Heureusement, parmi les hommes attachés à notre service, il y a Habasse (dit Appache, pour mémoire), qui sert de trieur et de videur... Nous avons travaillé toute la journée. Les poêles sont arrivés vers midi : pas du tout ceux que nous avions commandés, deux chaufferettes minuscules ! Toutes les occasions sont apparemment bonnes pour nous prendre pour des pigeons ! Malheureusement, ils ne sont pas tombés sur la bonne basse-cour !*

Ce soir, la famille de notre cardiaque, pour qui je me lève chaque nuit, nous apporte du beurre.

V

— Le médecin qui est venu il y a quelques mois pour préparer votre mission m'a dit que vous alliez tout payer... Vous devez donc tout payer, même le bois !

Tout est à recommencer. Hadji Nader qui nous a invités ce soir, au milieu de sa cour de notables, semble encore plus froid que lors de notre première visite. Nous pensions que les problèmes matériels étaient réglés. De toute évidence, ils ne le sont pas. Nous avons appris que le chef et Hadji commandant avaient eu quelques « différends » au sujet de la promesse de ce dernier de nous fournir le bois de chauffage durant notre séjour.

Nous voici donc à nouveau devant Hadji Nader, apparemment plus autoritaire que jamais. Le dîner auquel il nous a conviés n'a rien d'une marque de bienvenue, d'un signe de courtoisie, encore moins d'amitié. Cela ressemblerait plutôt à une mise au point, ou, plus exactement, à une convocation destinée à nous informer des décisions et des volontés du chef.

Cela fait déjà deux semaines que nous sommes à Turkmen et nous n'avons pas chômé. Consultations et urgences se succèdent. Nous avons aussi eu la chance d'aller trois ou quatre fois « dîner en ville », chez Mir Assan d'abord, notre épicier, puis chez le commandant, ainsi que dans la famille de certains de nos malades. Curieuse contradiction entre l'accueil fraternel, parfois, de ces gens, et la méfiance affichée d'Hadji Nader et de certains de ses proches.

Il faut dire que le chef de la vallée est un singulier personnage. Ex-grand industriel de Kaboul, où il possédait sept usines, il est venu, dès 1979, se réfugier dans ses terres familiales, il a beaucoup dépensé pour aménager l'infrastructure routière de la vallée et constitué lui-même les groupes de résistance. Aussi, personne ici ne discute ses ordres. Chef incontesté, on le craint. On lui obéit. Il a imposé sa force à ses Mujahedin qu'il n'hésite pas, s'il le juge utile, à faire fouetter.

Tel est l'homme chez qui nous sommes reçus ce soir et qui d'un mot vient d'annuler la promesse faite par son adjoint concernant notre chauffage.

Tout, ici, devient problème : l'interprète qui doit remplacer Salomone et que nous attendons toujours... Les jeunes que nous devons former et qui, après notre départ, nous remplaceront au dispensaire... L'un d'entre eux est le propre fils d'Hadji Nader, Wakhope, l'autre, Sharrif, est le fils d'un Hadji emprisonné à Kaboul. Le chef a évidemment décidé lui-même de la répartition de nos tâches.

— Pour la consultation, vous soignerez les femmes le matin, les hommes l'après-midi. Vous aurez deux Mujahedin pour veiller à ce que tout se passe dans l'ordre... Wakhope pourra vous aider toute la journée... Mais j'interdis à Sharrif de venir le matin. Il n'assistera qu'à la consultation des hommes.

Mes compagnons font confiance à mon expérience et me laissent mener la négociation.

— Et pour l'interprète, Hadji ?

— Je verrai... Nous le choisirons nous-mêmes.

Salomone doit repartir bientôt avec Bertrand. À vrai dire, je ne regretterai pas cet homme qui me semble un peu fourbe et dont j'ai l'intuition qu'il ne traduit, de nos propos, que ce qui ne risque pas de se retourner contre lui. Jean-Luc et Bertrand, d'ailleurs, ne lui font guère confiance eux non plus.

La soirée s'avance. Nos tractations n'en finissent pas. Décidément le personnage est retors et il nous sera difficile de le faire fléchir. J'en reviens néanmoins au problème du bois. Je n'accepte pas ces tergiversations, ces revirements, cette promesse faite par l'un et annulée par l'autre... Il faut s'acharner. S'entêter... La « négociation » sera longue. Tant pis. Nous *devons* obtenir gain de cause, au moins sur un point... et pas seulement pour des raisons matérielles.

— Hadji, nous avons dû payer très cher les poêles de notre chambre et de la salle de consultation. Médecins sans frontières ne nous a jamais informés que nous devrions payer tout cela et nous n'avons pas d'argent... Je me permets donc encore une fois de vous demander si le comité peut nous fournir de quoi nous chauffer... Nous pensions que la promesse du commandant constituait une acceptation définitive...

Le chef n'apprécie visiblement pas cette insistance. Il lui faut trouver un moyen de résoudre le problème sans avoir l'air de céder.

— Docteur Safa, je vous répète que je n'avais pas prévu cela avec votre organisation... Je veux bien néanmoins faire un effort... Nous allons écrire à la *Shura* *... C'est elle qui prendra la décision définitive.

Je pense que cela va nous donner trois ou quatre semaines de répit... Le temps d'envoyer un Mujahed a Warras et qu'il revienne porteur de la réponse. Le chef reprend, après un court silence :

— Seulement cette décision sera sans appel ! Si la Shura accepte de payer votre bois, vous resterez... Sinon, vous devrez quitter ma vallée.

— Et en attendant, Hadji ?

— En attendant, je vous fournirai le nécessaire... Admettez que je fais un effort. J'aimerais que vous en fassiez un, vous aussi.

Éternelles « tractations », éternelles « négociations » ! Éternel chantage ! Je n'en peux plus.

— Hadji, je voudrais que vous sachiez que nous sommes de bonne foi. Vous savez que cela a été dur pour nous de rejoindre votre vallée. Nous sommes pourtant

* Le principal parti de résistance en Hazardjat en 1981.

arrivés jusqu'ici avec une tonne de médicaments et comme seul but de soigner les hommes, les femmes et les enfants de Turkmen... Pour cela, Hadji, nous avons quitté notre pays, notre famille.

Le regard du chef s'est soudain durci. La réponse est cinglante :

— Justement... J'aimerais savoir pourquoi vous êtes venus jusqu'ici ?

Que répondre ? Rien. Quel sens aurait, ici, le langage ? Salomone pourrait-il seulement exprimer notre pensée sans nous trahir ? Non. Ce sont nos actes qui devront répondre pour nous. La phrase d'Hadji Nader, lancée avec une sorte d'agressivité, me remet brutalement en mémoire la question posée par les Mujahedin venus nous tirer, sans ménagement, du sommeil, une nuit durant notre voyage : « Vous êtes envoyés par le nouveau gouvernement communiste ? »

Hadji Nader aurait-il quelques arrière-pensées quant au but véritable de notre mission ? Si cela était, ce pourrait être dramatique. Bien sûr, nous ne pouvons rien prouver. Là encore, ce sont nos actes qui répondront pour nous.

Il est environ dix-neuf heures lorsqu'on nous sert le dîner. Je serai la seule à ne pas toucher au plat ni au thé, exprès pour manifester mon mécontentement. Ce qui m'apparaît comme une véritable hypocrisie m'écœure. Pourquoi le chef nous invite-t-il à sa table s'il se méfie de nous, s'il nous croit à la solde d'un gouvernement ou d'un parti ? Soirée difficile. Soirée pénible où nous aurons même droit, pour finir, à un dernier chantage : « Si les médecins acceptent de travailler beaucoup, s'ils obéissent à mes ordres, tous mes ordres, même ceux de partir pour le front si j'ai besoin d'eux, alors peut-être pourrons-nous les aider... »

*
* *

16 décembre. *Ce soir, notre cardiaque est mort. La journée s'est terminée par une visite à domicile. Bertrand a tenu à m'accompagner. Il était environ dix-huit heures lorsque nous sommes partis pour revenir vers vingt heures trente. Jean-Luc qui devait lire a éteint la lumière en nous entendant arriver. Curieux. Peut-être n'est-il pas satisfait de notre retard, nous n'y pouvons rien. Il prétexte un mal de tête et s'endort sans dîner. Ali Djuma, notre cuistot au grand sourire, est tout triste car personne ne fait honneur au repas qu'il a préparé... Ce soir, avec Bertrand, nous rêvons de missions exploratoires...*

17 décembre. *Ce matin, quarante femmes en trois heures à la consultation. En début d'après-midi, deux hélicoptères et un jet sont passés au-dessus du village, pour aller bombarder un hameau de la vallée adjacente.*

18 décembre. *Dans une semaine j'aurai un peu le bourdon... Enfin ce n'est pas l'heure. Hier j'ai fait faire des bonnets de laine pour mes deux compères. J'espère qu'ils arriveront à l'heure des sabots. Cet après-midi, avec Bertrand, nous partons chez de jeunes Mujahedin qui nous ont invités. Ils sont très attentifs et sympathiques. Nous allons leur donner des cours de secourisme chaque semaine. C'est chez eux que nous apprenons la nouvelle : les Russes tentent une percée en Hazaradjat, par le col de l'Unaï où sont François et Chouchou... 700 chars, 32 jets et hélicoptères se seraient infiltrés. Un renfort de Mujahedin est appelé dès demain matin. Nous les quittons en leur souhaitant beaucoup de chance.*

*
* *

Il est à peine huit heures ce matin lorsque Wakhope vient frapper à la porte de notre chambre.

— Il faut des médecins pour accompagner les Mujahedin... Ils partent dans deux heures en opération.

— Pour longtemps ?

— Je ne sais pas exactement. Sûrement plusieurs jours...

Nous nous préparons à la hâte... Sacs, cantines, matériel de chirurgie. Nous n'avons pas encore reçu d'ordre « officiel » des chefs de l'Anjoman, mais il nous semble évident que nous devons tous les trois accompagner le groupe des combattants. Un seul médecin serait insuffisant en cas d'accrochage grave et Bertrand ne restera que peu de temps avec eux. S'il veut rejoindre Warras et Tagao, il lui faut s'engager sur le chemin du retour avant les grandes chutes de neige. Il partira donc avec Salomone et marchera un jour ou deux avec les Mujahedin avant de gagner Warras. Nous voici donc sans interprète, raison de plus pour ne pas rester à l'hôpital. La langue hazara n'est pas la même que celle du Paktia et nous n'avons pas encore une maîtrise suffisante des quelques rudiments qui nous permettraient de mener les consultations sans l'aide d'un traducteur...

Nous sommes prêts pour le départ, lorsqu'un représentant du bureau de l'Anjoman nous fait connaître la décision du chef : Jean-Luc et Bertrand partent avec les Mujahedin, la doctora reste à Turkmen pour assurer les soins de la population... Il n'y a pas à discuter. Je fais seulement remarquer que, sans interprète, le travail va être extrêmement difficile. Voire impossible.

— Nous en avons trouvé un, docteur Safa.

— Quelqu'un de la vallée ?

— Non, un réfugié venu de Kaboul. Il vit à Khodjoli depuis trois mois avec sa femme et ses enfants. Il est prévenu, il va arriver.

J'ai la gorge un peu serrée. Je vais me retrouver seule, face au travail harassant des consultations journalières, avec deux aides soignants pleins de bonne volonté, mais qui ont encore tout à apprendre et un interprète que je ne connais pas... Khodjoli est à deux heures de marche environ de notre dispensaire, il fait partie de ces villages éparpillés tout au long de la vallée et que je suis loin de connaître tous... Il faut de six à neuf heures de marche pour rejoindre les plus éloignés qui font, malgré tout, partie de notre « territoire »... La vallée s'étend encore au-delà... Après la médecine de campagne, me voilà médecin de montagne...

Mes compagnons sont prêts. Je suis assez émue... Il est toujours difficile de quitter des amis... Je sais que ne reverrai pas Bertrand avant longtemps... Quant à Jean-Luc, si je perds peu à peu l'espoir que nous pourrons « faire équipe » au sens le plus fort que j'attache à ce mot, c'est-à-dire une complicité fraternelle telle que j'ai pu la vivre avec Bernard, Philippe, Roger ou Jean-Pierre, je souhaite que demeure, au moins, cette entente dans le quotidien, si importante dans notre situation. Est-ce possible ?

Les adieux sont brefs. Il y a foule autour de ces hommes qui partent au combat. Une longue file de consultantes m'attend déjà devant l'hôpital. Un peu à l'écart du groupe des femmes, un homme s'avance vers moi, sanglé dans une gabardine bleue. Souriant.

— Vous êtes la doctora Safa ? Je suis l'interprète que l'on vous a annoncé.

— Soyez le bienvenu... Je crois que je vais avoir besoin de vous tout de suite ! Les malades ont l'air de s'impatienter, venez...

— Mon patron, à Kaboul, m'appelait Nicolas...

— Venez, Nicolas, elles nous attendent.

J'avais peu confiance en Salomone. « Nicolas » me semble son parfait opposé. J'ai été favorablement impressionnée par la qualité de son anglais ! C'est déjà un bon point. Surtout, l'homme a un sourire qui ne trompe pas. Doux. Grave. On le sent foncièrement honnête, droit, avec ce que cela comporte de générosité. En deux mots, il me confirme qu'il a fui Kaboul où il travaillait dans un magasin de vêtements pour se réfugier avec sa femme et ses quatre fils dans notre vallée.

Les consultations se suivent et se ressemblent. Vrais et faux malades. Quémandeurs de *goulis,* amateurs de *pech-*

kari... La dernière à se présenter ce matin est une très jeune femme qui serre contre sa poitrine un bébé dont on distingue à peine la frimousse sous les voiles, son mari l'accompagne, un presque-vieillard...

— D'où souffrez-vous ?

D'un geste elle me désigne son sein droit.

— J'ai très mal, ici...

Le diagnostic n'est guère compliqué à établir : le sein est énorme, brûlant, purulent. C'est un abcès qu'il faut opérer le plus vite possible. Je ne peux me permettre d'attendre le retour de Jean-Luc.

— Vous êtes à jeun ?

— Non, doctora.

— Alors il faut revenir demain matin, à jeun ; ce soir, vous mettrez des compresses d'alcool... Je vais vous expliquer.

Nicolas traduit. Le mari hoche la tête, lentement. Oui, ils reviendront demain, en attendant ils feront tout ce que la doctora leur a prescrit.

Il va falloir que je révise sérieusement mon manuel d'anesthésie et de chirurgie. C'est la première fois que je tente une opération de ce genre. Face à l'urgence, il n'y a pas d'alternative. J'espère qu'une fois encore Allah et Dieu guideront ma main.

La soirée sera merveilleuse. Premiers pas vers l'amitié, la chaleur, la gaieté... J'ai invité Nicolas, Habasse, Wakhope et Sharrif à dîner. Ali Djuma a mis les petits plats dans les grands...

Mes cassettes ont un succès fou ! Elles y passeront toutes. Sharrif était étudiant à l'université de Kaboul avant l'arrivée des troupes soviétiques. Wakhope allait passer son baccalauréat. J'imagine ces deux garçons de vingt ans, pleins de vie, insouciants, buvant un verre à la sortie des cours avec d'autres étudiants de leur âge... C'est un peu de la vie occidentale qu'ils ont connue à Kaboul qu'ils revivent ce soir en écoutant les Pink Floyd...

Ravis. Ils passeront la nuit à entendre et réentendre cette musique qu'ils aiment. Pour eux, cela ressemble à des retrouvailles avec une époque heureuse de leur vie. Je les regarde. J'aime leur jeunesse, leur rire, la manière qu'ils ont de vivre le moment présent, cette sorte d'oasis dans le temps où, pour quelques heures, ils redécouvrent une fraîcheur oubliée. Ali Djuma et Habasse sont débordants de gaieté. Les yeux de notre cuistot rayonnants de joie. C'est la tendresse personnifiée Ali Djuma, apparemment, le bonheur des autres suffit au sien. La vie, pour lui, semble se résumer dans un sourire. Nicolas, que j'ai rebaptisé Nick, s'est mis de la partie... Lui aussi a vécu à Kaboul, il y a passé vingt-deux ans, et sans doute retrouve-t-il dans cette ambiance quelque chose de sa propre jeunesse.

— On est bien ici, n'est-ce pas, docteur Safa ?

C'est vrai, on est bien, et c'est tellement simple. Il y a des moments de grâce où l'amitié est à ce point présente qu'on la croirait palpable, vivante.

Ma patiente d'hier est revenue ce matin. Tout est prêt. Cette nuit, j'ai potassé mes livres au rythme de Bob Dylan...

Il va falloir inciser, traiter l'abcès, poser un drain. Prémédication : Valium, Atropine et anesthésie au Ketalar. Sur ma demande, Nick s'est assis derrière la jeune femme pour lui maintenir la tête en arrière afin de lui permettre de respirer au mieux. Wakhope assiste, silencieux, aux différentes phases de l'intervention. Je crois que petit à petit ce garçon découvre un rapport aux autres qu'il ne connaissait pas. D'une certaine manière l'expérience le mûrit, lentement, même si, parfois, il joue encore un peu les je-sais-tout.

Si, durant les quelques mois que nous allons passer ensemble, nous pouvons leur apprendre, à Sharrif et à lui, le maximum de choses, nous n'aurons pas perdu notre temps. Ce n'est pas le moindre intérêt de notre présence ici, ni le moindre des objectifs des missions : former d'autres gens qui soigneront à notre place... d'autres « veilleurs de vie ».

L'opération se passera bien. Notre malade et son époux habitent un village éloigné, mais, hospitalité afghane oblige, ils passeront ici quelques jours, le temps pour moi de m'assurer que tout est en bonne voie et d'apprendre au mari à renouveler les soins. Je me souviendrai longtemps de son regard, le matin où nous avons découvert le pansement, deux jours après l'intervention : mélange d'émotion, de joie, de gratitude que j'ai reçues comme un cadeau.

L'après-midi qui suit l'opération, je travaille sans relâche. Double, triple tâche depuis le départ de Bertrand et de Jean-Luc. Il doit être dix-sept heures lorsque des appels nous parviennent du dehors. Nick se précipite hors de la pièce, je le suis peu après. Trois hommes, ou plutôt trois loques humaines portées par quelques Mujahedin, sont là, à dix mètres de notre porte... Leurs pieds, leurs mains et leurs avant-bras ne sont que plaies : brûlures par le gel. Nick les interroge, tandis que, secondée par Sharrif et Wakhope, je donne les premiers soins.

— *Shouravis*...

— Les Russes ?

— Oui, ils arrivent d'une région située près du col de l'Unaï et de Dona Siasang. Ils disent que les Soviétiques viennent de lancer une opération héliportée dans la région et qu'ils ont attaqué les camps et les villages, habillés en résistants... Je crois que ces trois-là sont les rares survivants, ils ont fui au début de l'attaque, pieds nus, complètement paniqués. L'arrivée des Russes les a rendus fous.

— Demande-leur combien de temps ils ont mis pour arriver jusqu'ici.

— Trois jours... Ils ont fini le chemin à quatre pattes dans la neige...

Œdèmes. Gelures. Ampoules. Leurs plaies correspondent à des brûlures au second degré. Il s'agit de prévenir les risques d'infection. Je pense au calvaire que ces hommes ont dû endurer pour parvenir jusqu'à Turkmen. Il va falloir les garder quelque temps. Lorsqu'ils seront à peu près rétablis ils iront vivre avec le groupe des Mujahedin qui les ont amenés jusqu'à nous. L'un d'eux s'approche de moi.

— Nous continuerons à les soigner... Vous pourrez nous donner des médicaments pour eux ?

— Bien sûr... Je vous expliquerai ce qu'il convient de faire.

L'homme me regarde, souriant, prononce quelques mots. Je me tourne vers Nick.

— Qu'a-t-il dit ?

— Il vous a dit : « Merci, petite sœur. »

VI

23 décembre. *Jean-Luc arrive en fin de matinée. Il a vécu quatre jours passionnants mais terribles. 70 morts, 32 blessés, 18 prisonniers. L'organisation des Mujahedin, à l'exception de ceux de notre vallée, ne lui semble pas très au point. Il a fait plus ample connaissance avec Hadji Rassen, un jeune chef de groupe de notre secteur, qui semble particulièrement intelligent, logique et réaliste. Première soirée un peu calme. Cela fait du bien.*

24 décembre. *Dans une demi-heure il sera minuit. La messe de Noël où je ne serai pas... Les chœurs, la foule heureuse, cet air de gaieté dans les rues, les boutiques illuminées. Mais aussi une descente à la torche, dans la tourmente, à 2 000 mètres d'altitude pour arriver à Villar-d'Arêne, dans la petite chapelle en bois... Il y fait chaud lorsque nous sommes tous réunis, puis de nouveau, il faut affronter le froid et la montée... Je préférerais tellement vivre là-bas à l'heure qu'il est...*

Je viens de mettre les valses de Brahms pour attendre minuit. J'espère que vous tous, là-bas, vous ne vous faites pas trop de soucis. Moi, je m'en fais pour l'inquiétude donnée.

Voilà. Il est minuit. Bon Noël à tous les isolés !

Mercredi 30 décembre. *Je pars pour Imka, un village à trois heures de marche, pour une femme enceinte en travail depuis sept jours... Nous avons fait le chemin à trois, sur une espèce de moto au milieu d'une route de neige et de glace.*

Jeudi 31 décembre. *Dans notre chambre, pour fêter cette fin d'année nous avons sorti une petite canette de bordeaux, du jambon fumé, deux barres de chocolat au lait et deux carambars. C'est mieux que rien.*

Samedi 2 janvier. *Aujourd'hui, j'ai un cafard noir, et vers dix-sept heures l'isolement me permet de sombrer dans mes pensées. On ne fait pas de croix sur sa vie aussi facilement et la logique n'a pas toujours raison et la raison n'est pas toujours le maître du cœur. Ces pensées ne m'ont pas quittée depuis Paris.*

Mercredi 6 janvier. *Aujourd'hui, j'imagine les devantures des boulangeries parisiennes et provinciales, les étalages de galettes à la frangipane, les fèves, les couronnes dorées et argentées... Comme tout cela est loin ! Vivre dans la paix, la quiétude du quotidien, c'est un état que l'on ne peut aimer passionnément que lorsqu'il n'est plus là.*

À onze heures deux Migs sont passés deux fois de suite au-dessus de nous. La troisième fois, un seul est passé à 300 mètres. La D.C.A. du village a ouvert le feu.

La vie à deux est plutôt difficile. Jean-Luc ordonne, commande, choisit, sans jamais tenir compte de mon avis. Un détail alimentaire : j'ai attrapé une dysenterie douloureuse avec malaises et écœurement depuis plus de dix jours (je me lève plusieurs fois par nuit, et dans ce froid glacial...), bref, j'aimerais bien manger un peu de riz pour apaiser mes intestins mais lui ne veut pas, et comme il n'y a pas 36 feux et 36 casseroles !... Voilà la vie avec les égocentriques. C'est charmant !

Samedi 9 janvier. *Une curieuse lettre est arrivée ce matin à l'hôpital. Elle venait d'Hadji Nader. En quelques mots elle dit que dorénavant nous n'avons plus le droit de nous éloigner de notre dispensaire de plus de cent pas, si nous ne sommes pas accompagnés par un des hommes du « bureau » d'Anjoman. De plus, nous ne devons aller dans les autres villages que si nous avons une autorisation signée de lui et nous ne devons plus faire de cours de secourisme aux Mujahedin...*

Nick nous a traduit et retraduit la missive, nous en avons pesé chaque mot, tenté de comprendre ce qu'il y a « derrière ». Pourquoi cette soudaine crise d'autorité ? Nous n'avons rien à nous reprocher. Le chef nous en voudrait-il parce que, par esprit de justice, nous refusons parfois de faire passer ses « protégés » avant les autres lors des consultations ? Quand une femme a attendu cinq heures dans le froid avec son bébé dans les bras, on peut difficilement accepter des passe-droits !

*
* *

Il doit être neuf heures, ce matin de mi-janvier, lorsqu'un soldat nous apporte une lettre au dispensaire.

— Que dit ce mot, Nick ?

— Vous êtes invités à un mariage... à un double mariage... il faut que vous y soyez pour le déjeuner.

— Tu connais cette famille ?

— Son histoire seulement... Je sais que ce mariage-là ne donnera pas lieu à une fête qui dure trois jours comme c'est la coutume chez nous, mais à une journée seulement...

— Pourquoi ?

— Il y avait quatre fils dans cette famille, les frères aînés ont épousé deux sœurs d'une famille amie... Ils ont été tués par les Russes quelque temps après... Aujourd'hui, les deux frères cadets épousent les jeunes veuves...

Lorsque nous arrivons, avec Jean-Luc, Nick et Wakhope, une cinquantaine d'hommes sont déjà installés sur le toit en terrasse des maisons, autour de tapis multicolores posés à même le sol. Il fait un temps superbe. Nous avons droit aux places d'honneur, aux côtés des principaux Hadji du « bureau ». Les femmes, elles, sont servies dans une maison proche. Les couleurs des vêtements mélangées à celles des longs tapis sont très belles. J'en profite pour prendre quelques photos. Les « serveurs », presque aussi nombreux que les invités, se succèdent pour déposer près de nous pain, eau, oignons, sel, viande de mouton immergée dans un bain de graisse fumante, de cette graisse, appelée *doumba,* extraite d'une énorme poche qui se trouve sous la queue de l'animal et pèse environ cinq kilos... La viande est excellente, c'est d'ailleurs le seul mets que je touche, j'ai eu trop de problèmes intestinaux ces derniers temps pour me permettre le moindre écart... Jean-Luc, qui a perdu toute prudence, boira la graisse à même le plat... Il lui faudra trois jours pour s'en remettre.

Je rends visite aux femmes. À vrai dire, l'ambiance n'y est pas plus gaie ni plus animée que chez les hommes... Nick avait raison, c'est un mariage triste auquel nous avons été conviés... La guerre impose sa présence dans tous les actes de la vie quotidienne, même les fêtes n'y échappent pas... D'ailleurs, les survols de notre village par les avions et les hélicoptères sont de plus en plus fréquents. Les vallées proches ont été bombardées plusieurs fois. À quand notre tour ? J'ai l'impression que cela ne tardera pas.

Nous quitterons la noce en début d'après-midi, après le thé. Les Mujahedin nous attendent pour le cours de secourisme. Compte tenu des événements, ceux-ci sont sans doute plus nécessaires que jamais. Nous verrons ensuite avec Hadji Nader. Ces cours que nous dispensons une fois par semaine peuvent sauver des vies, et nous sommes là pour ça. Quoi qu'en pense le chef.

Il fait froid ce matin. Si j'en crois le thermomètre d'oncle Philippe, nous avons quitté le secteur « réfrigération » pour entrer dans celui de la « congélation ! »... Après la consultation des femmes, nous avons décidé, Jean-Luc et moi, d'aller payer nos dettes chez le boulanger. Nick nous accompagne. Nous sommes le 23 janvier, un jour semblable aux autres jours. Cet après-midi, ce sera la consultation des hommes. Nous comptons souvent jusqu'à quatre-vingts consultants dans la même journée. Épuisant lorsque l'on prête à chacun le minimum d'attention, de patience, d'écoute.

Pour l'heure, ce moment passé à discuter devant le four ressemble presque à une détente, une récréation. Nous sommes là depuis un quart d'heure lorsque nous voyons arriver deux Mujahedin.

— Hadji Nader vous demande de venir prendre le thé au quartier général.

— Tout de suite ?

— Oui.

— Très bien, allons-y.

Nous gravissons le raidillon qui mène à la bâtisse d'Anjoman. Dans la grande pièce du quartier général, le poêle à bois dégage une chaleur douce. Hadji Nader a réuni aujourd'hui tout son état-major... Une vingtaine de notables de la vallée, jeunes et vieux. Ils sont là, silencieux, groupés autour du chef. Le sol en terre battue est recouvert de grands tapis sur lesquels on marche pieds nus. Le temps de nous déchausser et nous nous avançons au-devant des hommes qui se serrent un peu pour nous laisser prendre place sur l'une des paillasses qui longent le mur. J'éprouve une sorte de malaise. Faut-il en chercher la cause dans le silence assez inhabituel au milieu duquel nous avons été accueillis, dans le regard de ces hommes, dans l'attitude même du chef qui nous observe un long moment sans même nous souhaiter la bienvenue ? Pour un peu je me croirais devant un tribunal... Je regarde Jean-Luc... Nick... Ils semblent aussi surpris que moi. Aussi inquiets. Soudain, s'adressant à notre interprête, Hadji Nader se lance dans un long monologue. Nick, immobile, ne traduit pas. Que se passe-t-il ? Pourquoi ce ton ? Ces visages tendus ? Ce silence de Nick ?

L'entretien se termine. Pas un mot pour nous. Le peu de persan que je comprenne après deux mois passés dans ce pays me permet tout de même de réaliser qu'il se passe quelque chose de grave. Nous sommes maintenant congédiés. Nous nous retrouvons dehors. Notre interprète avance tête basse.

— Enfin, Nick, que s'est-il passé ? Et pourquoi ne nous as-tu rien traduit de ce que disait Hadji ?

— Il me l'avait interdit... Je ne devais vous répéter ses paroles qu'à notre retour à l'hôpital.

— Pourquoi ? C'est si grave que cela ?

— Oui, Safa, c'est grave. En fait, le chef vous reproche d'avoir transgressé tous ses ordres et en plus...

— En plus ?

— Il vous accuse de plusieurs choses, et tout d'abord de l'avoir obligé à vous fournir le bois gratuitement pendant six mois, puis de recevoir trop de cadeaux de la part des gens de la vallée, donc de faire du favoritisme, de dépouiller les plus pauvres...

— Ce sont de très mauvais prétextes ! Nous ne l'avons jamais obligé à nous fournir le bois ! Comment l'aurions-nous pu ? Nous avons simplement espéré de lui ce geste... Quant au favoritisme, c'est une invention pure et simple... Bien sûr que certains malades nous donnent parfois quelques amandes ou quelques noix... C'est leur manière à eux de nous remercier... Je ne vois pas pourquoi nous refuserions... Ce qui est certain, c'est que nous ne donnons pas à ceux-là plus de médicaments qu'aux autres... Et quant à dépouiller les plus pauvres, c'est de la folie ! Où veut-il en venir ?

— Je ne sais pas... Il vous reproche aussi d'avoir désobéi aux ordres qu'il vous donnait dans sa lettre... Celle où il vous interdisait de quitter l'hôpital à plus de cent pas...

— C'était plus pour connaître nos faits et gestes que pour nous protéger !

— Je le crois aussi, mais ça ne change rien.

Nous sommes arrivés à l'hôpital, nous montons dans notre chambre, suivis de Nick. Il s'agit de faire le point. Je suis écœurée. Jean-Luc aussi. Tant de mauvaise foi, ce n'est guère supportable. Nous n'avons pas fait dix mille kilomètres, je ne suis pas revenue pour la troisième fois dans ce pays pour être traitée de la sorte, pour ne pas pouvoir librement soigner ceux qui en ont besoin... Je regarde Nick.

— Et, bien sûr, il nous reproche aussi de ne pas avoir fait passer ses « protégés » avant les autres, lors des consultations... et de garder trop longtemps certains malades venus d'autres villages et obligés de loger chez des familles de Turkmen... Des gens ont dû se plaindre ?

— Oui.

Je l'aurais juré. Le chef se conduit comme un véritable tyran paranoïaque, imbu de son autorité, de sa « puissance »... La population a peur de lui et renchérit sur la moindre de ses doléances... Nick reprend la parole :

— Ce n'est pas tout. Il dit qu'à cause de vous les champs tout autour de l'hôpital sont piétinés.

Je regarde Jean-Luc. N'était le tragique de la situation, nous éclaterions de rire ! Il y a soixante-dix centimètres de neige autour de l'hôpital ! Les champs ne risquent vraiment pas grand-chose ! Tout est bon pour nous charger ! Le procès est tout aussi ignoble et ridicule que la façon dont il est mené... Hadji Nader n'a même pas cru devoir nous dire les choses en face. C'est inacceptable !

— Il n'y a qu'une chose à faire...

Jean-Luc a compris, il approuve d'un hochement de tête, puis enchaîne :

— Oui. Partir. Et le plus vite possible. C'est ça que tu pensais, Claire ?

— Oui, c'est ça ! Nick, on va retourner chez Hadji Nader lui annoncer notre départ.

— À cette époque-ci ? Safa, personne ne peut plus passer les cols... Il y a beaucoup trop de neige... Réfléchissez bien...

— C'est tout réfléchi, Nick, on part ! Comment rester dans ces conditions, face aux éternels reproches d'Hadji Nader !

Nous essayons tout de même de faire honneur au repas préparé par Djuma. Chacun s'est enfermé dans ses pensées. Je sens que notre cuisinier et notre interprète se font beaucoup de soucis pour nous et que notre décision leur semble irréaliste, absurde. Jean-Luc, lui, goûte à peine au plat... Hier soir, j'avais fait un gâteau au chocolat, mitonné avec des sachets aromatisés de cacao et de lait en poudre mélangés à la *vegetable-pur-gees-substitute* que l'on trouve chez Mir Assan ! Je m'en sers une énorme part... Ce soir, qui sait où nous serons !

— On y va, Claire ?

Je me lève. Le temps de prendre ma ceinture contenant argent, papiers, passeport... Pourquoi ? Je ne sais pas. Pressentiment ? Peut-être. Je ne me pose même pas la question.

— On y va.

VII

— Vous êtes nos prisonniers ! Vous ne devez pas parler !

On nous impose le silence. Et pourtant le silence n'existe pas dans cette pièce sombre de deux mètres cinquante sur quatre. De l'autre côté des murs, nous parviennent les rumeurs du quartier général : ordres aboyés par un jeune gradé, hurlements de l'homme de garde, cris d'encouragements aux bourricots écrasés sous leur chargement de bois... Des bruits auxquels nous n'aurions peut-être pas prêté attention il y a trois jours et qui, pourtant, ce matin, résonnent étrangement, comme venus d'un univers lointain. Celui des êtres libres. Ce que nous ne sommes plus depuis vingt-quatre heures déjà.

Je me croyais envahie par une sorte de torpeur, non, ils sont bien là, se relayant toutes les deux heures pour nous empêcher de parler... de communiquer. Deux gardes à l'extérieur, deux à l'intérieur. Les mêmes jeunes guerriers blonds, au crâne rasé qui nous ont reçus il y a deux mois ici même avec de grands sourires de bienvenue, et nous observent aujourd'hui avec une sorte de haine froide. Je me souviens qu'à notre arrivée j'avais comparé ces garçons à des membres des Jeunesses hitlériennes... C'est véritablement le visage qu'ils présentent aujourd'hui. Et l'attitude. Le plaisir sadique de tenir des prisonniers en leur pouvoir... Hadji Nader les manipule comme des marionnettes, jouets aux ordres du chef. Prêts à tout, petites mécanique dociles que l'on dirige à sa guise.

Fermer les yeux. Oublier ce cauchemar... Car c'est un

cauchemar, n'est-ce pas ? Ce n'est pas vrai. Ça ne peut pas être vrai. Fermer les yeux. Ouvrir grandes les portes de la mémoire. Pour savoir. Pour comprendre. Les images s'incrustent en moi. Dans ma chair. Caméra fixe. Interminable film. La projection s'arrête un instant. Je fixe la tache de lumière qui tombe de la seule ouverture pratiquée dans le mur, à plus de deux mètres du sol. Quelques centimètres carrés de ciel. Qu'importe la grisaille, le soleil ou la pluie : le ciel est toujours beau lorsqu'on sait qu'il peut manquer.

Jean-Luc s'est allongé. Les mains croisées sous la tête, les yeux mi-clos. Nick s'est tassé dans un angle du mur. À quoi bon leur parler ? On nous fera taire. Attendre la nuit, peut-être, pour échanger quelques mots.

Le film, à nouveau. Chercher la faille dans ce mécanisme infernal. Revoir défiler une à une les images.

Samedi. Hier. Vingt-quatre heures. Le temps a-t-il une importance ? Retour à l'Anjoman. Hadji Nader et ses hommes devaient nous attendre. Ils sont tous là à notre retour de l'hôpital. Notre décision est prise. J'ai confiance en Nick. Il traduira exactement nos paroles, même si elles doivent être insolentes. Elles ne le seront même pas. Visages fermés. Regards durs.

Hadji Nader, plus inquiétant que jamais avec cette fausse amabilité, ce faux sourire, a levé les yeux vers nous.

— Pourquoi êtes-vous revenus ?

Je parle lentement, Nick traduit au fur et à mesure.

— Hadji, sans le savoir, sans le vouloir, nous vous avons donné beaucoup de soucis. Sans le vouloir, nous avons peut-être fait du mal dans la vallée et provoqué des difficultés... Je sais que nous gardons parfois les malades plusieurs jours et que ceux qui sont venus de loin doivent rester ici, au village, obligeant certaines familles à les héberger. Nous pensons que c'est pour leur bien, que c'est notre travail de médecin qui l'exige... Comme de nous rendre à l'appel de chaque malade ou d'apprendre aux Mujahedin à soigner les blessés. Il semble cependant que vous ne soyez pas d'accord avec notre manière d'agir et que nous vous causons plus de désagréments que nous vous rendons de services...

Le visage du chef reste impassible. Les notables, tête baissée, ne donnent même pas l'impression de m'écouter. Jean-Luc se tait. Pourquoi me laisse-t-il ainsi la terrible tâche de nous défendre l'un et l'autre face à l'assemblée des membres de l'Anjoman ? Il faut pourtant continuer à parler, essayer de comprendre, de se faire comprendre.

— À cause de tout cela, Hadji, nous avons décidé, le docteur Jean-Luc et moi, de laisser Wakhope s'occuper de l'hôpital puisqu'il est maintenant formé... Nous vous laissons tous les médicaments et nous allons essayer de rejoindre le Pakistan.

— Quand voulez-vous partir ?

Je ne m'attendais pas à cette réponse. Je pensais à une mise au point après un mouvement de colère... Je regarde Jean-Luc, puis Nick.

— ... après-demain, Hadji, le temps de préparer nos affaires.

— Après-demain ? C'est entendu.

À peine a-t-il prononcé ces mots que le chef se lève. Lentement il observe les hommes de son groupe, restés totalement silencieux, puis il se tourne à nouveau vers moi.

— En attendant, vous êtes mes prisonniers.

Mon Dieu, que je voudrais dormir ! Dormir pour oublier. Sombrer dans le sommeil. Ne plus penser. Ne plus entendre ces gardiens bavards qui nous regardent de temps à autre avec mépris et hurlent des ordres incompréhensibles... Pourquoi ne sortent-ils pas ! Nous ne risquons pas de nous enfuir... Pour aller où ?... Le premier poste de téléphone est à huit cents kilomètres...

et la neige... et le froid... Le film inexorablement repasse devant mes yeux. Vingt-quatre heures seulement. Flux et reflux de l'angoisse. Les paroles d'Hadji Nader martèlent ma mémoire. Lancinant leitmotiv.

— Puisque vous êtes mes prisonniers, toutes vos affaires m'appartiennent... Vous avez décidé de quitter cette vallée ? Je ne m'y opposerai pas. Mais vous en repartirez tels que vous êtes vêtus maintenant, avec un *patou* * pour deux.

Nouveau silence, puis Hadji Nader reprend :

— Je ne vous laisserai aucun papier... Vous ne prendrez ni argent ni passeport... Je fouillerai même la lady pour être sûr que vous n'emportez rien. Je ne vous signerai évidemment aucun laissez-passer... Je crois que vous n'irez pas bien loin. Si les Mujahedin ne vous tuent pas, la neige, elle, s'en chargera.

J'essaie de m'accrocher à un regard de Jean-Luc. Comme à une prise dans le roc. Non. Il baisse la tête, l'air absent. Une peur viscérale m'envahit durant quelques secondes. Je me bats contre elle, de toutes mes forces... Essayer de garder la tête froide. Essayer de calmer cette panique qui risque de tout submerger. Ce n'est pas possible. Hadji Nader essaie de nous faire peur. Il bluffe. Dans quelques minutes il nous proposera de reprendre notre travail...

Se battre. Parler. Plaider notre cause. Ne pas signer notre abandon et surtout ne pas laisser le silence officialiser les choses et jouer contre nous.

— Hadji, ce n'est pas possible ? Vous savez parfaitement ce que nous avons fait. Nous avons quitté notre pays, notre famille, notre maison, notre travail, notre salaire pour venir vous aider, parce que l'on sait que vous êtes en guerre, parce que l'on sait que cette guerre est injuste, parce que l'on sait que vous manquez de

---

* Sorte de grand châle en laine de deux mètres sur un.

médecins. Notre engagement à venir vous aider, c'est bénévolement que nous l'avons pris. Alors ? Pourquoi réagissez-vous ainsi ? Vous savez que nous avons besoin d'un minimum de choses pour partir, de vêtements, de papiers... Nous avons besoin de nos passeports et d'argent pour rentrer en France.

— Vous mentez. Et c'est pour cela que vous serez chassés, sans rien, dans la neige et dans le froid. Vous mentez parce que je crois qu'il est impossible, justement, que vous ayez quitté tout ce que vous aviez. Votre famille, votre métier, votre salaire... Tout cela pour venir en aide à des gens que vous ne connaissez même pas. Et sans gagner d'argent ? Vous ne me ferez pas croire ça ! Vous aviez un autre but... Un but politique en venant ici !

Que répondre à cela ? Comment prouver à cet homme notre bonne foi ? Nous parlons deux langages différents. Il nous prend manifestement pour des espions. Il nous traitera comme tels ! Quelle dérision !... En pensée, me reviennent les mots de Salomone, au cours de notre voyage aller ; lorsque nous traversions certains villages, les habitants nous prenaient pour les Soviétiques que les Mujahedin avaient arrêtés et criaient : « *Shouravis !* Russes »... Oui, quelle dérision !

— Hadji, écoutez-moi. Nous ne vous demandons pas grand-chose. Je voudrais vous rappeler que, depuis notre arrivée à Turkmen, nous avons beaucoup travaillé... Nous pensions que vous étiez content de nous. Je sais que beaucoup de malades sont contents de nous... Nous les avons quand même soignés, Hadji, et nous en avons guéris.

— Oui, je le sais, vous travaillez bien. Vous êtes de bons médecins, beaucoup de gens me l'ont dit, mais vous êtes de mauvais Hazaras !

C'est fini. Nous n'obtiendrons plus rien de lui. Il s'est retourné vers ses soldats.

— Conduisez-les en prison. Ensuite, vous irez à l'hôpital... Fermez les portes et mettez des scellés. Je viendrai y apposer ma signature.

Une journée déjà ici. Et une nuit. Nick et Ali Djuma ont été enfermés avec nous. Ce doit être terrible aussi, pour Nick, qui n'est dans cette vallée que depuis trois mois et risque d'en être expulsé avec sa femme et ses quatre garçons... Comment parviendront-ils à survivre ?

Le silence entre nous. Se dire : « Non ce n'est pas possible, Hadji Nader veut nous faire peur... Il va nous relâcher. »

Et si ce n'était pas un cauchemar ? Quitter la vallée vêtus comme nous le sommes. Sans vivres, sans argent pour en acheter. Sans boussole. Impensable. Irréalisable. Nous sommes à 3 000 mètres d'altitude. Pour rejoindre le sud du massif, il y a quatre cents kilomètres à parcourir... dix-sept cols à franchir entre 3 500 et 4 500 mètres. En cette saison, la neige ne porte pas. Elle est trop fraîche... Nous nous y enfoncerons jusqu'à la taille, épuisés, luttant jusqu'à l'extrême limite avant de nous abandonner, de nous laisser couler dans le froid, dans le sommeil d'où l'on ne revient pas, dans la mort... Ici, les voyageurs savent qu'après seize heures il faut avoir trouvé un abri ou une mosquée, sinon c'est la mort certaine, bien avant l'aube.

Ne pas penser ? Impossible. Ma tête va éclater. Jean-Luc est perdu dans ses réflexions. Comme Ali Djuma. Comme Nick. Une nuit déjà de passée... Que n'ai-je tenu compte de mes pressentiments à Paris ? Il est trop tard. Où serons-nous demain ? Et vous qui vous faisiez tant de souci pour moi, maman, papa, vous qui me disiez : « Tu en as assez fait pour l'Afghanistan, tu ne crois pas ? » Pierre, mon frère, parti quelque part aux Galapagos, frère de plumes chez les canards sauvages... Apprendrez-vous jamais ce qui m'est arrivé ?

Non, tout va se terminer ! Je sais que maman prie chaque jour, qu'une immense chaîne de prières s'est créée autour d'elle. Honnêtement, mon Dieu, ai-je mérité ce qui m'arrive ?

« Si les Mujahedin ne vous tuent pas, la neige, elle, s'en chargera... »

Que vont-ils faire de nous ? Peut-être vont-ils tous me passer sur le corps ?

Tout à l'heure, Jean-Luc m'a murmuré :

— Je ne les laisserai pas t'emmener loin de moi.

Premier geste de fraternité depuis que nous sommes ici.

Dehors, des hommes récitent leurs prières. Puis c'est le gardien qui s'y met. Ensuite, ils viendront nous narguer. Je n'en peux plus. Mon Dieu, que je voudrais dormir, juste un peu ! Une heure ! Que ne donnerais-je pas pour être à Quetta, dans n'importe quel hôtel pouilleux !

Cette nuit, j'ai mis plus de trois quarts d'heure à sortir des billets de ma ceinture, doucement, sans froissement, sans bruit. Je les ai comptés : un tas pour Nick, un pour Ali Djuma, j'en avais le dos et le front en sueur. Au matin, j'ai pu leur donner cet argent mis de côté pour eux.

Nous sommes dimanche. Déjà vingt-quatre heures d'angoisse, de peur, de fatigue. Ils sont venus chercher Nick. Il revient deux heures plus tard avec deux pantalons et un chandail pour moi. Autant pour Jean-Luc, plus les sacs de couchage.

— Ils veulent que nous partions aujourd'hui, Nick ?

— Je ne sais pas... Je crois que plusieurs Hadji vont venir ici.

Nous avons beaucoup de visites, en effet. Ceux qui veulent simplement voir la tête des « docteurs emprisonnés ». D'autres, plus chaleureux, plus proches : Hadji commandant, Hadji Hussein, un ancien chauffeur routier qui a lui aussi été un grand voyageur, un *cuchi*, comme le commandant, comme nous...

— Ne vous inquiétez pas. Hadji Nader fait des jours de *khosa* en ce moment, ce sont des jours de récupération du Ramadan. Il est très nerveux. Il a giflé six Mujahedin ce matin.

— Que va-t-il faire de nous ?

Le commandant me répond sur un ton presque paternel :

— Je ne sais pas encore, Safa. C'est vrai qu'il ne faut pas trop vous inquiéter. Le fait que vous vouliez partir l'a rendu furieux.

Que cherche à me dire le commandant : que nous devons rester ? Implorer la clémence du chef ? Non, c'est impossible. Comment travailler deux mois, trois mois peut-être, sous l'autorité de ce paranoïaque qui peut à tout moment nous soupçonner d'espionnage ?

Il faut gagner du temps pourtant... À Médecins sans frontières, personne ne se souciera vraiment de nous avant la fin mai...

Le commandant poursuit :

— Beaucoup d'Hadji sont venus plaider en votre faveur... En plein Conseil, devant tous les notables, Hadji Malik s'est agenouillé devant le chef et lui a baisé les pieds pour demander votre grâce.

Je suis émue. J'ai peine à y croire. Hadji Malik est un vieil homme dont nous avons soigné la petite fille pour insuffisance cardiaque. Lui, au moins, est persuadé que nous sommes médecins et pas agents soviétiques. Oui, je suis émue, et pourtant tout se passe très loin de moi, comme si j'étais enfermée dans une boule de verre, comme si je n'entendais rien, comme si tout contact avec la réalité était perdu, malgré les paroles de réconfort, d'encouragement, d'amitié ou de reconnaissance.

Ce matin du lundi 25 janvier, je me sens effrondrée. Aucune envie de parler, de me forcer à sourire au commandant, venu à nouveau pour tenter de nous remonter le moral. Ils ont libéré Ali Djuma. Pourquoi ? Je n'en sais rien. Nous sentons le commandant bizarre, un peu inquiet... Il nous apprend que Wakhope est parti chez lui en emportant la clé de l'hôpital. Une vague de désespoir m'envahit de nouveau. Je n'en peux plus. Combien de jours cela va-t-il durer ? Les encouragements du commandant ne me servent à rien, même s'il vient me confirmer que tous les Hadji du village sont venus demander notre libération... Ne plus voir, ne plus entendre et, surtout, retenir les sanglots qui me serrent la gorge. Le commandant s'est éloigné. J'essaie de dormir un peu. On me réveille à douze heures trente pour me faire avaler une soupe grasse et du pain.

De nouveau, les bruits extérieurs nous agressent ! Entendre ces perpétuels jacassements, ces va-et-vient... Comme si nous n'existions pas. C'est fini, j'ai trop longtemps essayé de tenir... » De faire front. La marée est trop forte, elle emporte la digue. Plus rien ne retient maintenant mes sanglots. Je me laisse aller. Je ne suis plus que ces larmes, ces secousses de tout le corps, de tout l'être. Qu'importe ce qu'ils pourront en penser, cela ne me concerne même plus. Deux mois de difficultés quasi quotidiennes. Je suis en train de payer tout cela...

Je saigne abondamment du nez : hypertension soudaine ? Sans doute. Maintenant, tous les gardiens sont là, autour de moi, apparemment impressionnés, certains même attristés. Le gendre du commandant qui était présent au quartier général part, affolé, prévenir son beau-père. Celui-ci arrive quelques minutes plus tard, le visage décomposé à la vue de mon état et du spectacle que je dois offrir. Pourtant, ces larmes étaient nécessaires.

Hadji commandant pose paternellement sa main sur mes cheveux, les caresse doucement :

— Calme-toi, je suis sûr que le chef va revenir sur sa décision.

Ces mots d'encouragement m'apaisent et, pourtant, mes sanglots redoublent. Le commandant me prépare une cigarette, l'allume et la porte à mes lèvres.

— Ne pleure plus, docteur Safa.

Je ne suis plus qu'une loque recroquevillée dans l'ombre sur une paillasse grise de poussière. Normalement, notre départ est prévu aujourd'hui avec comme seuls compagnons le froid, le vent, la neige, la faim, la peur.

Je n'arrête plus de prier, m'adressant tantôt à Dieu, tantôt à Allah, chacun dans leur langue...

Le commandant s'en va en me promettant de revenir au plus vite.

Il est parti depuis quelques minutes, lorsque la porte s'ouvre. Un des soldats d'Hadji Nader s'avance vers nous.

— Sortez. Le chef vous attend.

Je prends le temps de m'asperger le visage d'eau glacée. Il va falloir entrer dans l'arène et je ne veux pas qu'Hadji Nader et sa cour me voient pleurer.

VIII

Lundi 25 janvier. *Dix-huit personnes, debout pour notre arrivée, scrutent mon visage. Les dix mètres qui me séparent de ma place me semblent une éternité, et, contrairement aux autres fois, je ne sers aucune main et rejoins directement le coin de la pièce, à côté du commandant, où il y a une place. Durant ces instants et ceux qui vont suivre, je comprends qu'un ange gardien et ma famille veillent et m'épaulent. La remise en cause du « procès » sera assez longue. Chaque point est repris et expliqué.*

Ils ont changé d'avis. Nous devrons faire notre temps ici : trois mois. Puis, on nous informe de ce qu'aurait été notre sort, si nous étions partis : fouillés pour que nous n'ayons ni papiers ni argent sur nous, puis emmenés par des Mujahedin vers le sommet de la vallée, porteurs d'une lettre « spéciale », c'est-à-dire la mort, certaine, par les soldats ou par le froid. Hadji Nader ne bluffait pas.

*
* *

Sommes-nous libres ? Sûrement pas. Désormais, le chef, ce paranoïaque qui nous prenait pour des espions, veillera scrupuleusement lui-même à notre emploi du temps. Dans les semaines qui suivront, Jean-Luc assurera les soins à l'hôpital ; quant à moi, chaque jour, sur ordre du chef, j'irai de village en village accompagnée de Sharrif, de Wakhope ou d'un Mujahed. Quatre, cinq, parfois sept heures de marche quotidienne. Quand il le faudra, je dormirai chez les familles.

Avant de nous laisser partir, Hadji Nader, comme tous les autres notables, nous serrera la main et me dira :

— *Bisyar bubakhshin*, docteur Safa : je suis désolé.

Désolé ? Peut-être. Je trouve cependant qu'il nous fait payer cher son sentiment de culpabilité ! A qui devons-nous ce revirement ? À l'intervention des Hadji, à ma crise de larmes, à l'amitié d'une partie de la population, au fait qu'Hadji Nader ait pris conscience, pour toutes ces raisons, que nous n'étions pas des espions ? Sans doute. Chaque fait a pesé son poids. Chaque explication est valable. Reste que nous sommes, malgré tout, à la merci d'une autre saute d'humeur, d'une autre crise ou d'une autre lubie ! « *Bisyar bubakhshin* »... J'aimerais bien le croire !

Un premier cauchemar est fini, un autre commence. Notre chambre a été mise à sac. Nick m'apprend qu'Hadji Nader lui-même a fait ouvrir toutes nos malles, fouiller toutes nos affaires, traduire nos papiers : toujours l'obsession de l'espionnage. Il a, paraît-il, essayé de voir si ma radio-cassettes ne déguisait pas un poste émetteur-récepteur... Nous qui ne pouvions capter que des matchs de foot retransmis par Radio-France internationale !

Évidemment, plusieurs de nos affaires ont disparu : outre notre matériel photo (que l'on doit nous rendre plus tard), plusieurs objets auxquels je suis sentimentalement très attachée, dont le thermomètre offert par mon oncle Philippe... Je suis trop fatiguée, écœurée, pour retenir mes larmes. Djuma parle à voix basse, s'inquiète auprès de Nick pour savoir si vraiment je ne vais pas mieux, il s'approche de nous pour nous dire avec un bon sourire :

— Safa... Je n'aime pas te voir pleurer... Ce que j'attends de la vie, c'est que ceux que je sers soient heureux...

Puis il enchaîne cette merveilleuse phrase qui résume toute sa tendresse :

— Vous savez, pendant trois jours, j'ai perdu beaucoup de viande à cause de vous.

*
* *

Mardi 26 janvier. *Ce matin, j'ouvre un œil inquiet sur ce qui m'entoure. C'est bien notre chambre. Je ne rêve pas. L'après-midi, je dessine pour me changer les idées. Un soldat est venu me rendre le thermomètre d'oncle Philippe, et, dans la soirée, le commandant et son gendre viennent prendre de nos nouvelles.*

Mercredi 27. *Ce matin, je pars avec Sharrif remonter la vallée vers le col, puis dans les montagnes, voir un malade. Sharrif marche beaucoup trop vite pour moi. Je me fatigue très rapidement... Mal partout dans les jambes et le dos. Nous avons quitté l'hôpital à neuf heures quinze, nous arrivons à dix-huit heures quinze. Il neige. À l'intérieur de cette maison, les portes font environ soixante-dix centimètres sur soixante-dix, il faut passer à quatre pattes. Le malade est un gosse de quinze ans : tuberculose. Les gens sont très gentils, ils nous offrent un plat de riz avec de la viande et du lait. Nous passerons la nuit ici, 3 400 mètres d'altitude.*

Jeudi 28. *Lever à sept heures. Tous sont debout depuis longtemps à cause de la prière... Nous partons à huit heures trente, passons par Done Ragrèse et Done Destarzan puis repartons pour Goulak soigner un garçon vraiment mal en point. Arrivée à dix-huit heures dans le « bureau » d'Hadji Nader pour le « rapport ». Nous avons marché toute la journée.*

*
* *

Cette alternance de missions dans les villages et de retours pour les rapports au chef se feront de plus en plus fréquents.

Depuis qu'il nous a fait ses excuses, je sens qu'Hadji

Nader essaie de comprendre ce qui nous motive... Quelles sont les raisons profondes pour lesquelles je suis ici, en plein hiver afghan, marchant des heures, de villages en villages, parfois totalement épuisée, récupérant mal mes forces ? Il faut dire que la tension de ces dernières semaines, le froid, les longs trajets dans la neige et la maigre alimentation y sont pour quelque chose. Ce soir, une fois de plus, après m'avoir invitée à dîner avec ses fidèles, le chef me questionne sur l'existence de notre « organisation ». Qui gère Médecins sans frontières ? D'où viennent les fonds ? Sommes-nous indépendants par rapport à notre gouvernement ? Depuis combien de temps suis-je engagée dans cette voie ? À combien de mission ai-je déjà participé ?

Et lorsque je réponds :

— Hadji, je vous l'ai déjà dit, notre action est bénévole, la plupart de ceux qui viennent ici le font parce qu'ils croient sincèrement que le devoir d'un médecin ou d'une infirmière est d'être là où il y a des hommes qui souffrent, alors ils offrent leurs compétences, quelques semaines ou quelques mois de leur temps...

Le chef insiste, prend un autre biais : comment fais-je pour gagner ma vie ? Combien d'argent ai-je sur mon compte en banque ? Combien ai-je de comptes en banque ? Quel était mon salaire en France ?

Nous comprendrons-nous jamais ? Nous vivons dans des mondes différents. Et surtout, je n'oublie pas ce que cet homme m'a fait endurer, lui et lui seul. Les « autres », ses « adjoints », n'y étaient pas pour grand-chose ; certains même étaient peut-être sincères.

*
* *

Vendredi 29 janvier. *Jean-Luc, Nick et Djuma partent faire les bûcherons en face de l'hôpital car Hadji Nader nous a « offert » (pour se faire pardonner ?) trois arbres, sur pied, pour nous chauffer !*

31 janvier. *Je me traîne pour travailler, je n'en ai plus le goût, cela m'apprendra à partir pour des missions cow-boy, je n'ose pas penser aux trois mois qu'il reste avant l'ouverture du col... Si encore il existait une certaine communication entre Jean-Luc et moi, mais jour après jour, c'est l'indifférence et les rancœurs qui s'installent. Cet homme vit dans un tel état d'égoïsme qu'il ne se rend même plus compte qu'il vit à côté des autres. Heureusement qu'il y a Nick et Djuma, ils sont les traits d'union entre leur peuple et nous... Et plus encore, ils remplacent à mes côtés l'amitié que j'attendais de Jean-Luc...*

1er février. *Vers quinze heures, on est venu me chercher pour partir à Aôpush, village à cinq heures de marche. La mère de Wakhope, une des femmes d'Hadji Nader, est sur le point d'accoucher. Ils m'ont préparé un cheval pour faire le trajet. J'ai très vite froid. De temps à autre, je dois marcher une demi-heure, ou plus, pour me réchauffer. Nous arrivons à vingt et une heures, dans une grande maison. Le bébé est déjà né, c'est un garçon. Toute la famille est heureuse de m'avoir et je le suis tout autant d'être ici. J'espère rester plusieurs jours pour me changer les idées.*

5 février. *Ce matin, une lettre d'Hadji Nader me demande d'aller soigner des malades à Done Essar. Presque au bout de la vallée. Je pars avec le cheval, sous un beau soleil. La glace est très vive, et dans un virage, ma monture dérape et s'effondre. Je suis propulsée dans la ravine quelques mètres plus bas et me retourne le pouce gauche et trois ongles de la main droite ! Le froid est tellement vif que la douleur me porte au cœur. Arrivée à Done Essar, au lieu de voir trois malades, j'en vois dix.*

8 février. *Retour à Turkmen après une semaine d'absence. Je passe tout d'abord au « rapport », puis je rejoins l'hôpital. Djuma est si heureux de me revoir, qu'il fait brûler ses pommes de terre...*

10 février. *Il y a trois jours, Wakhope m'a dit quelque chose de très gentil : « Pourquoi est-ce que tout le monde t'aime ici ? » J'ai dû lui répondre que c'était parce que je les aimais... Heureusement qu'ils sont tous là, les familles, les pauvres, le peuple lui-même, cela m'aide à supporter ma réclusion sans trop de cafard. Cette nuit, nous couchions tous dans la même pièce, dans une maison d'Imka où j'étais venue voir plusieurs malades. L'un des anciens était très inquiet de me voir fatiguée (surinfection pulmonaire et des sinus). Au petit matin, j'avais froid et je toussais tellement que je l'ai entendu se lever pour me donner sa couverture. C'est tout juste s'il ne m'a pas bordée...*

⋆
⋆ ⋆

— Tiens, cela fait longtemps qu'on ne les avait pas entendus, ceux-là !

Le bruit est caractéristique, nous sortons sur la terrasse de l'hôpital. Le ciel est très pur en ce début d'après-midi du 11 février. Il doit être treize heures. Les Migs patrouillent au-dessus de la vallée. Ce n'est pas la première fois que nous avons droit à leur visite. Aujourd'hui cependant, ils semblent s'attarder un peu plus que d'habitude... Rien à faire pour l'instant sinon surveiller leur manège, tout en continuant à vaquer à nos occupations. La semaine a été éprouvante et j'avais espéré me reposer un peu aujourd'hui... Une lettre d'Hadji commandant met fin à mes espoirs : on m'attend à Done Kumru, pour une malade soi-disant intransportable. Il n'est pas loin de seize heures lorsque je suis sur la route du retour. Le tournoiement des Migs a repris : quatre appareils auxquels viennent se joindre des hélicoptères surgis de l'autre côté de la montagne. La meute est au complet, reste à savoir si elle a reçu ou non l'ordre de passer à la curée. Je presse le pas. Il faut absolument gagner l'hôpital au plus vite. « Notre vallée n'a jamais été bombardée, donc elle ne le sera jamais. » Je me rappelle cette phrase des Mujahedin, peu de temps après notre arrivée. Aujourd'hui, leur logique risque fort d'être prise en défaut. Le fils du commandant qui m'avait accompagnée vient de me quitter pour rentrer chez lui. Je suis encore loin du dispensaire lorsque les premières fumigènes, larguées par les hélicoptères, tombent à la verticale de notre hôpital.

Les bruits s'amplifient. La curée a commencé, apparemment ils sont en train de lâcher leurs bombes un peu plus haut dans la vallée. Le cirque va durer une demi-heure.

La nuit est déjà tombée lorsque la jeep s'arrête devant l'hôpital. Nous sommes prêts depuis longtemps : l'urgence encore une fois. Les phares éclairent ici et là les congères de neige. Parfois, il nous faut sortir du véhicule, ouvrir la route à la pelle, dégager les roues. Nous ne parlons pas. Seuls les regards, lorsqu'ils se croisent, disent assez l'énergie concentrée au fond de chacun. Mon Dieu, que trouverons-nous là-bas ?

Nouveau départ, les phares creusent l'obscurité, autre halte pour pelleter la neige et pousser la jeep : il nous faut trois heures pour atteindre les premières maisons.

Celle-là même où j'avais pris le thé et fait plusieurs consultations il y a quelques jours a été complètement rasée. Chez ces gens qui m'ont accueillie, l'un est mort, dix autres sont blessés dont sept de la même famille. Un Mudjahed a eu l'avant-bras arraché par une roquette en se portant au secours d'un enfant. Je le perfuse, puis aide Jean-Luc à nettoyer et traiter la blessure. Une trentaine de guerriers nous entourent, étrangement silencieux, tassés, recroquevillés sur eux-mêmes. Au-dehors, il fait terriblement froid.

— Il y a d'autres blessés ?

— Oui... Ils attendent tous dans une maison à cinq minutes d'ici.

À part un homme, ce sont tous des enfants qui ont été touchés. Nettoyage des plaies, traitement, pansement, nous travaillons chacun de notre côté jusqu'à deux heures du matin. On nous conduit ensuite dans une autre maison du village pour prendre un peu de thé, un peu de pain et y dormir. Demain, il faudra recommencer.

— Ils reviennent, Djuma ! Vite, vite, ne reste pas dans la maison.

Cette fois-ci, c'est bien pour nous, je suis certaine de vivre mon premier bombardement.

J'ai quitté Done Nol vers treize heures pour rejoindre notre dispensaire. Jean-Luc, resté là-haut avec Nick, s'occupe des derniers soins. Après trois heures de marche, j'ai retrouvé Djuma, son éternel sourire aux lèvres, occupé à casser du bois pour notre feu... À peine le temps de lui parler, le vrombissement des Migs nous a jetés hors de l'hôpital. Hier très exactement à la même heure, ils bombardaient Done Nol ; aujourd'hui c'est votre village qui est visé. Les loups reviennent à la curée, trois Migs, quatre hélicoptères et deux bi-moteurs. En quelques secondes, les jets se laissent tomber en piqué, lâchent leurs bombes, se cabrent pour reprendre de l'altitude dans le vacarme assourdissant des réacteurs... Kumru, Caresak... Chaque quartier est une cible... Le bombardement dure une heure. Nous nous sommes réfugiés sur un flanc de la vallée qui domine l'hôpital d'une vingtaine de mètres. Proche de moi, Djuma regarde, hébété, ce déferlement de projectiles... Pierres, terre, branchages s'abattent sur nous. Je me souviens des mots de papa : « Dans les grandes profondeurs, laisse un peu mesurer les autres. »... Je les laisserai mesurer ! Au milieu de ce spectacle infernal, j'éprouve une peur viscérale et un sentiment de fascination. Ce n'est plus du cinéma, l'odeur de poudre est très forte, et l'onde de choc qui me coupe le souffle fait douloureusement vibrer mes tympans et me donne l'impression de recevoir un coup de poing dans l'estomac. Je suis projetée contre un mur, ma montre se brise.

Quand vont-ils s'arrêter ? Il n'y a plus de temps, seulement l'attente... Fin du ballet des Migs ; viennent les hélicoptères. Ceux-là, j'en ai très peur. Ils tournent autour de nous un quart d'heure, puis repartent en direction de Kaboul.

C'est fini, il est dix-sept heures. C'est le silence après le vacarme. Un silence qui agresse, le silence de l'angoisse pas encore évacuée, nichée au fond de soi. Les ténèbres commencent à envahir la vallée, il faut retourner très vite à l'hôpital pour inventorier les dégâts tant qu'il fait encore à peu près jour. Djuma n'est pas très convaincu et me suit de mauvaise grâce... Un blessé nous attend : double fracture de l'avant-bras. Jean-Luc et Nick ne sont pas rentrés et ne rentreront sans doute pas ce soir. Heureusement j'ai mon Djuma ! Nous réduisons la fracture sous anesthésie générale puis nous plâtrons. Demain, Jean-Luc reprendra tout cela ; ce soir, au moins, le garçon ne risque pas d'aggraver son mal.

Tout à l'heure, Hadji Rassen et ses Mujahedin sont arrivés de Calentalla pour prendre de nos nouvelles.

— Tout va bien, docteur Safa ?

— Tout va bien.

— J'ai eu très peur pour vous.

Il nous explique que la situation de notre hôpital, sur ce fond de vallée, est la reproduction parfaite d'une maison située à trois cents mètres en amont. À ses dires, c'est sur elle seule que sont tombées les quinze premières bombes. Or cette demeure est abandonnée depuis deux ans... Curieuse coïncidence.

Nick et Jean-Luc arrivent une heure plus tard, très inquiets. Les hommes rencontrés en chemin leur ont appris qu'une femme avait été gravement blessée.

À Caresak, il y a eu beaucoup de dégâts, de nombreuses maisons effondrées, plusieurs morts ensevelis dans leurs abris construits trop près des habitations... Les gens du village sont venus nous chercher. C'est à la lueur des torches que l'on fouille les décombres. Toute la population est là. On dégage trois enfants et leur père : ils sont en train de mourir de froid. Je fais chauffer les flacons de perfusion, le liquide, tiède, devrait faire remonter la température intérieure. Seul le père sera sauvé.

À quelques mètres de là, les enfants ont trouvé un détonateur de bombe, et, tout fiers, le promènent au bout d'un bâton. Cette vie, toujours, qui continue...

IX

Dimanche 14 février. *Nous passons au Q.G. d'Anjoman. Le commandant m'apprend qu'ils ont dénombré trente et un trous de bombes sur Caresak, et trente-trois sur Kumru : soit soixante-quatre bombes de trois cents kilos. Deux n'ont pas explosé. Les cratères font six mètres de profondeur et douze à quinze mètres de diamètre.*

Lundi 15 février. *Le village revit peu à peu, car tous, depuis quelques jours, ont abandonné leurs maisons. Ils sortent maintenant des abris dans lesquels ils se terraient.*

Aujourd'hui nous faisons le tri de nos médicaments pour les mettre à l'abri. L'hôpital est devenu une trop belle cible ! Les chambranles des portes et des fenêtres ont éclaté, les serrures ont été arrachées sous la violence du souffle. Les adjoints d'Hadji Nader reconnaissent que cet endroit est dangereux et qu'il faut le quitter rapidement. Wakhope fait très justement remarquer que si quarante personnes se tiennent sur le toit de l'hôpital, ils n'auront aucun lieu pour se réfugier en cas de nouvelle attaque. Je trouve qu'en ce moment, Wakhope prend vraiment conscience de notre travail. Il se sent lui aussi responsable. Hadji, son père, de retour d'Aôpush ne veut rien entendre quant à notre déménagement, prétextant que nous avons de bonnes jambes, que la prochaine fois, nous n'aurons qu'à courir...

*
* *

Si Wakhope met plusieurs jours pour convaincre son père, nous mettons près d'une semaine pour trouver une nouvelle maison. Les gens de la vallée, apeurés depuis les récents événements, ressentent notre présence comme un danger. Nous sommes expulsés de maison en maison, de village en village. Partout, on nous refuse d'entreposer notre matériel. Hadji commandant essuie, à nos côtés, le rejet des habitants, et c'est finalement sur l'ordre d'Hadji Nader que nous trouvons un nouveau gîte.

Le dispensaire en temps que tel n'existe plus, désormais, les médicaments seront entreposés dans d'autres maisons, et, chaque jour, Jean-Luc et moi nous nous déplacerons dans les hameaux éloignés sous la seule autorité du « bureau ». Trois à sept heures de marche quotidienne qui sont un prolongement de ce que j'ai fait depuis notre sortie de taule !

⋆
⋆ ⋆

Lundi 22 février. *Wakhope et moi rentrons tranquillement de notre longue journée. La température de la chambre est de 4 degrés, mais nous n'avons pas le temps de chauffer. Un des soldats d'Hadji Nader vient nous chercher pour venir soigner des gens d'Aôpush. Je suis assez fréquemment invitée chez le « grand patron ». Ce soir, je suis conviée d'office pour manger à la « nappe » du chef. Il me fait une déclaration qui m'angoisse beaucoup : « Docteur Safa, il faut que vous restiez ici, en Afghanistan. Quand les Russes partiront, je vous emmènerai à Kaboul, et, de là, vous pourrez aller voir vos parents de temps en temps... » Voilà ! Enfin, je préfère qu'il me dise cela plutôt que de me condamner à mort en m'envoyant dans la neige et le froid !*

Ce soir, je suis un peu triste ; toute la demi-journée, Jean-Luc a été à la limite du désagréable. J'ai eu vingt-six ans ce matin, et pourtant, pas un mot gentil de sa part. Dire qu'il y a deux jours j'ai passé tout l'après-midi à lui préparer un dîner d'anniversaire. J'avais même ouvert un quart de champagne traîné depuis la France ! Ce soir, il préfère aller chez un homme de Shekha. Nick et Wakhope ne sont pas dupes mais ils ne peuvent rien.

Jeudi 4 mars. *Au retour d'une journée de marche, deux lettres nous attendent : l'une de Warras, l'autre de Bertrand. Toutes deux annoncent les mêmes nouvelles : après l'hôpital de Jaghori et celui de l'A.M.I. dans le Panchir, Besud a été bombardé, l'hôpital M.S.F. de Nayak à Yakaolang complètement détruit. François, Chouchou et Bertrand ont quitté Tagao, fin décembre, pour rejoindre l'hôpital de Warras où se trouvaient Habib et Catherine (nous les avions rencontrés à Quetta). Après un mois, ils sont partis pour Nawur, puis, avec Alex et Sylvie, pour le Pakistan. Si Bertrand revient nous chercher comme il l'envisage, les trois pelés qui restent en Afghanistan, c'est nous... Et nous étions neuf au départ de Paris !*

Vendredi 5 mars. *Notre nouvelle maison est un peu sur les hauteurs. À la nuit, lorsque nous nous retrouvons, c'est à cinq que nous vivons dans la même pièce... sans compter les bêtes ! notre poule et son coq, Pomponnette, la petite chatte offerte à Jean-Luc pour son anniversaire, et le lévrier afghan ramené par Wakhope !... Ce matin, les hommes sont tous partis, me laissant seule. Je vais pouvoir me laver et me changer. Ce n'est pas un luxe !*

Lundi 8 mars. *J'ai toussé toute la nuit. Beaucoup de difficultés à respirer, et pourtant je dois me lever pour faire mon sac à dos. Ce matin, c'est à moi de partir à Done Nol. Je suis crevée, je ne sens plus mes jambes, et ma fatigue nerveuse est telle que je sanglote derrière mes lunettes de brouillard. Je ne peux plus m'arrêter et voudrais m'effondrer dans la neige et n'en plus bouger. En arrivant chez les malades, les « séances » de thé sont un calvaire car j'ai peur de craquer devant eux. Alors, doucement je me plonge dans mon sac pour préparer le matériel : seringues, perfusion... Une fois l'esprit occupé, cela va mieux.*

⋆
⋆ ⋆

Mon seau à la main, je vais chercher de l'eau. J'ai un peu de lessive à faire et profite d'une heure de liberté en ce milieu d'après-midi. Il est seize heures. Maintenant, les jours sont nettement plus longs. Nous sommes le 11 mars. En France, dans un peu plus de huit jours, ce sera la fin de l'hiver. Ici l'air est encore très vif, le ciel parfaitement dégagé.

À quelques mètres devant moi, un homme monte le raidillon dans ma direction, la tête baissée. Je crois le reconnaître, je n'ose pas l'appeler. Un instant, il relève la tête.

— Bertrand !

— Claire !

Je lâche mon seau et je me précipite. Bertrand franchit en courant les quelques mètres qui nous séparent. Nous nous embrassons comme frère et sœur. Quelle joie ! Quel soulagement aussi ! Le retour de notre ami prouve que l'on peut à nouveau circuler dans les vallées. Un certain cauchemar prend fin, Bertrand en est la preuve vivante.

— Comment allez-vous tous les deux ?

— Impossible de te résumer cela en deux mots, on a tellement de choses à te dire... Et toi ? Et les autres équipes ?

— Vous avez reçu ma lettre ?

— Oui, j'ai l'impression que nous sommes les trois derniers Français dans tout l'Hazaradjat. Enfin, pour M.S.F... !

— Tu peux dire dans tout l'Afghanistan ! L'équipe du Nouristan a plié bagage après être restée en taule pendant vingt-cinq jours. Et celles du Paktia sont également parties. Je suis venu vous chercher.

Je sors de ma poche une grosse amande, vu sa taille, elle doit être double.

— Tiens, Bertrand, pour fêter nos retrouvailles, nous allons faire une « philippine ».

— D'accord, on devra se dire : « bonjour philippine », pendant le pot que je t'offrirai sur le bord de la piscine à Karachi !

— Ça marche !

Il se retourne soudain et se met à rire.

— Qu'est-ce que ça a de drôle ?

— Rien, c'est nerveux...

Et nous croquons ensemble les deux moitiés de l'amande.

Voilà. Jean-Luc et Bertrand ont mis dix-sept heures, nuit comprise, pour commencer à se disputer !

Le nouvel an musulman arrive, *Nau Roz.* Mais le 21 mars est également l'anniversaire de Bertrand. Dans la région, il est de tradition, pour les familles les plus riches, d'acheter et de tuer une bête que l'on partagera avec les voisins. Chez nous, malgré la fête et le très bon repas aidant la tension de notre petit groupe se traduit par des bouffées délirantes, libérées à tour de rôle : Peshawar, Quetta, et, pour Bertrand, les huit heures de vol vers Paris et les commandes qu'il compte y faire.

*
* *

Mercredi 25 mars. *Ce matin, je pars seule pour mes six heures de marche. La route est toujours plus longue lorsqu'on est seul. J'admire autour de moi la vie qui commence dans les champs. Les ânes portent le fumier depuis les maisons jusque sur des terres éloignées parfois de plusieurs kilomètres ; ensuite, les hommes couvrent la parcelle de petits tas régulièrement disposés sur toute la surface, les étendent à la pelle, puis labourent le champ avec le socle d'une charrue en bois tirée par deux vaches... Depuis combien de générations avons-nous abandonné ces pratiques ?*

Une foule d'idées me reviennent en mémoire tandis que je marche sur le chemin maintenant déneigé. Certaines images de la langue afghane, si belles, par exemple aller aux toilet-

tes se traduit ici par « la réponse du thé », les avalanches, par « barfcuchi, » ce qui veut dire « la neige nomade ».

*
* *

Absent pour les fêtes de Nau Roz, Hadji Nader est enfin de retour. Nous décidons de lui rendre visite dès le lendemain de son arrivée. Jean-Luc prétexte un rangement de cantine pour ne pas nous accompagner. Après deux heures d'argumentation, notre départ n'est toujours pas accepté. La discussion est remise pendant quatre jours. C'est maintenant Bertrand qui donne la repartie à Hadji. J'ai encore cette angoisse de remettre celui-ci en colère et que tout recommence. Alors que lui, comme pour se faire pardonner :

— Docteur Safa, allez choisir un gigot de mouton dans la pièce du dessus...

Je souffle un vague « merci » en pensant : « Ce n'est pas avec un morceau de bidoche que vous nous garderez ici plus longtemps. »

En ouvrant les yeux ce matin, la pensée du départ m'habite tout entière, éparpillant les angoisses et les cauchemars de la nuit. Il est six heures moins vingt, et nous avons rendez-vous à sept heures à la croisée des chemins.

Hadji Nader viendra nous dire au revoir, enfin s'il n'a pas changé d'avis... Je jette un dernier regard au plafond de notre chambre. Je le connais par cœur pour l'avoir exploré, espionné dans ses moindres recoins, dans ses moindres fissures. Sans doute puisais-je le calme dans son ordre établi, inébranlable. Ce matin, dernière inspection. Les poutres noircies de fumée encadrent toujours les taches d'humidité qui gouttaient sur nos duvets à chaque fonte des neiges. Lorsqu'il avait neigé durant la nuit, il fallait se précipiter le matin, pour dégager le toit avant que le soleil chauffe trop. Les araignées sont à leur poste, elles y resteront, c'est moi qui les fuis.

Pomponnette, qui m'a sentie remuer, vient ronronner devant mon nez, installée sur mon estomac. Elle aussi reste et retournera à l'état sauvage. Je soulève la tête en entendant bouger mes compagnons dans leur sac de couchage. La nuit aura été courte. Hier, dernière soirée avec un Wakhope effondré, un Djuma excité à l'idée de partir avec nous et tournant en rond sans savoir ce qu'il avait à faire, un Nick égal à lui-même, peut-être inquiet, en cachette, en songeant à sa femme et ses quatre enfants. Ils resteront seuls pendant un mois et demi ou plus... Faut-il que notre amitié soit profonde pour qu'ils veuillent nous accompagner jusqu'aux camions ? Je regarde Bertrand et Jean-Luc, les cheveux en bataille. Le dîner a été d'une détente inaccoutumée, mes deux camarades ont même oublié de se disputer, sans doute trop occupés à rêver... gaieté contenue de cette force nouvelle, de la richesse qui nous unit. Un proverbe arabe dit : « Celui qui a la santé a de l'espoir, celui qui a l'espoir a tout ! »

Dans quelques heures, nous allons sortir du tunnel, être aveuglés par la lumière, connaître à nouveau le bonheur d'être libres et de pouvoir fermer les yeux, la nuit tombée, sans craindre le jour à naître. Et pourtant, ce matin, ne devrais-je pas être effondrée devant les obstacles à franchir ? Quatre cents kilomètres de neige, une altitude de marche à plus de 3 000 mètres, dix-sept cols à passer... Plus de vingt jours de marche d'après Hadji Nader.

Je sais d'avance que les heures de souffrance à venir m'éloigneront mètre après mètre du cauchemar que je vis ici, chaque pas me rapprochera de la France. Nos sacs sont maintenant bouclés, chacun s'active en silence, tension et émotion confondues. Tout paraît si fragile dans ce départ si proche qu'il semble encore un rêve, bien longtemps caressé. Même Djuma s'est tu en préparant le thé. Wakhope s'est lentement redressé sur sa paillasse, adossé à la cloison, les yeux fixés sur les taches du tapis. Absent, ses doigts jouent machinalement avec sa chapka de fourrure. Quel vide immense va creuser notre départ ! Voilà deux ans que sa vie d'étudiant est restée à Kaboul. Depuis lors, il étouffe dans un trou. Notre venue a été une oasis dans son désert. La marche va être encore plus haute maintenant que nous partons. Hier encore, j'ai plaidé sa cause auprès de son père ; malheureusement il est resté sourd à mes arguments. Nous avalons rapidement le thé et un peu de pain. Hier j'ai fait quelques provisions de fruits secs à grignoter en marchant : *keechmechs,* des raisins secs, des amandes de noyaux d'abricots et des abricots déshydratés qu'il faut sucer longtemps pour les ramollir. Il doit bien me rester, au fond de mon sac, les tablettes de glucose « spéciales sportifs », données par maman avant le départ. Je les conservais en dernier recours, au cas où...

Nous sommes prêts pour le grand saut. Trois porteurs nommés par Hadji nous rejoignent pour charger le matériel, alors que les consultants viennent lancer des cailloux sur les fenêtres en scandant : « Des *goulis,* des *goulis* ». Wakhope devient chef de l'hôpital, nous lui laissons le stock de médicaments dont il a appris à se servir. Je me retourne une dernière fois en quittant la pièce. Pomponnette, qui errait d'un bagage à l'autre en reniflant partout, vient de disparaître. C'est peut-être mieux ainsi. Nous tirons la lourde porte cloutée. Rien n'est fini, mais une première page se tourne.

Dévalant la pente pour rejoindre le point de rendez-vous avec Hadji, nous arrivons ensemble avec la précision d'une horloge ! Le chef est entouré de ses Mujahedin, les bras chargés de quelques sacs de ces amandes entourées de sucre blanc et de raisins. Je suis vraiment touchée de cette marque d'affection. La tradition afghane veut que la famille ou les proches d'un voyageur l'accompagnent aussi loin que possible, en lui donnant des provisions qui l'aideront au cours de ses pérégrinations. Un geste de paix avant de se dire adieu.

Il doit être sept heures et quart lorsque notre petite

colonne s'ébranle. Nous laissons les trois porteurs d'Hadji passer devant. Djuma et Nick progressent à nos côtés, silencieux. Wakhope et Sharrif nous accompagnent jusqu'aux premières maisons de Calentalla. Mes dernières recommandations cachent l'émotion qui m'envahit, le combat de mes larmes et de mon soulagement à quitter cette terre où j'ai passé cinq mois. Cinq mois d'acharnement à vivre et partager, à rire et se défendre. Cinq mois à tendre l'autre joue... Où tant de frustrations, et tant d'humiliations auraient pu user les plus forts. Je n'ai plus d'amertume, seulement de la peine. Tant d'amis restent dans l'ombre... Ceux qui, par quelques mots, un regard ou un geste, ont su être présents aux moments difficiles. Ce matin, ils dévalent le sentier qui descend à la route et viennent nous saluer. D'autres familles attendent notre passage, accroupies au bord du chemin. À Shekha, le vieux père du Mujahed blessé au bras nous apporte des beignets faits par sa femme et sa belle-fille.

— Pourquoi partez-vous ? Nous avons besoin de vous ici...

— Eh oui, grand-père, mais d'autres médecins viendront nous remplacer et ma famille aimerait peut-être aussi me revoir...

— Alors que ta famille soit heureuse, dis-lui bien *manda na bashi* (ne sois pas fatiguée). Et vous aussi, n'ayez ni froid ni faim, portez-vous bien, nos pensées seront avec vous sur la route.

Cette première journée de marche ressemble à toutes celles de nos deux derniers mois. Pourtant aujourd'hui, mes yeux cherchent à fixer chaque détail de la route, les entrées des villages et des maisons aimées. Sommes-nous vraiment en train de partir pour ne plus jamais revenir ?... Où est-ce encore une manœuvre d'Hadji ? Je ne veux plus y penser, aller seulement sans détourner la tête. Aux premiers barrages de Mujahedin, nous serons fixés sur l'efficacité de nos laissez-passer. Angoisse justifiée ou début de paranoïa, je demande à Nick de me traduire mot à mot ce passeport hazara, écrit au feutre vert (couleur de l'Islam) et orné de plusieurs tampons. Nos deux infirmiers nous quittent, Wakhope pleure, j'accélère les adieux pour ne pas en faire autant.

— Je viendrai en France dès que mon père me laissera partir. Alors, c'est entendu, je pourrai venir chez toi ?

— Naturellement, et nous te trouverons du travail. *Khuda hafez*... à... Dieu.

Pour le premier jour, nous ne pouvons pas rejoindre le pied du grand col. Il faut s'arrêter avant la nuit. Elle tombe vers cinq heures, hantée par les loups qui descendent des crêtes. Dans ce pays, ils ne sont pas un sujet de menace et de cauchemar pour les petits enfants, mais plutôt pour les adultes. Après la tombée du jour, certains hommes ne veulent plus sortir de chez eux s'ils ne sont pas armés.

Il est seize heures, nous arrivons à Done Essar. Je frappe à la porte d'un Hadji chez qui j'étais passée, seule, les tout premiers jours de février. À cette époque, le Mujahed palefrenier d'Hadji Nader m'escortait et me servait de guide pour de longues journées de marche. Pendant huit jours, je n'avais dormi que chez l'habitant ; chaque soir, les ordres d'Hadji portés par un soldat m'envoyaient encore plus loin. « Les travaux obligatoires » ainsi que les surnommait Hadji. Dans ces hameaux au bout du monde, les familles m'accueillaient comme une fée bienfaisante. Les heures de marche pour venir les soigner étaient épuisantes, mais la joie et la chaleur irradiant de ces foyers effaçaient ma fatigue. Et si mes yeux étaient souvent pleins de larmes pendant les montées, plus tard, penchée sur les vrais malades, j'oubliais toute lassitude. Hommes ou femmes s'approchaient lorsque j'étais assise, pour me masser avec force les muscles des cuisses et des mollets. C'était plus douloureux qu'autre chose, et assez étonnant lorsque c'était un Mujahed qui se proposait pour me prodiguer ces soins...

L'hôte de notre village-escale nous reçoit immédiatement bien qu'il ne semble pas se réjouir de ce débarquement. Sans entrain, on nous sert une soupe grasse, nous tombons de fatigue. Ce ne sont pas tant les huit ou neuf heures de marche que le relâchement des nerfs. Jusqu'à la veille du départ, Hadji Nader n'avait pas accepté notre décision de rentrer en France. Tous les arguments avaient été avancés les uns après les autres : « Je déciderai seul si je vous laisse partir chez vous. Vous ne quitterez cette vallée que lorsque les prochains médecins seront là. S'il n'y a personne, vous resterez. D'ailleurs, vous n'avez aucune chance de passer tous les cols. Vous serez tous morts avant d'avoir passé le premier. De plus, je ne vous donnerai aucun porteur, je ne veux pas perdre mes soldats. Eux-mêmes ne prendront jamais le risque de vous accompagner. Aucun d'eux ni de vous ne connaît le chemin à parcourir. Il n'y a pas de carte, les cols ont entre un mètre cinquante et trois mètres de neige, avec des journées de marche sans apercevoir une maison, avant de traverser un village ou être accueillis dans une mosquée. Vous n'avez pas le choix, il faut rester deux mois de plus ici... Vos remplaçants seront là, et je vous donnerai des porteurs... »

À cinq heures trente, l'homme nous apporte du thé et quelques morceaux de pain dur. Il semble pressé de nous voir plier bagage. Nous sommes en route une petite heure plus tard, la faim au ventre. Le vent glacial qui descend des nombreux cols balaye très tôt la vallée. Les petits oiseaux, la tête enfoncée dans les plumes, nous regardent passer les yeux mi-clos. Leur dos, présenté aux bourrasques de vent, leur donne l'air de pendules oscillants dans les arbres. A partir d'aujourd'hui, le chemin à parcourir ne nous est plus familier. Cinq mois plus tôt, notre arrivée à Turkmen s'était faite de nuit.

En avançant rapidement, un peu plus de trois heures plus tard, nous atteignons Done Larchum. Le soleil est maintenant haut dans le ciel.

— J'espère que nous allons pouvoir manger quelque chose, souffle Bertrand en s'asseyant sur les grands tapis qui recouvrent la terrasse de la tchaïkhana.

— Oui, répond Jean-Luc, il ne doit plus y avoir grand-chose avant le col...

— Non, ce sont les dernières maisons, le seul bazar est celui que nous avons traversé il y a une heure d'ici.

Je souris à ce souvenir : nous avions décidé d'offrir à Djuma des bottines un peu plus montantes que celles qui lui servaient de tongs. Bien sûr, elles étaient également en plastique, mais au moins, la cheville couverte, la neige rentrerait moins ! En remontant les échoppes, notre joyeux cuisinier ouvrait des yeux ravis et connaisseurs sur les modèles qu'on lui proposait. Avec une ou deux paires de chaussettes, Djuma se sentait d'attaque pour traverser l'Afghanistan !

D'après le commerçant de la maison de thé, nous ne pouvons passer le col que demain matin, avant le lever du soleil. La neige portera au moins jusqu'à neuf heures. L'après-midi passe à préparer nos pieds et le matériel pour la journée à venir. Les heures de descente risquent d'être très difficiles. En attendant, Nick et Bertrand se battent pour que nous ayons autre chose à avaler que de l'eau chaude. Comment se passeront les jours à venir ? Une fois de plus, notre petite équipe s'enferme dans une méditation soucieuse. C'est vrai qu'aucun d'entre nous ne connaît vraiment la route. Faudra-t-il marcher à la boussole ? En montagne, rien ne ressemble plus à une crête qu'une autre crête. Il ne faut pas y penser. Seulement, demain nous aurons quitté la vallée domaniale d'Hadji Nader : ce sera la sortie du tunnel, le retour vers la liberté. « Celui qui a l'espoir a tout ! »...

— Demain, lever quatre heures. Nous partirons avec la lune.

Je prépare déjà mon sac de couchage.

— Entendu, qui met son réveil ?

Bertrand soulève un bras sans se retourner.

— Moi !

— Alors, bonsoir, « mes hommes », je vais prendre de l'avance pour la nuit.

X

J'ai l'impression d'organiser ma vie comme si, chaque heure, devait être de la survie, d'accumuler des forces pour un lendemain inconnu. Ce soir, 1er avril, aucun d'entre nous n'est d'humeur blagueuse. Nous sommes véritablement à la veille des trajets difficiles. Ces deux premières journées n'étaient qu'un prolongement des mois écoulés. Effectuer entre quatre et six heures de déplacement journalier pendant plus de deux mois nous a certainement rendus plus résistants. Pourtant, chaque jour nous nous sentons un peu plus faibles.

L'hôtelier a fait maison comble, cette nuit ; de nombreux *cuchi* sont arrivés tard, venant des cols occidentaux. Ces nomades nous apprennent qu'il y a quelques jours à peine des bergers ont tenté de passer Larchum Kotal avec trois cents moutons. Deux cent quatre-vingts sont morts avant d'arriver sur notre versant.

L'homme de la tchaïkhana ouvre un grand coffre en bois sculpté et sort quelques galettes de pain sec. Trempées dans le thé, c'est mieux que rien. Il est près de quatre heures trente, le *tchaï,* bien chaud, est déjà réconfortant. Deux ou trois hommes se préparent pour le même trajet. Nick boucle son sac et s'avance dans leur direction.

— Vous estimez le trajet à combien d'heures ?

— Entre trois et six heures, en fonction de la neige.

— L'avez-vous déjà fait ?

— Jamais, ce sont les voyageurs de Done Siasang qui ont parlé du parcours. Avez-vous prévu des bâtons pour passer le col ?

— Oui, nous les avons taillés hier après-midi. Sont-ils assez grands ?

L'aubergiste s'approche pour les examiner, puis hoche la tête.

— Sans bâtons, c'est dangereux pour quiconque de passer le col, il y a près de trois mètres de neige, là-haut, et personne ne peut savoir si elle a durci suffisamment pendant la nuit.

Cinq heures. Djuma nous fait signe que nos porteurs sont déjà partis, il est temps de les rejoindre. La roue est lancée. Le froid me surprend au sortir de la maison de thé, picotant le visage et les narines à chaque inspiration. Je rabats le bas de mon chèche, « ça pince », comme dirait maman. Je la revois, en pleine tempête de neige, lorsqu'elle nous emmenait, mon frère et moi, sur la route du col du Lautaret, dans les Hautes-Alpes. Pendant les jours de tourmente, le vent, chargé de neige, souffle à l'horizontale.

— Il faut t'endurcir, ma fille. Tu respires par le nez, puis tu souffles par la bouche en visant sur le côté. Ainsi, tu auras moins de stalactites au bout du nez !

Ce matin, le vent s'est levé avant nous, mais il est sec et froid, le sol est trop gelé pour lui laisser des prises. Nos pas font crisser la pellicule de glace. Les bâtons glissent à nos côtés. Avancer sans poser le talon, les semelles effleurent la surface croûtée qui scintille sous les lampes électriques. Puis le jour se lève, dévoilant les secrets de sa montagne, mais aussi les flancs interminables qu'il nous reste à franchir. De quart d'heure en quart d'heure, les crêtes sont baignées de teintes pastel et moirées, charmeuses et envoûtantes. Comment une nature aussi belle peut-elle être, en même temps, si inhospitalière ? Bien sûr, tout ce qui est beau à nos yeux doit se mériter pour être pleinement vécu. On n'aime jamais gratuitement, on aime que si l'on donne. Sacrifices ou concessions, la souffrance ou la peine confortent souvent les vraies valeurs. Les premières heures passent et nous montons toujours. Le paysage change, ce ne sont plus les grands espaces, mais un goulot étroit, abrupt, ramassé entre les cahots de glace et de rocs, tassé au pied du col pour un dernier effort. Trois cents mètres de dénivelé avec une inclinaison entre quarante-cinq et cinquante degrés. Je n'en peux plus. Le corps collé à la pente pour ne pas basculer avec le poids des sacs. Tous les dix pas, je pose le front dans la neige. Bertrand est monté comme une flèche, Jean-Luc et Djuma sont derrière et Nick un peu plus loin avec les porteurs. À huit heures et quart, peu avant l'arrivée, notre couloir est inondé de soleil. C'est extraordinaire, j'ai d'un seul coup l'impression de ressentir mes forces. Un second souffle qui me propulse, presque malgré moi. C'est gagné, nous sommes tous au col, la « bavante » est, pour le moment, terminée. Les idées noires et les gros mots qui agitaient mes lèvres se volatilisent.

J'enfile un pull et mon anorak coupe-vent. C'est la halte. « Oui, papa, je sais bien qu'il ne faut jamais s'arrêter au sommet balayé par les rafales comme celui-ci, mais qu'importe. Si nous ne sommes pas encore morts, Hadji Nader ne nous donne pas très longtemps... » Les fuyards en sursis partagent quelques raisins secs et des noyaux d'abricots, tous assis face au sud. Nous fixons des yeux la ligne de l'horizon. À la boussole, cap 180. Gardant les paupières mi-closes, je cherche à déterminer cette première route qui nous mènera du col au bout de l'horizon. À quelle distance peut porter le regard ? Qui sait combien de fois je tracerai cette voie imaginaire ! Ce qui m'effraie, en contemplant cette trop belle carte postale, c'est qu'au dos de cette vue d'autres et d'autres encore renouvellent ce spectacle en une succession infinie de chaînes et de défilés. Quelle étrange sensation ! Éprouver autant d'angoisse devant des paysages aussi grandioses...

Nick s'approche de nous.

— Les porteurs sont prêts à repartir.

Je jette un œil sur ma montre, puis sur la pente qui nous attend.

— Oui, il faut se dépêcher de rejoindre Done Siasang avant que la neige ne tienne plus !

— L'aubergiste d'hier disait qu'il fallait autant d'heures pour monter que pour descendre. Sauf si l'on enfonce jusqu'à la hanche.

Jean-Luc et moi avons la même réaction : piquant nos bâtons à l'oblique au sol, ainsi qu'il est possible de le faire avec un piolet, nous essayons tous les deux de descendre en ramasse. Malheureusement, l'inclinaison étant moins forte que sur l'autre versant, l'expérience n'est pas très concluante. Alors, attachant nos K-way autour de la taille et des fesses, nous nous lançons dans l'entonnoir. Je tiens mon sac serré sur le ventre, espérant ne rien perdre dans la bataille, et je glisse, je glisse, secouée de rire aux cris lancés par mes compagnons. Tout le monde s'est engagé, les quatre fers en l'air, dans la pente. Un coup de talon pour rester face au vide, et me voilà arrosée de neige qui me remonte dans les reins. Je sens dans mon dos le regard réprobateur de mes parents. Ils furent tous deux montagnards dans l'âme, guide et premier de cordée, mais je ne me rappelle aucun moment où ils nous aient donné cet exemple. Nous arrivons tous à nous relever avant les rochers, le visage détendu par cette récréation. Cela semble même avoir dégelé l'atmosphère avec nos porteurs, peu bavards il faut dire. En époussetant la neige qui nous recouvre, nous échangeons des clins d'œil d'écoliers qui viennent de faire un bon coup !

Le reste de la descente est interminable, nous nous arrêtons deux ou trois fois avant l'arrivée dans la vallée transversale. Les jambes flageolent, les muscles tirent, et la neige nous trahit bien souvent. Les bâtons sont alors très utiles pour remonter, sur le sommet de la couche, sans enfoncer la seconde jambe. Les combes s'élargissent ainsi que le torrent. Proche de l'axe Kaboul-Hérat, il atteint entre cinquante et quatre-vingts mètres de large et plus d'un mètre d'eaux tourbillonnantes qu'il n'est plus possible de traverser. C'est vers midi et demi, ou une heure, que nous passons devant les premières maisons de Done Siasang.

Il y a tellement de monde dans la tchaïkhana-halte-sert'vite que nous ne pouvons entrer. Je passe la tête à l'intérieur : deux poêles à réserve d'eau encombrent le passage devant la porte. L'aubergiste disparaît presque derrière ses grands faitouts. Il ne manque plus que les cris des garçons de salle pour s'y croire complètement.

— Un riz et un légume pour la trois !

L'hôte a deux sortes d'assiette : les grandes, en aluminium, plastique ou émaillées, sont toujours creuses ; ce sont celles du riz... ou plutôt de ce mastic graisseux dont la vue réussit pourtant à nous réjouir. La seconde est une petite assiette plate, en métal émaillé, dans laquelle sont servis les légumes épicés ou la viande lorsqu'il y en a. Le client a donc le choix de mélanger ou non ses plats. L'homme qui est en train de servir lève les yeux au-dessus de la vapeur.

— Pouvez-vous attendre un peu ?

Je fais un signe de la tête, alors que Nick qui m'a rejointe répond :

— Cela n'a pas d'importance si nous pouvons coucher ici ce soir... Autrement, il nous faut partir, tout de suite, au bazar d'Aodala.

— Il y a toujours de la place, mais pour le premier repas, il faut attendre une demi-heure. Voulez-vous du thé ?

Un chœur de voix lui répond :

— *Ballé, ballé,* servez-le dehors !

Au cours de la halte, un homme s'approche de moi alors que je finis juste mon assiette de riz.

— Doctora, as-tu des médicaments pour la démangeaison ?

— Nous n'avons plus beaucoup de comprimés maintenant, je peux peut-être faire quand même quelque chose pour toi. Qu'as-tu exactement ?

— C'est une vieille maladie qui est arrivée à plusieurs d'entre nous, alors que nous étions à Kunduz.

— Vous habitiez dans le même camp de Mujahedin lorsque vous avez attrapé ce mal ?

— Oui, nous sommes un groupe de résistance pachto qui vivons assez près de la frontière.

— Je comprends, alors, qu'est-il arrivé ?

— Notre camp a été gazé par les Shouravis.

— Gazé... ? Avec des avions ?

— Non, avec des hélicoptères qui sont revenus plusieurs fois. Les premiers sont passés à quatorze, et ont jeté des boîtes en carton d'environ vingt centimètres de côté, un deuxième passage a arrosé le coin avec de l'essence. La troisième vague était composée de deux hélicoptères qui ont tiré quelques rafales au hasard, puis sont partis.

— Tout a brûlé ?

— Un peu, cela a surtout dégagé une fumée très épaisse, blanche, qui est restée au sol pendant une demi-journée.

— Et vous étiez à cet endroit précisément ? Quelle réaction avez-vous eue en voyant s'étendre ce brouillard ?

— Nous avons eu tous très peur de ne plus pouvoir respirer, alors on a fait brûler du caoutchouc devant notre nez puis on s'est aspergé d'eau froide. L'air était imprégné d'acidité.

— C'était efficace ?

— Je ne sais pas, c'était piquant lorsque nous respirions mais à aucun moment nous n'avons vraiment senti un étouffement. Tout le monde a été très fatigué, puis les taches sur la peau sont apparues rapidement, chacun était alors occupé à se gratter partout. Après, ce furent les boutons.

— Quelles étaient la couleur et l'étendue de ces plaques ?

— Partout sur le corps, de manière plus importante là et là...

L'homme me désigne les aisselles, la taille, l'entrejambe et le cou. J'opine de la tête.

— Oui, partout où le corps transpire un peu plus... Et la couleur ?

— Des marques rouges ou marron.

— Aucune médecine locale n'a pu vous calmer ?

— Rien du tout ! Les jours qui ont suivi, cela a été pire. Après, nos cheveux et les poils de nos barbes partaient en touffes.

— Ceux de vos camarades qui étaient restés dans les bâtiments ont-ils été touchés comme vous ?

— Peut-être pas autant au moment de la fumée, mais dans les heures qui ont suivi, nous avons transmis à tout le monde nos démangeaisons. Même un mois plus tard, lorsque nous partions dans d'autres villages, ils attrapaient la maladie.

— Votre camp était-il loin de la ville ?

— Non, nous étions à un kilomètre environ. De nombreuses familles ont été intoxiquées par nos visites.

Je reste songeuse devant toutes ces informations. Quel traitement peut-on donner à cet homme, alors qu'il n'est pas possible de lui faire un quelconque bilan ?

— Je ne peux te donner qu'un traitement superficiel, car ici nous n'avons aucun moyen d'analyser ton sang, tes urines, ou de faire une radio des poumons ou des autres organes. Dans la première semaine, aucun d'entre vous n'avez eu de diarrhées ni de constipation anormales ?

L'homme réfléchit en se caressant la barbe. D'autres guerriers se sont approchés de nous au cours de notre conversation, venant confirmer ou ajouter d'autres détails.

— Non, pas de problème dans le ventre...

— Je vois que tu as de nouveau ta barbe, depuis combien de temps est-ce arrivé ?

— Cinq mois, mais j'ai toujours les boutons, comme des grappes de *keechmech*... Il faut que tu regardes, mais pas ici. Je vais demander à l'hôtelier s'il n'a pas une pièce derrière.

— Cinq mois ?... Cela s'est passé en novembre... Il n'y

a eu aucune conséquence sur les champs et vos cultures ?

— Si, les feuilles des arbres ont fait comme nous ; d'abord les taches brunes, ensuite, elles se sont gonflées puis sont tombées.

— Au cours de la première journée ?

— Non, après trois jours elles ont fait les petites boules, comme ce que l'on attrape sur les pieds en marchant longtemps, et après huit jours les feuilles et les grandes herbes sont tombées.

— Bon, allons voir comment sont tes boutons.

Les principaux endroits où il reste encore des marques m'apparaissent comme des chapelets ou des grappes dans les plis inguinaux et sous les bras. On pourrait croire à d'anciennes vésicules séchées. Nick, qui vient de m'être d'un précieux secours, me lance un coup d'œil de sous-entendus, et semble très impressionné par ces révélations. Il m'entraîne à l'extérieur après avoir lancé quelques mots à notre guerrier.

— Docteur Safa va chercher quelque chose pour toi, ou au moins, si elle n'a pas ce qu'il faut dans les bagages, elle te fera une ordonnance pour l'hôpital de Turkmen. Mais cela ne pourra être qu'une aide extérieure.

J'acquiesce d'un signe de tête.

— Il faut que tu te rendes dans un hôpital pakistanais pour être traité correctement après des examens plus sérieux.

— J'y suis déjà allé il y a quelques mois, mais les médecins ne se sont pas du tout intéressés à ma maladie ; ils ont regardé très vite, m'ont donné une pommade à mettre dessus et c'est tout. Ils n'ont pas voulu savoir comment cela nous était arrivé. Nous étions partis à plusieurs, et lorsque nous avons parlé des gaz, ils ont simplement haussé les épaules.

La fin de l'après-midi se passe tranquillement avec nos nouveaux amis pachtous, demain ils passeront Larchum Kotal, tandis que nous prendrons la route pour Aodala. Nous avons même la visite du Walli de la place. Il nous propose gentiment de se renseigner sur l'état du col que nous devons passer demain, et, devant nos yeux ébahis, décroche son téléphone de campagne et actionne la manivelle. L'hôtelier, présent dans la pièce à côté, décroche son récepteur. J'interroge Bertrand :

— Pourquoi répond-il ?

— Parce qu'il fait exactement la même chose que tous ceux qui possèdent un appareil dans la vallée ; ils se mettent à parler tous en même temps : « Et comment va ta famille ! La chèvre a-t-elle mis bas ? » Puis, celui qui appelle essaye de dire à qui il veut parler. Si le correspondant est trop loin pour être atteint, le dernier de la ligne prend le message et appelle à son tour. En fait, si tu avais les fils de fer qui conviennent, nous pourrions très bien nous brancher n'importe où sur la ligne.

— En quelque sorte, c'est radio-potins, dit Jean-Luc en souriant...

— Oui. C'est ainsi que s'occupent les hommes dans la plupart des maisons de thé, pendant les longues soirées. Bien sûr, ils n'ont que la réception, mais c'est déjà beaucoup.

Le commandant de la place finit par avoir les renseignements qu'il attendait : s'il ne neige pas cette nuit, nous ne devrions pas avoir de problème pour passer le col de Saritolla.

XI

Une bonne nuit de repos efface souvent les heures de souffrance et d'épuisement. Ce matin, la route, pratiquement plate, serpente au fond de la vallée. Nous sommes encore à 2 800 mètres d'altitude. De grandes combes, pleines d'ombres et de courants glacials, se serrent au pied des versants majestueux et austères qui gardent la vallée. Bien peu d'habitations y cherchent leur ancrage, préférant le soleil des carrefours de vallons, lorsque s'étalent les torrents et les terres fertiles. Ces couloirs encaissés sont le domaine des loups, dont nos pas croisent les traces à maintes reprises. Le sol gelé conserve parfaitement leurs empreintes. Djuma et moi nous penchons ensemble pour évaluer leur taille. Un travers de main plus deux doigts... Nous nous redressons lentement, frissonnant en silence. Notre cuistot se tortille d'un pied sur l'autre, l'air absorbé, puis dans un très pur accent anglais à la mode hazara :

— *Safa and Djuma, very good breakfast,* lance-t-il, l'œil luisant en désignant les traces.

— Oui, je préférerais autant ne pas servir de croissants pour ce matin... Encore que cela ne doit pas être l'heure où ils sortent !

Nos heures de marche sont presque agréables, peut-être pour la raison très simple que nous savons où nous sommes ; chacun de nous se souvient de cette fraction de route, le gros bazar est tout proche, à moins d'une demi-journée de marche. Pour moi, c'est le début de la civilisation, aussi surprenant que cela puisse m'apparaître. Il représente une zone de passage où quelques échos de la grande ville se font entendre, une petite plaque tournante où les voyageurs ont le choix de leur direction. Aux quatre points cardinaux, leurs routes croisent d'autres *cuchis,* libres d'aller où le cœur les appelle.

Voilà les premières maisons d'Aodala. Mes souvenirs ne m'ont pas trompée. Les boutiques, fidèles au poste, ont devanture ouverte sur un déploiement de fruits secs, d'ustensiles de cuisine et de vêtements hazaras et occidentaux. Je lèche les vitrines comme si je venais de passer quinze ans sur un îlot du Pacifique. Que cela fait du bien ! J'achète un beau pantalon en grosse laine blanche pour papa, et des biscuits secs. C'est bien la première fois que j'en vois en Hazaradjat. Dans le Paktia, Philippe et moi, puis plus tard avec Jean-Pierre, en avions trouvé à Satkhel. S'ils étaient aussi durs que du pain de guerre, ils étaient tout de même sucrés et avaient l'apparence de sablés. Bref, de véritables « petits gâteaux »... Quelle fiesta !

Jean-Luc s'approche :

— Allez, Claire, on y va !

— Où, dans la tchaïkhana ?

— Non, on passe le col !

— Quoi, maintenant ? Il est presque midi ! La neige ne nous portera jamais !

— Nous déjeunons et nous partirons après, nous n'avons même pas fait quatre heures de marche aujourd'hui. À cette allure-là, nous arriverons au Pakistan pour le 15 août.

— Peut-être, mais regarde à quelle vitesse nous avons avancé ce matin.

— Heureusement, c'était tout plat !

— Tu as l'air d'oublier un détail, tu ne portes pas de sac sur le dos. Les porteurs ne doivent sûrement pas penser la même chose. Déjà moi, avec ce sac de dix kilos, je le sens me scier un peu plus l'épaule à chaque pas, et...

— Ça, c'est ton problème, personne ne te demande de faire des photos de paysages. Cela ne te suffit pas d'y vivre depuis cinq mois ?

— Mon problème, qui est le tien, est de conserver ces porteurs dont nous avons besoin. Si nous les écœurons dès les premiers jours...

— Ils sont payés, non ?

— La question est que personne ne commence un parcours à une heure de l'après-midi !

Il est assez rare que je laisse monter ma colère. Les longs mois qui viennent de s'écouler ne permettaient aucune dispute susceptible d'engendrer une scission définitive. Au nom de la mission que j'avais accepté de remplir, il fallait savoir avaler son orgueil. « Ne plus entendre, ne plus voir, et se taire », agir seulement, agir avec une gaieté composée, un sourire accroché à son visage, et une valise de patience que l'on traîne derrière soit comme un boulet, par peur d'en manquer. Où êtes-vous, Bernard, Philippe, Jean-Pierre, Roger et Isabelle ?... Que vous êtes loin !...

L'arrivée de Bertrand interrompt notre altercation.

— Il paraît que nous pouvons déjeuner maintenant.

— Les porteurs sont-ils déjà au courant de ce nouveau départ ?

— Quel départ ?

— Nous lèverons l'ancre aussitôt après le repas, il faut absolument passer le col aujourd'hui, lâche Jean-Luc en s'engouffrant dans la tchaïkhana.

— Il est complètement fou, balbutie Bertrand en se tournant vers moi.

— Oui, et on ne peut pas mettre cela sur un coup de soleil pris ce matin !

L'obstination de Jean-Luc est telle qu'à deux heures moins le quart notre petite colonne se remet en route sous un soleil de plomb et une neige comme de la soupe. Les trois porteurs râlent en nous lançant des regards furieux. Les problèmes ne font que commencer : pendant les trois heures quinze que va durer cette seconde marche, nous enfonçons jusqu'à la hanche, tous les six ou dix pas, le sol se dérobe d'un seul coup. Les secondes pour en sortir se font parfois minutes, tant la neige est molle. Et lorsque le bâton n'offre plus la résistance sur laquelle s'appuyer, il faut, pour s'en sortir, utiliser les mains comme des griffes, labourer la neige pour dégager la jambe, s'éloigner de la zone en rampant quelques mètres avec mille précautions, puis se remettre debout. C'est fait. La neige est pourtant là, partout, insidieusement introduite dans la ceinture du pantalon. Je la sens couler le long des reins. Quant aux bottes de neige, elles sont depuis longtemps déjà transformées en bac à glace. La porosité de la toile est telle qu'avec ou sans guêtres l'efficacité est illusoire.

Nos silhouettes hésitantes doivent donner l'apparence de vieillards avançant sur une route verglacée. Les gants ont tant servi qu'ils ne sont plus qu'à tordre et ne peuvent que cacher les doigts marbrés de nos mains tremblantes. L'épuisement nous atteint tous, voilant nos yeux devant un paysage grandiose : ces combes et ces sommets, ces dômes et ces crêtes sont autant de miroirs étincelants de lumière... Éblouissement pour un cauchemar, la fleur du mal... Nous ne pouvons l'admirer avec ces visages défigurés, harassés de fatigue, ce souffle court sur des lèvres craquelées par le soleil, ces yeux larmoyants à cause de la trop forte lumière malgré les verres teintés. Non, à cet instant, nous ne pouvons plus l'aimer comme nous l'aurions pu faire.

Nous croisons un homme aux longues enjambées. Où peut-il donc aller à cette heure tardive ? A-t-il le temps de rejoindre un abri ? Au dire de ce voyageur, nous n'avons plus qu'un col avant les premières maisons. Ce sera le cinquième depuis le départ d'Aodala. Son bon sourire est réconfortant et nous redonne courage pour ce dernier effort. Le jour s'enfuit, poursuivant le soleil derrière les crêtes et nous laissant seuls, angoissés dans la pénombre. Il gèle à nouveau, le froid est notre ami, durcissant la neige sous nos pas. Enfin le col, surplombant de ses 3 200 mètres le trajet du lendemain. Un banc de fumée monte vers nous, la tchaïkhana est bien là, tapie dans l'ombre. C'est presque en courant sous les étoiles que nous l'atteignons. Ainsi s'achève notre quatrième jour de marche, il est dix-sept heures, ce 3 avril...

— Il n'y a pas de maison de thé, lance Nick depuis la porte, mais l'homme se propose de nous héberger.

Ouf ! Je n'imaginais pas que nous puissions continuer à marcher en pleine nuit, sans avoir la moindre idée du chemin à parcourir... Bienheureux proverbe afghan qui dit : « Celui qui n'ouvre pas sa porte à l'étranger n'est pas un Afghan. » La pièce qui nous accueille est petite, sombre et froide, des galettes de pain et du thé sont servis aux sursitaires exténués. Pour aujourd'hui, c'est terminé...

⋆ ⋆
⋆

4 avril. *Aujourd'hui, dimanche des Rameaux, je réveille tout le monde à quatre heures moins le quart et nous partons le ventre vide à quatre heures trente. Les porteurs marchent de plus en plus mal et s'arrêtent tout le temps, même sur le plat, comme s'ils voulaient que les trajets durent plus longtemps et que nous soyons rapidement obligés de stopper. (Ils sont payés à la journée, quel que soit le nombre d'heures effectuées, est-ce la raison ?) La couche de surface ne tiendra que jusqu'à dix ou onze heures. Ces deux premières heures sont un calvaire car, cette nuit, rien n'a séché, tant mes bottes que mes chaussettes sont trempées et glacées. Elles gèlent complètement lors du passage de ce nouveau col. J'ai beaucoup de mal à avancer. Je n'ai plus le moral, je suis fatiguée, bref, rien ne va plus ! Cela n'émeut pas mes compagnons, Jean-Luc et Bertrand, qui ont de bonnes chaussures et toute la pêche voulue ! Ils me distancent de près de quatre ou cinq cents mètres, sans s'inquiéter, me laissant toute seule derrière.*

⋆ ⋆
⋆

Mes camarades sont maintenant de minuscules points noirs se profilant à l'horizon, et je ne risque pas de rattraper mon retard car je suis obligée de m'arrêter tous les trois ou quatre cents mètres pour frictionner mes pieds. Une demi-heure après être sortie de la maison, je les sens comme deux blocs de bois. J'essaye de taper dessus avec le bâton, ce n'est pas suffisant, je dois m'asseoir dans la neige pour retirer bottes et chaussettes et frotter jusqu'à ce que la douleur lancinante se réveille. Quelques centaines de mètres plus loin, il faut recommencer. Le plus vieux des porteurs remarque mon manège et s'arrête à son tour, paraissant s'absorber dans la fixation de son sac. De longues minutes s'écoulent avant que je sois à sa hauteur. Alors, sans un mot, il récupère sa lourde charge et m'emboîte le pas. Je lui jette un coup d'œil.

— Merci...

Les longs discours ne rendent pas toujours la qualité d'une émotion. L'homme d'ailleurs fait mine de ne pas entendre. Les yeux mi-clos fixent notre horizon, désespérément blanc. Vers sept heures, halte à Ba-a-sia. Après le thé, les porteurs traînent, le soleil monte, la neige s'enfonce. L'arrêt suivant et définitif est Saricol-y-Panji. Nick se tourne vers les jeunes garçons qui nous entourent.

— Où se trouve la mosquée ?

— Tout près, on vous emmène !

Les sacs sont déchargés près de l'entrée et nous nous effondrons tous sur les marches. Il doit être onze heures, il fait tellement bon au soleil, que j'entreprends de retirer mes bottes pour essorer ce qui me tient lieu de chaussettes.

Nous ne sommes pas assis depuis cinq minutes qu'un groupe d'hommes s'approchent en gesticulant. Nick prend les devants pour aller aux informations.

— Ils ne veulent pas que nous restions dans la mosquée, le chef du village tient à nous recevoir chez lui.

Bertrand avance à son tour vers les villageois.

— Remercie-le d'avance pour son hospitalité, dis-lui

bien que nous sommes nombreux et que nous ne voulons pas le mettre dans l'embarras.

— Non, il vous fait dire que c'est pour eux un bonheur que de recevoir des docteurs français en ce jour qui est celui de la fête du labour.

S'il existe quelque part une quatrième dimension, alors ce hameau coincé entre deux déserts au centre de l'Afghanistan en fait véritablement partie. L'ensemble des habitants s'est rassemblé sur la place principale. Hommes, femmes et enfants sont assis sur des marches ou juchés sur les balcons qui l'entourent. De toutes petites filles passent dans l'assemblée, les bras chargés de corbeilles de pain.

Nick vient de s'asseoir en nous faisant signe d'en faire autant.

— Cette fête est donnée en l'honneur d'Allah afin qu'il fasse fructifier leurs cultures. Aujourd'hui, chaque famille a cuit le pain de façon différente. Ce blé, préparé de diverses manières, est offert puis partagé par l'ensemble de la population. Les vieux à barbe blanche nous racontent des histoires merveilleuses datant d'il y a cinquante ans...

Ce festin achevé, notre hôte et ses amis nous emmènent voir de curieux dessins préhistoriques gravés sur des blocs de granit. De très nombreux rochers, en amont du village, sont ainsi ornés de cavaliers, tireurs à l'arc et de grands animaux qui ressemblent à des rennes. Ils nous montrent également des blocs de soufre pur qu'ils peuvent ramasser l'été en grande quantité. Plus tard, une partie de base-ball clôture la fête. Tout le monde est là : les babas appuyés sur leurs cannes, les autorités du village, les marmots escaladant les rochers pour mieux voir leurs aînés, sans oublier les femmes, juchées sur les toits des maisons, qui n'en perdent pas une miette. Extraordinaire journée au milieu de cette population accueillante et tellement assoiffée d'apprendre. Nous oublions pour quelques heures cette marche pour la vie entreprise dans ce pays en guerre.

À notre grande gêne, le chef organise en notre honneur une séance de flagellation, à laquelle participent tous les hommes jeunes, après les prières récitées par les anciens. Notre lassitude est grande, et c'est à minuit que nous sommes enfin seuls.

Nous allions nous coucher lorsque Jean-Luc ouvre les hostilités.

— Nous n'avons pas assez avancé aujourd'hui, demain il nous faut faire au moins huit heures de marche. Claire, tu mets ton réveil à trois heures.

— Tu plaisantes sans doute, dit Bertrand ulcéré, tu ne veux tout de même pas demander aux porteurs huit heures d'épreuve avec les sacs qu'ils ont sur le dos, alors que nous n'allons dormir que trois heures cette nuit ?

Une guerre venimeuse éclate, un des coolies est particulièrement agressif, et de nombreux troubles viennent du mauvais esprit dont il a fait preuve au cours de ces premiers jours.

— Et toi, Claire, me lance Jean-Luc d'un ton brutal, tu pourrais peut-être dire quelque chose au lieu de faire semblant de dormir ?

— Je pense qu'il y a suffisamment de bruit ici. Il y a des torts des deux côtés, il est donc inutile que j'ajoute mon grain de sel...

La journée du lendemain sera l'aube du changement. Après quatre heures de marche, les porteurs refusent d'avancer et ne repartiront plus. Nous les payons en les remerciant de leurs loyaux services. Ils nous quittent sans autres explications. Trois villageois du hameau de Tarbulak se présentent pour les remplacer : le téléphone arabe n'a pas traîné.

Quant à moi, mon état physique se complique. Depuis quarante-huit heures, je ressens les symptômes de coliques néphrétiques. J'avais déjà eu une crise l'année précédente. Aujourd'hui, devant les impératifs de marche, la douleur devient insoutenable. Toutes les dix minutes, je m'arrête dans la neige, prenant du retard sur mes compagnons. Je mange de la neige pour remplacer le thé...

Heureusement que j'ai gardé du Pipram et du Spasfon, ces deux médicaments arriveront bien à me calmer.

⋆ ⋆
⋆

Mardi 6 avril. *Départ à quatre heures quarante-cinq. Ce mardi saint, il faut dire que, comme semaine sainte, nous avons pris une certaine avance ! Les cols sont de plus en plus durs à passer puis nous traversons un immense désert blanc avant d'atteindre Char Khawoit. Nous y sommes accueillis comme des chiens. Rien à boire, rien à manger. Longtemps nous attendrons avant d'avoir deux ou trois morceaux de pain secs ou caoutchouteux. On nous annonce un gros village à une demi-heure car on est pressés de nous voir partir. Bref, on nous chasse de la mosquée pour être sûrs de ne pas avoir à nous nourrir... Nous repartons dans la neige molle pour deux heures de montée.*

⋆ ⋆
⋆

Tandis que je marche comme un automate, une phrase, prononcée cinq mois plus tôt, me revient à l'esprit. C'était au cours de notre trajet aller ; nous venions de laisser Alex et Sylvie dans le dispensaire de Nawur. Pour moi, cette première séparation, sous une forme très digne, n'en avait pas moins été déchirante. Les quelques semaines de préparation à Paris et celles que nous venions de vivre ensemble avaient vu naître une amitié, peut-être à notre insu, dont nous réalisions tout à coup la profondeur. En les quittant, j'avais senti un je-ne-sais-quoi d'incertitude quant à nos retrouvailles, telles qu'elles avaient été prévues pour le 31 décembre.

— Nous monterons chez François et Chouchou à Tagao, avait lancé Alex, et Sylvie avait ajouté : Oui, moi j'apporterai le saucisson et des tablettes de chocolat.

Jean-Luc et moi devions descendre de Turkmen avec du jambon fumé, des carambars, et les petites canettes de bordeaux données par les hôtesses d'Air France.

— Emportez-les, nous avaient-elles dit, elles vous feront sûrement plaisir.

Nous avions partagé ce précieux butin.

Je me revois avec François, juchés au sommet de notre camion. Nous faisions route sur Besud, alors que résonnaient encore dans nos têtes les dernières paroles de nos camarades. Pour eux, c'était la fin du voyage, ils étaient rendus à leur destination. Pour nous, rien n'était encore fini. Peut-être était-ce le vertige devant l'inconnu, ces jours de voyage accumulés sans que nous ayons encore atteint notre poste ? Était-ce un vide que nous avions besoin de combler ? Le silence était pesant. Calés tous les deux au sommet des cantines et des ballots en tous genres, calfeutrés sous les édredons, nous avions tenté de nous y soustraire.

— Voyons, imaginons le repas gastronomique que nous pourrions organiser pour notre 31 décembre !

— Combien de couverts ?

Et le délire avait commencé, fou, merveilleux de précision. Des hors-d'œuvre aux chocolats fins, tous les plats, les vins, le gigantesque plateau de fromages avaient défilé devant nos yeux, sous notre palais, avec ces détails que seul le rêve peut éveiller. Une bonne heure avait dû passer dans ce voyage issu de l'imaginaire. Mon compagnon frissonnait dans sa doudoune.

— Et comme service de table que proposes-tu ?

Et comme je restais silencieux, les yeux fixés sur la route qui défilait.

— À quoi penses-tu ?

Sans doute connaissait-il déjà la réponse, cette angoisse sourde que chacun étouffait depuis le départ de Quetta.

— Je pensais que nous aurons peut-être un jour à faire tout ce chemin à pied...

Et j'avais fermé les yeux devant le vertige qui s'emparait de moi.

XII

Ces souvenirs m'ont fait oublier la montée, nous voilà en vue du village. Ce soir, nous avons beaucoup de difficultés pour acheter une théière de lait et cinq œufs. Nous sommes huit, réunis autour de cette unique assiette en fer-blanc, affamés, épuisés. Le spectacle que nous offrons doit être intéressant car la mosquée est bientôt envahie par une assistance curieuse : beaucoup plus commerçante qu'amicale. Nous avons tous trois des chaussettes tricotées par les femmes de Turkmen, reconnaissables à la laine et aux dessins de notre région. Maintenant, les propositions nous arrivent de toutes parts. Les hommes approchent, les bras chargés de napperons, de paires de gants, de chaussettes, et même de bracelets. Nick reste notre intermédiaire.

— Toutes ces personnes pensent que si vous avez acheté à Turkmen, vous devez prendre également ce que font leurs femmes.

— Cela semble effectivement plus facile que d'acheter quelque chose à manger...

Nous quittons la mosquée à quatre heures, le ventre vide une fois de plus... Normalement, c'est aujourd'hui que nous devons atteindre Nawur. D'après Bertrand, François et Chouchou ont quitté le pays le mois dernier, prenant au passage Alex et Sylvie. Je lui demande :

— Alors, il n'y aura personne à Douabi ?

— Normalement si, car Alex devait revenir du Pakistan avec des vaccins.

— Quel bonheur cela va être de se retrouver !

Au menu de ce petit matin, trois cols et un désert.

Souffrant de rester à jeun comme chacun d'entre nous, Jean-Luc marche très mal aujourd'hui. Pas un hameau, pas une cabane pendant les plus de sept heures que dure cette marche, aucune trace humaine ne vient nous rassurer sur le chemin à suivre. Aurons-nous trouvé une mosquée avant la nuit ? J'entrouvre souvent le haut de ma veste en duvet : la boussole veille pour nous. Tranquille, l'aiguille oscille timidement : plein sud, c'est bien là.

Il est presque midi lorsque l'ensemble de l'équipe s'effondre sur les tapis de la maison de thé de Douabi, le plus gros village du désert de Nawur. Alex n'est pas revenu, et ne reviendra plus. Nous sommes bien les trois derniers en Hazaradjat. Qu'importe, la journée est terminée ; il est tard et la neige n'est plus avec nous. Nous allons manger ! Depuis deux jours, à part une tasse de lait et un demi-œuf dans la graisse, nous n'avons dans l'estomac que du pain et du thé sans sucre.

— Il faut attendre un peu, dit l'aubergiste en nous apportant des théières.

Mon thé est froid avant que j'y touche, je m'endors d'un seul coup, adossée au mur de la tchaïkhana. Mes camarades ne tardent pas à m'imiter, à part Jean-Luc, trop fatigué pour y parvenir.

* *
*

Mercredi 7 avril. *Nous marchons depuis huit jours... Combien en reste-t-il ? Bertrand avait laissé un sac ici un mois auparavant, et, après inventaire rapide, s'aperçoit qu'il manque son poste-radio et une paire de jumelles. Discussions et interrogatoires vont durer toute la soirée et une partie de la nuit. On nous accuse d'inventer cette histoire, et que, de toute façon, nous n'avions qu'à faire une liste de ce qu'il y avait dans ce sac. L'affaire est reportée au lendemain entre sept et neuf, ce qui nous oblige à ne pas partir comme nous l'avions prévu. Un second problème s'ajoute : le logeur à qui Alex (pensant revenir) avait confié un de ses sacs ne veut pas nous le donner, prétextant qu'Alex ne le lui avait pas dit... Quel pays !*

* *
*

Grasse matinée jusqu'à six heures, deux nouvelles heures de palabres, et, miraculeusement, le poste et la paire de jumelles réapparaissent sous le bras du voleur souriant et désinvolte. Nous sommes mis à la porte du village à huit heures alors que la neige ne porte déjà plus. Le ciel a été couvert toute la nuit, protégeant le sol des basses températures. Les jours se suivent, identiques de souffrances et de déceptions quant à l'accueil qui nous est réservé. Chaque morceau de pain est payé une fortune, alors qu'on nous réclame des comprimés des heures durant.

Dorénavant, c'est à deux heures du matin que nous franchissons la porte de notre refuge et donc celle du désert... l'immense *dasht y Nawur.* On croirait qu'il fait jour, et, pourtant, cette lumière blafarde est trop insuffisante pour deviner autre chose que nos propres silhouettes. Nos pas sont éclairés, tandis que nos visages, balayés par le vent, susurrent dans l'ombre. À l'inverse de l'aube, cette lueur-là émane de la substance même de la terre, comme si elle rendait à la lune ce que le jour lui a donné. Dois-je préférer à la clarté l'intimité de la nuit ? Celle qui rapproche les êtres, atténue la dureté des traits et efface les décors ? Moments privilégiés où les hommes guettent la lumière dans une même attente, tandis que les ténèbres, tapies à leurs côtés, happent insidieusement le passé comme le futur. L'obscurité mutile l'homme en cachant à son regard l'avenir qui l'attend implacable. Dois-je préférer l'heure où les étoiles concèdent au jour leur pouvoir de merveilleux ? Lorsque le soleil fait scintiller les cristaux de neige, révélant un relief que l'on ne soupçonnait pas : les frissons de la glace torturée par le vent ? Oui, comme un être vivant, le visage du désert se ride d'être seul... Dois-je préférer ce jour qui nous ouvre les yeux sur ce vide blanc d'hommes et de choses, de lignes et de formes, de couleurs et de sons ? Seul signe de vie, le gémissement de la bise dans nos bonnets de laine. Dès l'aube, chacun cherche sur le visage de l'autre le reflet de sa propre fatigue. La peau cloquée par les brûlures du soleil et du froid, le blanc des yeux injecté d'avoir résisté aux bourrasques cinglantes, et, pour mes camarades, les barbes gelées qui cassent comme du verre. Et cette sensation effrayante de ne pas avancer. Nos yeux cherchent à capter un présage, un signe ou un repère, mais plus aucune crête ne se porte témoin de notre course aveugle. Après une heure, quatre heures ou une journée de marche, les sommets passés ces derniers jours n'ont pas bougé et cette même rectitude est là, horizontale devant nous. On croirait que le temps a arrêté son cours et nous a exclus. La nature s'est figée. C'est l'horizon qui nous fraye un chemin. Que nous faut-il de désir ou d'espoir pour vouloir rattraper cette ligne pâle, immuable, aplatie entre ciel et neige ?... Ces deux mondes infinis semblent nous écraser. Miettes d'hommes dans cette immensité. Je repense à Bernard dont j'aimerais entendre la voix ; aurait-il aujourd'hui le courage de chanter : « *Je veux revoir ma Normandie...* » Ici personne ne veut laisser filtrer son inquiétude.

Les premières lueurs sont toujours étrangement rassurantes, et c'est un bonheur fou renouvelé chaque jour. D'un revers de moufles, je chasse les cristaux de glace qui soudent mes paupières et consulte la boussole. Elle ne quitte plus ma main. Le blanc m'écœure. Je cherche les silhouettes de mes compagnons, eux aussi émaillés de neige. Quand je pense que certains payent pour aller aux sports d'hiver. Pour moi cette année, bonjour le ski de fond !

* *
*

Samedi saint, 10 avril. *Le dasht est toujours à 3 000 mètres d'altitude, le froid transperce. Même en marchant vite, je n'arrive pas à me réchauffer. De plus, tous les quarts d'heure, les porteurs s'arrêtent pour souffler un peu. Ces trois ou cinq minutes suffisent à me geler sur place. Le thermomètre indique moins 18 degrés. Premières maisons et premier thé à six heures moins le quart, pendant que le soleil se lève. Nous sommes aussitôt envahis par les malades. Moi, je n'ai plus la patience de voir les gens s'incruster même si trois ou quatre fois nous leur disons que nous n'avons plus de médicaments. Cela me porte sur les nerfs. Dire que demain c'est Pâques ! Pour cette mission, j'ai trop sacrifié de ces merveilleuses fêtes à une région qui ne le mérite pas. Hier, j'ai essayé de vivre mon Vendredi saint... Je ne suis pas très aidée. La fatigue se fait sentir sur les tempéraments. Jean-Luc et Bertrand sont de plus en plus agressifs entre eux. Aujourd'hui, Jean-Luc l'est particulièrement envers moi.*

* *
*

En arrivant à Koria Koshamrù, nous sommes introduits dans une vaste pièce, toute en longueur, presque obscure car les meurtrières sont placées très haut. Des faisceaux de lumière ravivent les tapis en faisant scintiller la poussière. Une multitude d'enfants, assis en tailleur, font face au centre, dos au mur. Le maître, à leurs côtés, dirige les chants et la lecture. Je m'assieds à côté de Nick.

— Serait-ce l'école ?

— Oui, ici nous l'appelons école coranique. Jusqu'à

leur adolescence, tous les enfants du village doivent y aller.

— Tu veux dire que c'est une école où ils vont en plus de celle où ils apprennent à lire, écrire, compter et toutes les matières généralement enseignées ?

— Pas du tout ! Il n'y a qu'un seul enseignement : l'école coranique où ils étudient le Coran, donc à lire et écrire les différents versets.

— Et il n'y a rien d'autre pour compléter cette initiation au monde qui les entoure ?

— Si j'étais le maître, je te dirais : « Pour quoi faire ? Ils n'en n'ont pas besoin, tout ce qui les concerne est dans cet ouvrage... »

Je repense un instant à certains versets que j'avais parcourus. Bertrand avait apporté un exemplaire du Coran en livre de poche, et j'avais pu y lire quelques passages pouvant expliquer ce qu'il s'était passé à Turkmen : « Toute innovation dépourvue de fondement en matière de religion est un égarement qui doit être combattu par tous les moyens. » Impressionnante facette qui doit servir de base aux enfants. Je regarde Nick dans les yeux.

— Et toi, qu'en penses-tu ?

— Seules les grandes villes diffusent une instruction telle que nous l'avons connue. Il aurait pu y avoir une vulgarisation au niveau de toutes les provinces, mais la guerre a interrompu net tous nos efforts pédagogiques.

— Les enfants n'ont même pas d'école à eux, car cette demeure n'en est pas une, n'est-ce pas ?

— Plus exactement, ils n'en n'ont plus, elle a été réquisitionnée, comme d'autres maisons, plusieurs mois auparavant.

Je regarde ces frimousses penchées sur des recueils en bien mauvais état. Les ouvrages semblent si fatigués qu'ils ont dû servir à plusieurs générations avant d'arriver dans leurs mains. Durant six longues heures, ils récitent le Coran en chantant, chacun sur un ton différent. C'est tellement faux que cela devient rapidement odieux ! Mon esprit s'envole quelques années en arrière, lorsque j'étais petite fille à Notre-Dame-des-Oiseaux.

Ainsi, ils n'ont plus leurs bâtiments à eux, leurs cachettes secrètes et ils sont condamnés à évoluer dans le monde des adultes, plus encore, dans la pièce même où se tiennent les valeureux Mujahedin en rentrant du combat. Comment pourraient-ils se sentir aidés par leurs aînés lorsqu'ils ne sont autorisés à pénétrer ici qu'en présence de leur maître ? Le quartier des femmes est le leur jusqu'à la majorité.

Enfant, je ne me doutais pas de la chance d'avoir notre monde à nous. En passant le portail, le bâtiment des grandes nous accueillait, majestueux, revêtu de vigne vierge. Les hautes et larges fenêtres couvraient la façade pour surveiller la cour. Mi-boisée, mi-bétonnée, elle devenait noire de monde aux heures de récréation. Notre univers résonnait au son de « préau » « petit collège et porterie », coloré de bleu marine et de bleu ciel. Créé en 1598, ce n'est que depuis l'an 1830 que l'éducation des « Oiseaux » exigeait des élèves une tenue impeccable : jupe plissée et cardigan bleu foncé, chemisier bleu pâle. Béret pour les petites, foulard pour les plus grandes. Jusqu'à la quatrième, le port du tablier était obligatoire.

Au XVIe siècle déjà, les extraits du règlement prévisionnel disaient : « qu'il est entièrement nécessaire et requis que les filles soient, de bonne heure, bien dressées, que gratuitement, elles soient soigneusement instruites à lire et écrire, pour contenter les père et mère, à besogner de l'aiguille attendu que lorsqu'elles seront plus âgées et mères de famille, elles demeureront d'ordinaire au ménage pour y gouverner leurs enfants, serviteurs et servantes et conduire toute la maison, et de toute façon, pour donner matière et commodité à plusieurs pauvres filles de gagner honnêtement leur vie... »

Serait-ce les « Oiseaux » qui m'ont conduite ici, en Afghanistan, au lieu de gouverner mes servantes... ?

Mon esprit redescend dans cette salle d'école improvisée, les chants dissonants s'amplifient, ponctués du bruissement des pages qui se tournent. Le maître ne les regarde même pas, lui aussi plongé dans ses versets, le corps animé d'un balancement incessant. Mes yeux au ras du verre de thé passent d'un enfant à l'autre ; aucun sentiment ne semble inspirer leurs visages. Le Coran peut-il suffire à les préparer à la vie qui les attend ? Leur monde peut basculer dans les années qui viennent, quelle défense auront-ils alors ? Autant cette école coranique me donne l'illusion de vouloir les protéger en les écartant de la société occidentale, en les enfermant dans un cocon qu'elle pense indestructible, autant les « Oiseaux » ont essayé, tout en préservant l'image de la « jeune fille », de nous ouvrir sur l'extérieur pour nous préparer à la vie. Nick, les yeux fixés sur sa théière émaillée, paraît attristé, et vient répondre à mes questions.

— Je suis obligé de faire travailler mes enfants à la maison, afin qu'ils aient au moins un bagage aussi important que le mien. Dès que les *Shouravis* seront rentrés chez eux, ils pourront aller au collège à Kaboul, et peut-être un jour à l'université.

— C'est bien, Nick, c'est la voix de la sagesse.

* *
*

Lundi 12 avril. *Treizième jour de marche. Départ à quatre heures trente, car hier la neige n'était pas assez gelée, et nous brisions la croûte superficielle. Aujourd'hui, neuf heures de marche, deux cols, et surtout, la terre sèche car, entre les cols, les hautes vallées commencent à vivre un peu. Nous sommes à 2 700 mètres d'altitude, mais ce n'est pas encore aujourd'hui que nous atteindrons Jaghori... Par contre, un heureux détail : nous reconnaissons le trajet fait en camion, il y a presque cinq mois. C'est rassurant. À part le passage à Nawur, depuis la traversée du désert, c'est le premier signe confirmant que nous sommes sur le bon chemin.*

* *
*

Nous passons la nuit dans une vraie tchaïkhana, au bord d'une vraie route. Ce soir, nous fêtons la terre sèche avec du thé « sucré » et des *keechmech.* Le réveil de Bertrand est remonté pour six heures puisqu'il n'y a plus de neige. Quelle grasse matinée diabolique !

La terre ferme et le but proche nous ont fait oublier quelques heures le soleil brûlant qui remplace la compagnie des étoiles. Nous mettons tout de même cinq heures pour atteindre Rodjur, premier bazar avant Sangémocha. Ici commence le domaine des camions... Nos porteurs veulent nous quitter maintenant... ces trois hommes dont je n'ai pas parlé, peut-être parce qu'ils n'ont pas fait d'histoire... Huit jours de bonne volonté, de gentillesse et d'attentions quotidiennes, guettant la moindre occasion de nous être agréables. À chaque halte, le plus âgé, qui devait avoir une cinquantaine d'années, se pressait à la porte des mosquées pour me garder une place confortable. Les deux autres tenaient à nous servir le thé, oubliant leur propre fatigue. Et si je respectais leur conscience de l'hospitalité, j'essayais, en marchant, de rester à l'écoute de leur lassitude pour proposer cinq minutes de pause. Notre langage avait la force de la simplicité.

Le départ d'un camion pour Sangémocha, le bazar de Jaghori, accélère les adieux. L'un récupère mes bottes, l'autre ma couverture afghane, et le troisième mon couteau multilames. Bertrand en fait autant avec beaucoup de gentillesse. Les trois hommes pleurent et j'en suis bouleversée... « Et qui peut quitter son ami, sans verser de larmes... » Nous embarquons pour trois quarts d'heure de camion. Une autre page se tourne.

Au cours du trajet, le chauffeur apprend à Nick qu'ils ont été bombardés il y a vingt-cinq jours. Effectivement, en arrivant à Jaghori, de nombreux cratères déforment la rue principale du bazar. Nous prenons contact avec l'Etkhadia. Ce sont eux qui doivent maintenant prendre le relais pour nous rapatrier à Quetta.

Après une longue matinée dans les bureaux du parti,

nous déménageons pour un camp de Mujahedin situé à l'extérieur de la vallée. Au cours de notre voyage aller, nous y avions passé quelques jours en attendant le second camion, et y avions croisé les deux autres équipes descendantes que nous venions relever. Ma surprise avait été grande de voir débarquer un ami cher. Cheveux et barbe avaient pris une telle proportion que j'avais failli ne pas le reconnaître tant il ressemblait à un grizzli !

— Roger ! Que fais-tu ici ?

— Claire ! Ce n'est pas possible, tu es encore revenue !

Et nous avions passé quatre ou cinq jours ensemble dans ce camp reculé, merveilleux de projets. Roger prévoyait de revenir au plus vite, pour que nous fassions la mission ensemble. Nous nous étions quittés pleins d'espoir.

* *
*

Mercredi 14 avril. *Aujourd'hui, Jean-Luc et Bertrand ont ouvert le feu : le brusque relâchement de la tension de ces derniers jours. Mon tour arrive : Jean-Luc m'accuse de n'avoir pas communiqué avec lui pendant cinq mois, de l'avoir volontairement isolé... que j'ai fait une grave erreur en apportant des cadeaux aux gens du pays. Bref, que « la mission a été un échec complet et que j'y suis pour beaucoup... » Voilà. L'ambiance est tendue, il faut peut-être mettre l'ouverture d'un tel abcès sur le compte de la fatigue, mais tout de même...*

* *
*

Les quelques jours passés dans le camp de Mujahedin vont se renouveler. L'attente pour entrer dans l'arène devient aujourd'hui l'attente pour en sortir. Un passage obligé où chacun fait le bilan de ce qu'il est venu chercher et de ce qu'il a trouvé.

Nick et Djuma vont nous quitter ; pour eux, le voyage recommence, avec, comme seule compagne, la solitude qui les attend là-haut. Nicolas vivra de ses souvenirs et continuera la route : soigner. Le plus beau cadeau que nous pouvions lui faire n'était-il pas cet héritage de connaissances que nous avons partagé ? Nous restons à ses côtés, pour la vie. Djuma redeviendra serviteur chez un riche Hadji, et sera humilié, maltraité. L'enfant gâté de la famille lui volera à nouveau ses trésors, et le merveilleux sourire de Djuma disparaîtra...

— Si tu reviens, dit Nick sans trop y croire, n'oublie pas ton frère, mon foyer sera le tien.

— Je n'oublierai jamais, Nick, aussi loin que la vie pourra me prolonger, ta place et celle de Djuma resteront intactes... Tu n'es pas mon frère, mais mon ami. Un ami, on le choisit, un frère pas...

Djuma s'approche à son tour, brusquement sérieux.

— Ne peux-tu m'emmener ? Une fois, nous en avions parlé, je pourrais m'occuper de ta maison toute la vie.

— Oh ! Djuma, tu sais très bien que s'il ne tenait qu'à moi...

Les adieux sont très courts, nous sommes tous les trois très émus. Ils savent que ce n'est pas un au revoir, plus aucun son audible ne peut sortir. Nous échangeons un dernier regard, comme pour fixer nos portraits au plus profond de nos êtres. J'emporterai l'image de leur visage buriné dans un inoubliable sourire. C'est fini, nous nous sommes détournés ensemble pour ne pas nous voir nous éloigner. Je grimpe rapidement les flancs en amont du camp, face aux rochers touchant le ciel et je pleure. C'est une partie de moi-même qui reste. Cinq mois de vie commune, à construire et aimer, à rire ou à pleurer, cinq mois de partage dont il faut savoir se détacher. « Si tu peux voir détruit l'ouvrage de ta vie, et sans dire un seul mot, te mettre à rebâtir... »

XIII

Après les deux mois et demi de travaux obligatoires, nous voilà pour quatre jours en repos forcé, enfin dans la mesure où l'on peut être détendu avant d'être à Quetta ! Lever neuf heures, repas d'herbes qui ressemblent à de la rhubarbe, grande toilette dans une partie éloignée du torrent. Et s'il est merveilleux de pouvoir se laver après tant de jours de marche, il est surprenant de trouver le ruisseau plein de pépites d'or ! Un observateur aurait pu remarquer que je suis partie me laver trois fois en trente-six heures, sans serviette ni brosse à dents, avec une petite cuillère et une pince à épiler ! « Cherchez et vous trouverez... » Étudiant en novembre dernier la carte géologique du pays, l'existence de mica dans la région ne m'a pas effleurée une seule minute.

Le camion qui nous transporte à Quetta est complet. Midi. L'infernal voyage commence. De longues heures ininterrompues de cahots, de douleurs et de chocs, mais aussi d'humiliation, de méchanceté et d'ingratitude. Je suis tassée avec seize hommes à l'arrière du camion, calée entre les sacs à dos piétinés sans gêne, des sacs de *croûtis* puant, sorte de fromage séché, enfin des pneus et les chambres à air de rechange. L'odeur, déjà difficilement supportable, est agrémentée de la fumée de cigarettes et de la poussière fine et pénétrante, qui nous habille des pieds à la tête. Sournoisement, elle se glisse partout, chatouillant le fond des oreilles et du nez, faisant pleurer les yeux et grinçant entre les dents. Tout cela n'est encore rien : notre laissez-passer, signé des grands partis de l'intérieur, ne nous sert pas à grand-chose. Il devait soi-disant nous ouvrir la voie jusqu'à la frontière, en fait nous sommes continuellement arrêtés.

* *
*

Dimanche 18 avril. *Dix fois nous sommes stoppés entre la première journée et la longue nuit. Ils font lentement le tour du camion puis découvrent l'un de mes camarades. Ensuite, les autres passagers se chargent de nous montrer du doigt en disant :*

— Docteurs français, là !

Lorsqu'on a vu cela, on a compris que l'on s'est donné beaucoup de mal... Mais lorsque les hommes ont peur... Que ne font-ils pas ! Dans la nuit, premier arrêt-repas. Une heure du matin, nous n'avions pas mangé depuis la veille. Ce soir, pain sec et thé.

* *
*

Nous roulons sans relâche, trois jours et trois nuits ponctués d'arrestations. Nous descendons, interrogés pendant parfois plusieurs heures, après les habituels éclats de voix, nous sommes conduits fermement dans un autre camp, éloignés, non seulement des autres passagers mais aussi du camion et de nos affaires. Les supérieurs recommencent leurs interpellations. Cirque infernal ; lorsque nous sommes libérés par un groupe, nous tombons dans les mains du suivant. Le trajet couvert pour rejoindre la frontière est morcelé en différents territoires tenus par des ethnies et des partis de résistance distincts, eux-mêmes en lutte avec leurs proches voisins. Pour chaque région, avoir pu traverser les terres mitoyennes est donc la meilleure preuve que nous sommes suspects. Logique bien compréhensible dans ce pays en guerre.

* *
*

Lundi 19 avril. *Douze heures après le thé de la nuit, le camion fait halte dans un grand bazar. Pas de chance, la rue principale, noire de monde, semble très agitée. Au dire de l'interprète de l'Etkhadia, plusieurs partis sont en manifestation. Une grève qui semble se régler à coups de Kalashnikov. Tout est fermé, rien à manger, et toutes les peines du monde pour trouver de l'essence. Nous repartons aigris, pour crever, deux heures plus tard, en plein désert. Un soleil à prendre une insolation, une chaleur à finir de se déshydrater. Le peu d'eau restante, croupie dans un bidon rouillé accroché au pare-chocs, est inaccessible. Réserve précieuse du radiateur qui bout cinquante-cinq minutes sur soixante. Près de deux heures pour réparer ce pneu qui garde son énorme entaille. Pendant ce temps, les autres passagers se restaurent devant nous, grâce aux provisions qu'ils ont faites, connaissant leur date de départ. Nous, loin du bazar et ne sachant rien, nous n'avons pas une miette de pain.*

* *
*

La tête de Bertrand apparaît sous la bâche et, me croyant endormie, il me secoue par un bras.

— Claire, tu viens manger quelque chose ?

— Quoi, il y a quelque chose à manger ? Je m'étais assoupie...

— Oui, je dormais aussi, nous venons d'arriver à la maison de thé qui se trouve juste avant la frontière.

Je descends du camion comme une somnambule.

— Quelle heure est-il ?

— Vingt-trois heures trente, nous allons sûrement nous arrêter un moment car le camion n'a plus de phares depuis plus d'une heure !

— Oui, au Pakistan, il est inutile d'attirer l'attention en étant en infraction.

Jean-Luc s'approche de nous pour franchir le seuil de la tchaïkhana.

— Dites-moi, cela va faire du bien de manger ! Depuis combien de temps n'avons-nous rien avalé ?

— Je crois que le dernier morceau de pain et le thé remontent à la nuit dernière à une heure du matin, quant à un vrai repas, ce devait être la veille du départ, à Jaghori.

Au cours de cette halte, l'interprète qui nous avait accompagnés au départ de Quetta cinq mois plus tôt nous raconte les mésaventures de nos camarades.

— Vos amis aussi ont été obligés de rejoindre la frontière à pied. Dix jours de marche jusqu'au camion qu'ils ont trouvé ici.

— Vous étiez avec eux pour cette marche ?

— Oui, aucun véhicule ne pouvait encore circuler dans cette plaine que nous venons de traverser en quarante-huit heures. Tout était inondé par la fonte des neiges, les rivières étaient en crue...

— Comment faisiez-vous pour les traverser ?

— Il fallait tous se déshabiller pour passer pieds nus et, parfois, jambes nues... Même vos amies, dit-il en se tournant vers moi, se sont dévêtues jusqu'à la ceinture. Nous sommes passés avant et les avons attendues plus loin.

Il me semble voir la scène. Je demande :

— Il y avait donc une telle hauteur d'eau ?

— Jusqu'à mi-cuisses, avec beaucoup de courant et des blocs de glace qui cinglaient les jambes au passage. Tout le monde a bien passé ; Alex n'était pas très rassuré pour les affaires qu'il tenait au-dessus de sa tête, François et Chouchou disaient en riant que cela irait sûrement car ils avaient l'habitude de faire de la plongée sous-marine !

— Et Sylvie ?

— C'est celle de vos amies qui a le plus souffert, car elle avait ce que vous appelez une tendinite à chaque pied...

Jean-Luc lève les yeux de son assiette de riz froid.
— Comment a-t-elle pu marcher pendant dix jours ?
— Vos amis lui ont fait de la morphine pour l'aider à avancer... Elle était très courageuse.

Nos assiettes terminées, chacun s'allonge pour essayer de dormir. Mes quelques jours de coliques néphrétiques n'étaient sûrement rien à côté de ce qu'elle a dû endurer !

À quatre heures trente, je m'installe à nouveau entre les sacs de croutis, les chambres à air et les autres passagers. La fête continue. Cette fois, je suis en chadri. La frontière et les premiers barrages se passent à peu près sans problème.

⋆ ⋆
⋆

Mardi 20 avril. *Cette troisième journée de camion est épouvantable, sans un arrêt, ni thé, ni panne, de quatre heures trente du matin, jusqu'à vingt heures trente, heure à laquelle nous stoppons, faute de phares. Nous sommes obligés, à quelques heures de Quetta, de coucher dans les caniveaux du bord de route, près de notre camion. Il ne fait pas très chaud, pas trop froid non plus. Une fois de plus, je prie le Seigneur qu'il n'y ait pas de brigade volante en ronde sur cette route. Et je m'endors, hantée par le souvenir de ces militaires qui nous avaient réveillés, cinq mois plus tôt, avec des coups de pied dans les côtes...*

⋆ ⋆
⋆

Au petit jour, après une heure et demie de route, le camion nous lâche, son voyage est fini. Nous terminons cette dernière partie en bus pour arriver à Quetta. Bertrand, qui avait bien belle allure, ne trouve rien de mieux que de s'asseoir à côté d'un policier qui lui fait du pied pendant tout le trajet !

* *
*

Mercredi 21 avril. *Encore quelques inquiétudes aux check-posts, ils montent sur le toit, où se trouvent nos beaux sacs à dos d'Européens. Nous retenons notre respiration, et puis non, ce n'est pas encore pour cette fois, ils redescendent. Le portier, accroché au marchepied, siffle dans ses doigts, et notre bus démarre dans un concert de klaxons. Nous sommes vite à Quetta. Les turbans s'envolent, mon voile tombe, un taxi nous emmène de la gare routière à l'hôtel après que nous avons acheté un kilo de mandarines aux petits vendeurs qui déambulent entre les cars. De vrais fruits ! C'est fini... Je ne réalise pas vraiment que nous en sommes sortis. C'est comme une somnambule que je m'inscris à la réception. Mission presque terminée. Dans quelques jours peut-être, le pot promis par Bertrand sur le bord de la piscine, à Karachi... Je lui dirai : « Bonjour philippine ! »*

* *
*

Après une matinée d'installation, je prends la direction de la G.P.O. : *General post office...* Je dois tenter d'appeler mes parents. Combien de temps vais-je mettre pour obtenir une ligne internationale ? Je n'en ai aucune idée. Je sais seulement que, s'il faut y passer l'après-midi, l'attente en vaut le prix. À tout hasard, avant de passer mon numéro, j'envoie un télégramme.

Le réceptionniste lève vers moi un regard inexpressif.

— Quel nom ?

— Mr. and Mrs. CONSTANT, C.O.N.S.T.A.N.T.

Sa voix traînante me fait sourire, j'ai l'impression d'être dans un patelin français.

— J'ai compris... Le texte ?

— « Préparez plateau de fromages début mai. »

— Préparez QUOI ? Oh ! écrivez ici vous-même...

— Voilà, vous pouvez lire ? Et pour téléphoner ?...

— Le téléphone, c'est pas ici. Changez de guichet !

L'attente commence, longue, et pourtant je rêve tellement à tout ce que je vais leur dire que j'oublie de consulter ma montre. Je mets mon carnet de route à jour, et de temps en temps demande au guichet si l'on ne m'a pas oubliée.

— No, miss, France very very difficult !

— Essayez encore, j'attends ici.

Ma présence commence à être remarquée, et les hommes se font de plus en plus bavards à mes côtés. Voilà deux heures quarante-cinq que je suis assise à la même place, quand un employé des télex vient me chercher.

— Venez dans mon bureau, miss, vous serez moins dérangée.

— Merci, vous êtes très aimable.

On me sert immédiatement un thé et, avec beaucoup de gentillesse, l'homme se propose d'essayer lui-même mon numéro. Une demi-heure plus tard, il lève les yeux, tout heureux.

— Nous avons une ligne ! Nous avons une ligne ! Retournez vite de l'autre côté, on va vous appeler.

Alors, après trois heures un quart d'attente, j'entends le type du guichet crier en se levant :

— PARIS, PARIS, cabin number two !

Je me précipite dans la cabine, les yeux me brûlent déjà d'émotion, je n'y croyais presque plus, ma main tremble en soulevant le combiné, je ne le vois d'ailleurs plus, l'intérieur de l'isoloir est flou, j'entends comme dans un rêve :

— Paris, ne quittez pas, parlez, miss, c'est à vous !

Et c'est la voix de papa qui résonne à l'appareil !

— Allô, papa...

J'essaye de rendre ma voix audible... C'est le silence qui me répond. Ici, j'ai l'impression d'avoir un pavé dans la gorge, cette fois je pleure carrément et papa semble en faire autant, devant son téléphone, à dix mille kilomètres de là... Quelques secondes passent, j'essaye de prendre le dessus, il faut prévenir les parents de Jean-Luc et de Bertrand. Nous parlons un peu, très peu, très vite. Maman n'est, paraît-il, pas là. Mon frère Pierre doit repartir dans quelques jours aux Galapagos, et Orkan, mon chien, vient de traverser tout l'appartement en sentant l'émotion de son maître... C'est fini. Je n'ai rien pu dire, cela passe trop vite. Je reste un moment assise dans la pénombre du box pour penser à eux, à tous ces mois d'angoisse qu'ont dû vivre les parents, à mon grand frère que la passion de la biologie et de la géologie conduit à voyager de par le globe. Fin février 1981, en sortant du Paktia, ses lettres de six pages m'attendaient à Peshawar, venant du fond de l'Amazonie.

En sortant de la cabine, je sens les regards étonnés de l'assistance devant mes yeux rouges. Tant pis ! J'ai le cœur léger.

Paris, décembre 1984. Après l'Afghanistan, il y a eu Beyrouth, puis Tripoli, au Liban : d'autres urgences, d'autres missions, d'autres horreurs qui ont pu, un temps, atténuer le souvenir de celles vécues en terre afghane, mais n'ont jamais entamé l'extraordinaire richesse de la relation humaine partagée avec ses habitants : cette rencontre, cette coexistence entre deux religions, entre deux cultures, cette amitié, j'allais dire cette fraternité, qui naît entre les êtres lorsque les masques sont enfin tombés.

Aujourd'hui, les visages de Nick et de Djuma me reviennent en mémoire. Je n'ai rien oublié de notre séparation à Jaghori, ce moment surtout où, avec un sourire merveilleux, ils m'ont fait un dernier geste de la main, un geste qui ressemblait à un appel entre des êtres mus par la même soif, la même faim de ce qui est authentique, la même pureté.

Bien des mois ont passé. Pourtant, cette fraternité-là reste intacte et, si je savais, aujourd'hui, que Nick et Djuma, à des milliers de kilomètres de là, nous appellent à nouveau avec le même geste et le même sourire, alors, pour eux, je retraverserais l'Afghanistan.

La composition
et l'impression de ce livre ont été effectuées
par Aubin Imprimeur à Ligugé
pour les Éditions Albin Michel

AM

Achevé d'imprimer en mars 1989
N° d'édition 10660. N° d'impression L 30911
Dépôt légal, avril 1989

Imprimé en France